U0894756

国家自然科学基金项目成果·管理科学文库

Research on Labor-Management Cooperation Mechanism, Model and Application: Strategic Choice and Practice of Chinese Enterprises

企业劳资合作机制、模式及应用研究：

中国企业的策略选择与实践

张立富 王兴化 著

中国财经出版传媒集团
经济科学出版社
Economic Science Press

图书在版编目（CIP）数据

企业劳资合作机制、模式及应用研究：中国企业的策略选择与实践/张立富，王兴化著．—北京：经济科学出版社，2019.9

（管理科学文库）

国家自然科学基金项目成果

ISBN 978-7-5218-0480-5

Ⅰ.①企…　Ⅱ.①张…　②王…　Ⅲ.①企业管理-劳资合作-研究-中国　Ⅳ.①F279.23

中国版本图书馆CIP数据核字（2019）第076315号

责任编辑：崔新艳
责任校对：靳玉环
版式设计：齐　杰
责任印制：李　鹏

企业劳资合作机制、模式及应用研究：中国企业的策略选择与实践

张立富　王兴化　著

经济科学出版社出版、发行　新华书店经销

社址：北京市海淀区阜成路甲28号　邮编：100142

经管中心电话：010-88191335　发行部电话：010-88191522

网址：www.esp.com.cn

电子邮件：espcxy@126.com

天猫网店：经济科学出版社旗舰店

网址：http：//jjkxcbs.tmall.com

北京季蜂印刷有限公司印装

710×1000　16开　16印张　290000字

2019年9月第1版　2019年9月第1次印刷

ISBN 978-7-5218-0480-5　定价：60.00元

（图书出现印装问题，本社负责调换。电话：010-88191510）

国家自然科学基金项目成果·管理科学文库

出版说明

我社自 1983 年建社以来一直重视集纳国内外优秀学术成果予以出版。诞生于改革开放发轫时期的经济科学出版社，天然地与改革开放脉搏相通，天然地具有密切关注经济、管理领域前沿成果、倾心展示学界翘楚深刻思想的基因。

改革开放 40 年来，我国不仅在经济建设领域取得了举世瞩目的成就，而且在科研领域也有了长足发展。国家社会科学基金和国家自然科学基金的资助无疑在各学科的基础研究与纵深研究方面发挥了重要作用。

为体系化地展示国家社会科学基金项目取得的成果，在 2018 年改革开放 40 周年之际，我们推出了“国家社科基金项目成果经管文库”，已经并将继续组织相关成果纳入，希望各成果相得益彰，既服务于学科成果的积累传承，又服务于研究者的研读查考。

国家自然科学基金在聚焦基础研究的同时，重视学科的交叉融通，强化知识与应用的融合，“管理科学部”的成果亦体现了相应特点。从 2019 年开始，我们推出“国家自然科学基金项目成果·管理科学文库”，一来向躬耕于管理科学及相关交叉学科的专家致敬，二来完成我们“尽可能全面展示我国管理学前沿成果”的夙愿。

本文库中的图书将陆续与读者见面，欢迎国家自然科学基金管理科学部的项目成果在此文库中呈现，亦仰赖学界前辈、专家学者大力推荐，并敬请给予我们批评、建议，帮助我们出好这套文库。

经济科学出版社经管编辑中心

2019 年 9 月

国家自然科学基金“中国企业劳资合作机制、模式及应用研究（71472095）”资助项目

前言

PREFACE

企业劳资合作是劳动关系领域一个独特的问题，它是从一个更为积极的视角去看待劳动关系。区别于如何处理对抗、纠纷与冲突，劳资合作注重各角色在权力、利益与职能等方面进行合作的可能性，甚至是谋求劳动关系中有关共享、利他及合作精神的培育。

在全球范围内集体谈判机制衰落及人力资源管理技术运用普及的背景下，企业劳资合作不仅是劳动关系问题，同时也是企业管理及组织行为学问题，涉及经济学、管理学、法学、政治学、社会学、心理学、统计学等多个学科领域的理论与方法。企业中的劳资合作符合当代企业组织对于创新能力和21世纪对分享型经济的需求。本书主要从宏观和微观两个层面探索企业劳资合作问题。一方面，从当代企业劳资合作所处的全球市场环境入手，探索当代企业劳资合作的运行特点及未来的发展问题，如促进劳资合作及产业民主的公共政策问题；行业工会在劳资合作中的功能；区域及产业培训体系的构建，尤其是产业培训基金的设计问题等。另一方面，从企业组织的微观层面分析企业劳资合作问题，如将企业劳资合作分为治理层面的劳资合作、集体谈判层面的劳资合作及工作场所层面的劳资合作；从产业和平向产业民主的转变及产业民主的稳定性问题；运用拓扑心理学理论与方法分析企业组织内部的劳资合作问题；国内企业劳权与柔性的缺失问题；如何解决企业组织内权利结构的过度非均衡问题；资本优先权和管理优先权的有效控制与企业创新及企业家精神的关系问题等。

本书共分九章，主要内容如下。

1. 分析劳资合作为什么被当代经济所需要

劳资合作通常被认为是企业组织内部雇主或管理者与员工之间的合作关系或合作行为，劳资合作是企业劳动关系领域的一个重要问题。劳资合作通常是通过雇佣劳动者或员工的参与过程实现的，员工参与需要赋予他们民主参与权，这是一种扩展的劳权。与如何减少冲突与对抗这种被动的防御机制不同，劳资合作是从更为积极的视角和态度去看待企业劳动关系问题，是一种积极主动的劳动关系优化机制，通过寻求责任与职能的合作与互补关系来建立更为积极的合作关系及合作行为，通过权力与利益的共享、重新分配甚至深度捆绑建立更为紧密的劳资伙伴关系，立足于谋求高质量的劳动关系。

20 世纪 80 年代以来，企业劳资合作关系的形成与深化来源于劳动关系的变化，劳资合作符合当代企业组织对于创新能力的需求。在全球范围内集体谈判机制衰落及人力资源管理技术普及的背景下，企业通过劳资合作来提高绩效和优化劳动关系有了更高的自由度和更大的空间，劳资合作及员工参与得以加强，降低了通过集体谈判机制而形成的员工间接参与的比重，为劳资合作及员工的直接参与提供了机会。由于集体谈判和工会权利的缩减，企业受到的束缚越来越少，能够同时开发和运用劳资合作及人力资源管理程序，员工在企业组织各层面的直接参与扩大了。另外，企业劳资合作符合 21 世纪对于分享型经济的需求。劳资合作是有关权力和财富的重新分配问题，立足于权力与利益的分享，而不是独占，因而能够从根本上提高劳动关系运行质量，未来的国家竞争力将更多地依赖于高质量的劳动关系。

劳资合作是中国企业优化劳动关系、提高自主创新能力及民主管理水平的途径。当代中国劳动关系创新的压力远比二战后及当代的西方都大得多，既不能仅仅依赖基本劳权保护而延缓产业民主进程，又不能脱离集体劳动关系处理机制的发育而过度追求产业民主进程，二者的同时推进需要更高水平的制度与政策保障。

中国企业和谐劳动关系的构建，实质上就是有关如何提高劳动关系运行质量的问题，高级别和高质量的和谐劳动关系，应基于劳动关系的基本框架，具有保障员工基本劳权和民主参与权的双重功能。

2. 分析员工直接参与、间接参与及其博弈关系

劳资合作就是各种形式的员工参与，包括员工代表的参与、工会组织及工会代表的参与、员工个人的参与等各种直接参与形式，此外，还有员工在集体谈判或协商机制中的间接参与等。员工的直接参与通常是通过劳资合作组织所实现的，员工直接参与的组织机构不再是工会（如劳资合作委员会、工作委员会、工人委员会）等。20 世纪 80 年代以来，通过集体谈判或协商所实现的员工间接参与下降了，相比之下，劳资合作组织快速发育，为员工直接参与提供了组织支撑。

治理层面的员工参与通常通过选举员工代表的方式进行，由于不可能每个员工都参与重大决策，选举员工代表就成为最行之有效的方式。员工代表参与企业重大决策有很多方式，如员工代表进入董事会，或联合咨询委员会等类似机构。工作场所层面的参与是指员工对工作场所层面的管理具有广泛的磋商与知情权，对项目、生产、质量、晋升、招募、培训、调遣及解雇等具有共决权。工作场所层面的各种新型直接参与计划大都由管理层所发动，通常与绩效和创新有关，这源于企业在市场中的压力和管理者对经济利益的关注。

直接参与和间接参与存在博弈关系。一方面，二者功能不同，甚至相互矛盾和竞争，间接参与的充分发育有可能会抑制直接参与方式的发育，同样，直接参与的快速发展常常以牺牲间接参与为代价。另一方面，管理者与工会探索出了工会与各种参与组织之间的合作途径，工会与各种参与组织之间相互支持、优势互补。另外，集体谈判和员工参与的功能是不同的，二者以不同的方式满足员工的诉求和需求。工会通过集体谈判机制在国家层面和企业层面间接表达员工的需求，这些需求在谈判桌上被表达出来，如工资及工作条件等，这些需求更多地集中在报酬与职业安全方面。员工在董事会层面的参与是员工获得了代表权的结果，这些需求被员工代表直接提出，如对培训、开发和教育的需求等。在高效运营的组织中，员工代表的直接参与需要他们具有更为专业的管理与参与技能。

3．将企业劳资合作水平分为三个层级

本书将企业组织内部的劳资合作关系或合作行为分为三个层次：工作场所层面的劳资合作、集体谈判层面的劳资合作、治理层面的劳资合作，这三个层次依次从低到高，合作级别也依次越来越高。劳资合作应该是超越于集体谈判层面的，集体谈判所包含的合作关系与合作行为较少，更多的是相互制衡和相互妥协关系。本书将治理层面和工作场所层面的劳资合作作为研究的重点，二者同时发展与相互融合是未来的趋势，也是真正产业民主的方向。

治理层面的劳资合作是最高级别的劳资合作，是真正的产业民主，员工及代表或工会在企业重大决策过程中具有参与权，员工代表和工会领导人享有了参与组织重大决策的权力，甚至享有投票权和否决权，如企业重大战略规划的调整、海外迁移、重大技术创新、大幅度的薪酬调整、高管任命与解聘等治理层面的劳资合作。这种深度参与，改变了组织内部的权利结构及劳资关系的治理结构，在组织内部各利益主体间建立了更为紧密的相互合作系，能够打通组织内部各基层组织和各利益主体间的壁垒，能够从更高的组织决策层面规划和协调工作场所层面的劳资合作，能够解决工作场所层面无法解决的难题。高质量劳动关系的最突出特征就是实现了治理层面的劳资合作及产业民主，高质量劳动关系的构建过程实质就是劳动关系的民主化过程。治理层面的劳资合作则更偏重于重要决策权与利益的重新分配，更突出劳资之间权力与利益的捆绑关系，更接近于我们通常所说的劳资伙伴关系，因此，劳动关系的制度分析对于治理层面的劳资合作更具有解释力。

工作场所层面的劳资合作最基层、最普遍、最流行，与员工个人的具体工作联系密切。在当代企业中，治理层面的劳资合作已经与现代人力资源管理技术融合发展，员工在获得参与权及自由度的同时，也要独立承担相应的责任。劳权扩大伴随着独立承担的责任的扩大。由于工作场所层面的劳资合作已经与现代人力资源管理实践深度融合，更多地偏重于工作场所层面的管理实践，因此，人力资源管理理论的解释力更强一些。

4．从产业和平向产业民主的转变问题

本书将通过对劳动关系运行质量进行分级的方式来研究分析劳

资合作的升级问题。劳动关系运行质量可分为三个级别：劳动关系的失范状态、产业和平及产业民主。产业和平与产业民主都是和谐的劳动关系，但质量与等级不同；产业民主是最高等级的和谐劳动关系。

产业冲突是劳动关系的不和谐或失范状态，劳动关系的运行质量差。产业和平是和谐劳动关系的最低标准，基本特征就是“无冲突”，这是和谐劳动关系的最低标准和要求，劳动关系运行质量为合格，没有出现失范状态。产业民主是最高等级的和谐劳动关系，是政府、企业及员工共同追求的理想目标。产业民主的劳动关系已经超出和谐劳动关系的最低标准，劳资双方不仅仅停留在“无冲突”状态上，而是有了更多的信任与合作关系，各角色之间有着更高程度的认同，彼此间的相互投资水平更高，员工参与能力和参与动力较大；实质上改变了劳动关系中原有的权力、责任与利益格局，对各角色之间的权力边界进行了修正。尽管每个组织中产业民主的实现水平差异巨大，但产业民主所蕴含的精神实质使之成为目前最高等级的和谐劳动关系。产业民主的支持者认为产业民主应该是无条件的，而无论能否提高经济绩效，甚至认为产业民主应该成为评价劳动关系新范式的标准。

从产业和平与产业民主的逻辑关系看，产业民主通常要以产业和平为基础，产业民主是高于产业和平的阶段。产业和平是一种无冲突的劳动关系状态，但产业和平通常缺少劳资合作的成分，实现高级别的劳资合作需从产业和平转向产业民主。克服产业民主的不稳定问题是实现产业民主的关键性问题。产业民主的不稳定问题通常是指雇主及管理层与员工及工会组织的合作关系难以达到和保持合作协议中各方所认可的水平，员工参与力度、参与方式及参与效果难以维持恒定的状态。产业民主的不稳定问题来源于员工与雇主或管理层之间权力、利益与责任的重新分配过程，及在该过程中出现的抵制、怀疑、摇摆态度、参与意愿低等问题。

5. 劳资伙伴关系是最紧密的劳资合作

劳资伙伴关系是最紧密的一种劳资合作模式，劳资双方实现了权力与利益最为紧密的捆绑关系，员工的“卷入”较深，是真正的产业民主。工作场所层面、集体谈判层面和公司治理层面的劳资合作，是按照劳资合作的层次和级别来划分的，从这个逐渐提高的合作级别来看，合作关系越来越紧密。治理层面的劳资伙伴关系的组织形式通常有联合决策委员会、员工代表、发言权等，工作场所层面的伙伴关系的组织形式有质量圈、产品改进小组、自我管理小组、不同层级不同部门之间的交叉参与等。劳资伙伴关系中工会组织的作用依然重要；另外，劳资伙伴关系更加突出劳资双方的合作行为或一致性行为，相关研究也更为关注伙伴关系中劳资双方心理与行为特征的变化。

6. 组织内劳资合作关系的拓扑心理分析

库尔特·勒温（Kurt Lewin）的拓扑心理学借助于动力场理论，运用拓扑学和向量学的描述方式，研究个体在特定环境下的心理与行为特征。在心理场论的基础上，勒温在团体动力学研究方面取得了突破性的研究成果，这些成果对于企业组织内部劳动关系氛围、劳动合作关系及员工参与过程等问题都有很强的解释力和理论价值。如果将勒温领袖实验的结论及团体决策理论应用于企业劳资合作问题，我们可以得出结论：（1）民主型的雇主及管理者对于合作型劳动关系的构建极其重要，民主型的领导人对于企业劳资合作关系的构建及提高劳资合作质量往往起决定作用；（2）合作型的劳动关系一旦建立，就会自动提高个人绩效和组织绩效，并提高员工参与的积极性；（3）合作型的劳动关系及民主型组织氛围具有相对的稳定性，能够较容易传承下去，个别员工难以改变。企业组织中的民主氛围，不仅培养了员工在组织内部的利他行为和创新行为，也同样会激发员工个体在企业组织外部的利他行为和创新行为。

勒温认为，心理及行为取决于个体和环境两方面的状态。在公式 $B=f(P, E)$ 中，P 和 E 不是独立变量，E 会随着个体的状态的变化而变化，也就是随着人的需要的改变而改变，心理及行为取决于个体特性和环境特性两者的变化及其互动关系。由勒温的研究可以推知，在劳资合作机制、方案与程序的设计上，应尽可能考虑员工的个体特质，针对不同特质的员工应该有灵活的、差异化的程序和方案。

企业所设计和推行的劳资合作计划，大体上是一个对员工下放权利的过程，但这种过程只是一个模糊的过程。在劳资合作过程中，劳资双方的心理边界不再清晰，更多地表现为宽泛的、多维的边界地带。劳资双方互相越过对方的心理边界地带是个逐渐过渡的位移。未来构建劳资合作关系的一个关键问题是选择和确立适合的交往和信任类型及方式，以形成所期望的紧密程度。

在工作场所层面，参与机制已经与人力资源管理程序相融合，员工及所在团队在一定程度上要独立承担责、权、利，员工个人以及所在的团队具有了一定的自负盈亏的性质，与雇主及企业管理层具有了一定的合作关系。我们可以将员工及所在的团队视为是一个心理区域，每个区域心理边界的阻力都不尽相同。对于同一员工及所在的团队所形成的心理区域，其边界地带上不同的点的阻力不同，工作场所层面的员工参与及绩效考核任务应该尽可能找到合适的边界点，使障碍最小。

7. 中国企业劳动关系劳权与柔性的双重缺失问题

劳权通常是指雇佣劳动者的个别劳权和集体劳权，劳权的缺失是指基本劳权保护机制的缺失。柔性通常是指企业组织及劳动关系的灵活性，企业能够通过灵活地调整战略、灵活地增减生产经营成本、灵活地调节组织结构、灵活地处理劳动关系等来适应剧烈变化的市场环境。在劳动关系中，劳权与柔性通常是矛盾的，保护劳权常常要以损失柔性为代价，而保护柔性也常常伴随着劳权不同程度的削弱。同时，劳权与柔性是相互支持的，没有基本的劳权保护机制，劳动关系难以和谐稳定，组织的柔性难以获得，更难以维持。在当代全球市场竞争中，劳权与柔性是企业组织参与市场竞争的标配，二者缺一不可，企业就是要在劳权与柔性之间寻找平衡，这实质上也是在合法性危机和利润率危机之间寻找平衡。

在自由化背景下，资本和劳动力均获得了充分的市场交易权，雇主和管理层权力及雇佣劳动者自由度扩大了，柔性大幅提高。多元化的雇佣关系、多元化的用工方式、多元化的员工类型及多元化的劳动关系处理机制，给予管理层越来越大的管理空间，为管理权控制提供了更大的便利，进一步提高了柔性。但同时，企业组织柔性的提高是以减弱劳动关系的稳定性为前提的，劳动关系的隐蔽性更强了，侵犯劳权变得更为隐蔽。

中国 20 世纪 80 年代开始的去行政化改革及市场机制的引入，

暴露了与市场机制相适应的企业劳权与柔性的双重缺失。一方面，劳权保护机制不完善；另一方面，企业的灵活性和适应能力仍然缺乏，自主创新能力较弱。本书认为，这种双重缺失是源于产业和平与产业民主实现机制在企业组织中的发育水平均处于较低水平：一方面，员工基本劳权保障机制缺失，集体劳动关系处理机制尚未建立，管理权对劳动关系的全面控制成为普遍特征，工会功能不完整；另一方面，员工民主参与机制还未建立，员工的民主参与权较小，参与意识及参与技能未能得到有效的培育，制约了企业的自主创新能力。

8．提出中国企业劳资合作的基本框架

本书认为，应该通过劳资合作实现劳权与柔性的双重保护，劳资合作是同时保护劳权与柔性的最优选择。劳资合作是一种高等级的劳权与柔性保护与实现机制，能够通过员工及工会在企业组织内部分享权力、参与不同层次的决策并承担更多的责任和义务来对劳权与柔性实施双重保护，从而提高劳动关系运行质量、企业组织绩效和个人绩效。中国企业提高劳资合作的基本策略是，有效解决企业组织中管理权的过度控制问题；寻求产业生命周期优势为劳资合作提供利润支持；运用集体协商机制为劳资合作提供组织框架；能够同时容纳产业和平机制与产业民主机制。

本书提出了中国企业劳资合作的基本框架：劳动关系三层面的集体协商机制及复合型工会模式。未来中国企业的集体协商机制的构建应立足于以下三个层面：产业层面、企业治理层面和工作场所层面。与三个层面的协商机制相适应，工会组织及功能也应该是复合型的。工会的复合型模式也体现在这三个层面，具有谈判或协商代表、民主参与者及管理者等多重身份。第一层面，赋予产业工会制定产业或行业一般标准的职能，未来可尝试加强产业工会的培育。产业工会承担产业内的集体谈判或协商环节，为企业提供一般标准，而将参与职能交给专门的参与组织，企业更有能力扩大对产业民主的投入。第二层面，在企业治理层面赋予工会独立完整的代表权和参与权。在某些较为成熟的行业，尝试建立独立工会，给予工会完整的代表权。工会与雇主的协商程序要完整规范，以利于其他适合的产业模仿和参考。第三层面，在工作场所层面赋予工会参与权和管理权。中国工会的管理经验较为丰富，参与组织决策及人力资源管理有着良好的基础。

9. 劳资合作的趋势及中国企业的选择

合作与民主的劳动关系是未来的发展方向。优良的劳动关系一定是合作的、民主的，未来企业劳动关系的质量取决于组织内的合作水平及民主化水平。从当前企业劳动关系所处的发展阶段看，非均衡将成为未来企业劳动关系的主要特征和稳定特征，并将表现出持续的非均衡倾向，全球劳动关系在短期内均难以实现较为完整的产业民主，能够真正有效地制衡管理权的员工力量远未形成。

马克思认为产业民主并不是劳动关系的终极解决方案，他认为工会及劳资合作都不能解决资本对劳动的剥削与控制问题，劳动关系将永久地与冲突、贫困、过劳、失业等问题相伴随。马克思从理论上推论出劳动关系的终极解决方案是通过劳动者的联合实现对财产的共同占有，劳资关系不复存在，雇佣劳动和劳动力市场也不复存在。马克思对劳动关系问题所作的分析是动态的，当代全球劳动关系的演变过程没能超出这一动态分析与理性判断。当前，一些西方国家采纳新自由主义政策，劳动者及工会权利被削弱，企业更容易实施工资节制及解雇员工策略，与其他各种经济及社会问题相互叠加，使产业冲突升级。相比之下，中国劳动关系的转型与创新正经历一个相反的过程，集体劳权、民主参与权及工会多种职能的培育从无到有，政策与法规的修订与劳动者的权力及利益的增长相一致。另外，中国大规模的劳动力市场难以实现高工会化率，不会出现西方极端的工会主义。总的来看，中国劳动关系没有对抗的基础，超出企业组织范围的大型产业冲突的发生概率较低。

在劳动关系内部，通过有效控制资本优先权和管理优先权能够保护雇佣劳动者的劳权。在劳动关系外部，完善的公共保障体系则能够同时保护雇佣劳动者和非雇佣劳动者的劳权。对资本优先权和管理优先权的有效控制，与企业创新及企业家精神并不矛盾，不会减弱企业的创新能力，更不会束缚企业家手脚，企业家精神将越来越多地体现在高质量的、更为合作的劳动关系中。《中共中央　国务院关于营造企业家健康成长环境弘扬优秀企业家精神更好发挥企业家作用的意见》中，鼓励企业家培养技术精湛的高技术人才，企业创新越来越依赖于完善的劳权保障机制及优良的民主参与机制。营造良好的劳动关系氛围是企业家精神的重要体现，也是企业家社会责任的重要体现。

在新一轮技术革命背景下，越来越多的岗位将被智能技术所替代，雇佣劳动者的比重将迅速降低，自由职业者、家庭劳动人员等非雇佣劳动者比重将迅速扩大，劳权保护对劳动关系外部的公共保障体系将形成更多的依赖，劳动关系所覆盖的范围在迅速缩小，越来越多的劳动人口将处在劳动关系外部，在劳动关系外部构建更为完善的公共保障体系将成为未来经济战略的重点。

本书是作者对该领域研究的阶段性成果，尚存在许多疑问和值得进一步探索的问题，一些判断和分析还仍然不成熟、不完善，敬请同行专家批评指正。在本书的写作过程中，参考和引用了大量国内外专家学者的研究成果，在此致以诚挚的谢意！

张立富　王兴化

2019 年 5 月

目录

contents

第一章　劳资合作为什么为当代经济所需要

20 世纪 80 年代以来，全球市场和企业组织的剧烈变化为劳资合作关系的建立提供了更大的空间，企业创新对劳资合作形成了更多的依赖。劳资合作是一个有关权力和财富重新分配的问题，立足于权力与利益的分享，而不是独占，符合 21 世纪对于分享型经济的需求。劳资合作是中国企业优化劳动关系、提高自主创新能力及民主管理水平的最终选择。

第一节　劳资合作是从更积极的视角看待企业劳动关系

一、劳资合作需要赋予企业员工扩展的劳权

从大量的国内外文献可以看出，学者们对劳资合作（labor-management co-operation）有很多理解和定义，但总体而言，劳资合作通常被认为是企业组织内部雇主或管理者与员工之间的合作关系或合作行为，劳资合作是企业劳动关系（labor relations）领域的一个重要问题。

从国内外经验看，劳资合作通常是通过雇佣劳动者或员工参与（employee involvement）实现的，劳动者的参与过程需要给予他们民主参与权，如知情权、监督权、发言权、投票权、否决权等，一些研究也称之为员工"卷入"。在很多有关劳资合作的研究成果中，将劳资合作直接视为员工参与，在没有特别说明的情况下，劳资合作指的就是员工参与。

劳动者权利也称劳权，是企业劳动关系中劳动者所享有的权利，通常情况下，劳权指的是基本劳权，包括雇佣劳动者的个别劳权和集体劳权。个别劳权包括劳动就业权、劳动报酬权、休息休假权、社会保障权、劳动安全与卫生权、职业培训权、劳动争议提请处理权等。集体劳权包括团结权、集体

谈判权、集体争议权，即传统的“劳工三权”。产业和平的核心问题是基本劳权保护，通过消除和减弱劳动关系基本面上的权力与利益冲突，降低罢工、停工及各种形式产业冲突与纠纷发生的可能性，具有一定的福利与保障性质。

事实上，基本劳权只是个狭义的劳权概念，劳动关系处理机制的主要功能就是对于基本劳权的保护，也就是对个别劳权和集体劳权的保护，其目标是产业和平（industrial peace）。广义的劳权应该包括劳动者的民主参与权，是扩展的劳权概念，也就是说，将劳动者的民主参与程序纳入劳动关系中。劳动者的民主参与权是一种扩展了的劳动者权利，是在劳动者的基本权利得到保障的前提之下，进一步赋予他们参与企业各层次决策过程的权力和机会。广义的劳权保障或扩展的劳权保障机制就是劳动关系中的劳资合作过程，其目标是产业民主（industrial democracy）。

企业组织中的员工获得权利通常有两方面的来源：一是来源于工会组织，工会具有代表权和谈判权，能够代表员工的权力和利益，并就员工的共同利益和诉求与雇主及管理层进行谈判和协商；二是来源于工会组织之外，分别是制度或法律体系、劳动力市场以及劳动过程等。劳资合作就是员工在劳动过程中获得并行使各种参与权的过程，该过程在集体谈判程序之外，也在劳动力市场机制之外。当然，在劳资合作过程中，员工的参与权及参与过程可能是在法律法规及制度的保障与约束下实现的，也可能是在工会组织的参与下实现的。

对于劳动关系，很多学者都给出了定义，但大体上的意思基本相近。劳动关系实质是企业劳动关系，是由雇佣劳动引起的、在员工与管理者及组织之间形成的关系，包括经济层面的利益关系、管理层面的行政关系及组织层面的协调关系。西方很多研究成果通常也使用产业关系（industrial relations）这个概念，从本质上说，产业关系与劳动关系没有根本的区别，很多研究对这两个概念不做详细的划分。劳动关系通常更倾向于指微观组织层面的雇主与员工的关系，在现代企业组织中，劳动关系通常指管理层与员工的关系。同时，超出企业组织范围的区域或国家等宏观层面的劳动关系也被高频率地使用，用于描述一个区域、一个产业或一个国家劳动关系的整体情况。产业关系通常倾向于指产业或行业层面的劳动关系，西方较早的研究成果更多地运用了产业关系概念，用来解释大规模制造业中雇佣劳动者与雇主之间的关系，适合当时大规模制造业、传统组织及标准化工作方式的特点，如 20 世纪 40 年代至 70 年代西方的产业结构特点。

国际劳工组织对产业关系的定义是，产业关系或者用于处理国家、雇主和工人组织之间的关系，或者用于处理职业团体自身之间的关系。有的学者认为，产业关系或劳资关系是指产业和关系，“产业”的意思是“一个人从事的有益的活动”，“关系”的意思是“产业中在雇主与劳动者之间所存在的关系”。这是一个发展的和动态的概念，并不局限于工会与管理层之间的复杂关系，也指员工之间正式获得的总体网络关系，是一个比劳资冲突更复杂的概念。因为员工对生产手段没有所有权，权力掌握在少数企业家手中，多数管理者的身份已经降低为挣工资的人。员工们意识到只有通过合作的或集体的行动，他们的绝大多数要求才会得到满足。雇主知道可以拒绝这些要求，但是这种拒绝将会引起员工的不满，并进而阻碍生产，对员工与雇主之间的关系有害。①

企业劳动关系系统的概念最早由斯蒂格勒提出，也称产业关系系统（industrial relations system）。早期的制度学派将企业看成是开发工作规则的装置，用于界定各角色的权力与责任，该学派认为企业不是一个生产函数或劳动力需求曲线。邓洛普首次将劳动关系看成是工作场所规则的形成与执行系统，并提出了产业关系系统的完整理论框架。

二、劳动关系是一套权利结构与规则体系

邓洛普（Dunlop）认为劳动关系是由一定的行为者、一定的环境、一种融合劳动关系体系的意识形态及一套管理工作场所行为者的规则所组成，他将这些工作场所的规则看成是系统的产出，即产业关系系统的产出是系统中各角色力量对比所形成的规则。劳动关系中某一规则及惯例的形成依赖于各角色的战略选择，各主要角色之间的权利分配及力量大小决定了产出的性质。不同的战略选择有助于解释在宏观经济条件大体相同情况下，在企业层面所采取的不同模式的规则与惯例。从根本上来说，劳动关系的运行特点或劳资冲突的特点和走向取决于系统中不同角色之间的战略选择和力量对比。弗兰德斯与邓洛普的观点一致，认为劳动关系的研究就是对工作规则的制度研究。② 马克思主义的

---

① Pandey, Adya Prasad, Labour Management Relation: A Radical Deal for Industrial Peace, MPRA Paper No. 6085, posted 04. December, 2007 / 11: 27.

② Flanders, A., Industrial Relations: What is Wrong with the System? Faber, 1965, P. 10.

追随者海曼，将劳动关系看成是对工作关系的控制过程。[①]

角色这一概念来源于邓洛普的产业关系系统。他认为，在产业关系系统中存在三个角色：雇主、工会和政府，这些角色的行为都不是自发的或独立的，而是在特定的市场、技术和政治背景下，一定程度的有计划的行为。在该领域中需要讨论一个长期存在的问题：这些角色有多大的意愿和自由度来回应环境的变化？在近代史中，该问题比以往任何时候都更为紧迫。在变化的环境中，雇佣劳动及所形成的雇佣关系给雇主、工会和政府以巨大的压力。外部环境变化的源泉有：全球化、新技术、劳动人口、员工与人力资本在劳动力市场和组织中角色的同时变化。这些变化提出了几个额外的问题：在外部环境变化的情况下，这些角色能否重新控制他们的命运？从政策制定者到实践者，我们需要什么样的制度创新？[②]

科斯认为企业是用一个契约替代了市场交易中的一组契约，从而降低了交易成本，因此，企业是一个简化了的契约。企业契约是在资本、劳动及管理权之间构建契约，劳动契约是其主要组成部分，也是一个简化了的契约，不可能将所有与劳权有关的问题全部纳入，否则，企业就不会比市场机制更能节约交易成本，企业就不会产生。

一方面，传统的自由市场机制及自由企业制度不能自动解决资本与劳动的地位问题。劳动要素的收益总是跟不上资本要素的收益，劳动者在劳动力市场中及在企业组织内部处于弱势，劳动者的弱势地位只有依靠市场机制之外的公共力量才能改变。公共政策保护劳权主要是出于用可持续的劳动供给及稳定的劳动关系来保障企业及产业可持续发展的目的，政府认识到只有保护了劳动者的利益才能保护产业的利益。从短期看，保护劳权的公共政策会增加企业成本，但对于某一行业内的所有企业来说则是平等的，对企业竞争力不会有太大的影响，但产业却获得了长期稳定的发展。

另一方面，现代市场经济及现代企业制度未能解决管理权与劳权的地位问题。现代企业制度使资本的优势地位退出，并进而被管理权所取代，企业绩效已经超过资本收益成为企业管理层追求的首要目标。相对于管理权而言，劳权再次处于弱势地位。与资本所有者相似的是，管理层没有本能的动力去维护劳权，但与其不同的是，管理层却对员工参与权感兴趣，企盼通过员工参与决策

① ［美］理查德·海曼．劳资关系：一种马克思主义的分析框架［M］．北京：中国劳动社会保障出版社，2008，17.

② Thomas A. Kochan. Collective Actors in Industrial Relations：What Future? Industrielle Beziehungen，2004，pp. 6 - 13.

来提高企业绩效，但劳动者仍然处于弱势地位。参与权从属于管理者绩效，如果员工的发言权及参与权对绩效没有贡献，管理层会随时收回这些权力，参与权被管理层运用得较为随意。

企业作为资源配置的主要组织形式，自产生至今，尚未出现过替代形式，仍然是资本和劳动者两种最基本经济要素组合的最基本组织形式。至今为止，人类社会尚未发明比企业组织更能节省交易成本的、更有效率的其他类型的组织形式。企业组织运作的核心是企业家，现代企业通常是由职业经理人来控制。管理权的特殊性表现在：一方面，管理权的执行过程本身不遵循市场交易机制，甚至可以说是背离市场交易机制的，有的研究将其称为行政命令（order）。科斯认为企业组织之所以出现，是因为它比市场机制更能节约交易成本，这就意味着，管理过程在一定条件下比市场过程更能节约交易成本，二者的矛盾性使其具有相互替代功能。另一方面，管理权的执行过程能够使企业适应企业组织外部的市场交易机制，使企业能够在价格机制、竞争机制及供求机制的调节下参与市场的优胜劣汰。二者的相互适应过程也是二者矛盾性的重要表现。目前，能够使管理权完成这种特殊职能的组织结构仍然是企业组织。劳动力作为一种资源，在企业组织内部的分配和使用明显不同于物质资源，因为涉及劳动关系等人文因素和相关问题，但其被动地接受雇佣和使用仍然占主流。无论企业组织的形式如何变化，企业组织的基本功能并未改变。

三、劳资合作是从更积极的视角看待劳动关系

通常来讲，企业劳动关系所要解决的是如何保障员工的基本权利，主要围绕工资、工作时间及工作环境等问题，以减少冲突与对抗，实现和谐劳动关系。这实质上是一种被动的防御机制，其前提是将劳资双方看成是一种权力与利益的对抗与制衡关系。对于这些对抗关系与防御机制的研究，是西方二战后劳动关系理论研究与企业实践的重点，仲裁、集体谈判、劳动法等都是劳资冲突的防御机制和解决机制。

与减少冲突和对抗这种被动的防御机制不同，劳资合作是从一个更为积极的视角和态度去看待企业劳动关系问题，其前提是假定劳资双方具有利益与目标的一致性，通过寻求责任与职能的合作及互补关系来建立更为积极的合作关系与合作行为，通过权力与利益的共享、重新分配甚至深度的捆绑建立更为紧密的劳资伙伴关系。劳资合作实质上是一种积极主动的劳动关系优化机制，立

足于谋求质量更高、效率更高的劳动关系处理机制来提高员工与组织的创新能力与绩效，甚至追求更为理想的劳动关系氛围，即谋求与绩效无关的真正的人格及精神上的民主与平等。

二战后，西方形成了专门的劳动关系学科，那时候，劳动经济学和人力资源管理这两个学科尚未形成。邓洛普曾经说过，劳动关系学科最古老，劳动经济学最数量化，人力资源管理最接近于企业实际。20 世纪 80 年代后，一些大学将劳动关系研究中心更名为雇佣劳动研究中心或人力资源管理研究中心，这不仅标志着劳动关系研究在向更加微观层面的领域延伸，与企业人力资源管理的研究结合得越发紧密，而且标志着劳动关系研究的多学科性和实用性更加明显。

劳资合作从属于劳动关系的制度分析，又从属于人力资源管理实践，既是劳动关系问题，也是企业管理问题。新时期，在激烈的市场竞争环境下，劳资合作对于企业组织绩效的重要作用被管理者和研究者所重视，从企业组织的微观层面研究劳资合作问题将会成为未来劳动关系研究和企业管理研究的重点。

第二节　全球市场及企业组织的变化需要企业劳资合作

一、集体谈判衰落的背景下企业开始尝试劳资合作

二战后到 20 世纪 80 年代之前，集体谈判是西方国家决定工资与劳动条件的首选方式，在美国和西欧的很多国家都存在着高度集中化的谈判，工会的代表权和谈判权相当独立，雇佣劳动者的集体力量较大。然而，自 20 世纪 80 年代中期以来，以自由和竞争为特征的市场力量开始占据主导地位，全球市场竞争越发激烈，企业为提高效率和市场竞争力而不断提高灵活性，如提高工资弹性、用工弹性、岗位弹性、组织弹性等，在企业和市场的压力面前，僵化的集体谈判及公共政策逐渐开始松动，并改变了西方企业劳动关系的主要运行机制和基本格局。

在市场自由化的浪潮中，政府对劳动力市场的过度规制受到来自企业和相关机构的谴责，主张应该将更多的谈判和协商环节下降到企业层面，给予企业更大的自由以实现企业组织及工作场所的创新，增强组织的柔性及应变能力。例如，澳大利亚商业委员会（BCA）曾严厉批评政府对劳动力市场过度规制的

失效，主张引入工作场所（或基于企业）协议（有或没有工会参与）来替代政府集权制度，以提高企业竞争能力。

上述劳动关系的变化大体可以归纳为以下两条路径：一是劳动关系中原有的谈判与制衡关系开始削弱，工会力量逐渐衰落，集体谈判机制的范围开始缩小，并且集体谈判开始走向分散化。劳动关系的变化如同政治斗争一样，由于工会在劳动力市场中逐渐丧失了权力，如果不加以管制的话，谈判安排的分散化就获得了足够的动力。① 二是在集体劳动关系衰落的背景下，一些地区的雇主和工会开始尝试合作战略，期待通过权力与利益的共享来提高企业竞争力和组织绩效，通过增加合作关系或员工参与来减少敌意、冲突和对抗，降低成本，提高效率。合作型劳动关系是组织变革的重要方式，组织允许工会代表参与决策制定，构建雇主或管理者、工会与员工之间的合作关系，并最终提升组织绩效及员工个人的工作—生活质量。②

上述情况表明，20 世纪 80 年代以来劳资合作关系的形成与深化来源于劳动关系的变化，集体谈判的变化与劳资合作或员工参与之间存在密切的关系，集体谈判的衰落使得劳资合作及员工参与得以加强。集体谈判性质的变化和新出现的参与形式之间存在着联系。这些参与形式包括直接参与和间接参与。③但对劳资合作及员工参与形成原因的另一种解释则超越了劳动关系范畴，该解释认为，从根本上来说，劳资合作及员工参与来源于产业结构、经济政策甚至是政治和意识形态的变化，如撒切尔时代的新自由主义及反集体主义的政策与倾向大幅度削弱了工会的权力和集体谈判机制。

一些学者认为，自由经济政策下，英国一些企业发动的劳资合作及员工参与是因为英国的经济结构已经偏离了集体谈判力量较强的领域，如制造业和公共部门，这些部门集体谈判比例的降低直接降低了集体劳动关系的比重，也降低了通过集体谈判机制而形成的员工间接参与的比重，为劳资合作及员工的直接参与提供了机会，企业有更大的空间同时开发和运用劳资合作及人力资源管理程序，员工在企业组织各层面的直接参与扩大了。

---

① Michael Poole et al. , A Comparative Analysis of Developments in Industrial Democracy, Industrial Relations, 2001, 40 (3), pp. 490 – 525.

② Johnstone et al. , The British Partnership Phenomenon: A Ten Year Review, Human Resource Management Journal, 2009, 19 (3), pp. 260 – 279.

③ Michael Poole et al. , A Comparative Analysis of Developments in Industrial Democracy, Industrial Relations, 2001, 40 (3), pp. 490 – 525.

二、全球市场竞争使企业组织更加依赖劳资合作

进入20世纪90年代以后，全球化速度加快，市场竞争更加激烈。竞争的压力会降低企业的利润空间，并进而延缓员工的工资增长速度，甚至降低工资水平。但竞争压力也有积极作用，它在某些情况下能够减少劳资冲突，加强劳资合作，一些企业的劳资合作程序甚至劳资伙伴关系就是在极其激烈的市场竞争环境下形成的。在竞争激烈的产品市场，企业的利益和员工的利益更加相互依赖，双方对于共享的利益越来越重视。雇主及企业管理层都知道，共享的利益来源于共享的权力，一些企业开始设计和启动劳资合作计划，或者继续深化原有的劳资双方合作关系，企业希望通过劳资合作来提高竞争力，减少分歧与分裂。

全球化及越发激烈的市场竞争使企业组织、工会组织和企业劳动关系均发生了巨大变化。除了工会和雇主之间的合作之外，无工会组织越来越多，成长快速。无工会组织迅速开发了人力资源管理技术，劳资合作与人力资源管理相互融合发展。非工会企业组织的优点是富有柔性和灵活性，雇佣方式灵活，实行弹性工作，能够灵活地调节薪水、工作岗位及工作时间，能够更方便地降低成本，尤其是工资成本。当企业面临经营困难时，灵活的组织、灵活的用工方式及可调节的工资，可以减少繁复的谈判程序，将成本降下来，维持竞争力。企业对于灵活性的追求，对原有的集体谈判机制形成了巨大的压力，法律及相关的公共政策逐渐松绑，大都采取了较为自由的政策。自20世纪80年代以来，在很多国家，政府和工会在劳动关系中的重要性都下降了。另外，基于寡头垄断谈判模型的分析，劳资合作的产生原因之一是全球化及市场竞争加剧迫使工会采取消极的妥协政策。

全球非工会企业组织的快速成长发育，对工会化企业组织和传统的集体谈判机制形成了巨大威胁。在这种背景下，工会化企业的人力资源管理技术也得到了快速开发与应用，并与劳资合作程序融合发展。工会的谈判功能和制衡功能削弱了，而组织功能、管理功能及参与功能都得到了快速开发。决策制定在任何组织中都是一个基础程序，而决策参与被认为是获得成功的一个主要程序。①企业组织中获得参与权和参与机会的员工必须在不同的环境下做出决策，

① Pashiardis，P.，Teacher Participation in Decision Making，International Journal of Educational Management，1994，8（5），pp. 14 - 17.

包括程序化的和非程序化的决策。决策做得越好，组织绩效就越高，这就是组织利用参与实践来提高绩效的原因。[①] 合作型的劳动关系氛围与较强的组织承诺和工会承诺有关，并进而提高生产效率和服务质量，降低缺勤率。[②]

巴德认为，20 世纪 80 年代以来，企业所面临的市场压力以三种方式冲击着集体谈判过程：企业对于灵活性的追求与冗长的劳动合同相冲突，这是效率与公平之间的冲突；企业对于员工参与及劳资合作的需求与传统的对抗性的集体谈判之间的冲突，人们更倾向于通过合作和共同解决问题来实现“双赢”，反对竞争和冲突；约每三年重新谈判的和签订的劳动合同，在谈判的间隔期，员工缺少话语权，无法满足企业对于灵活性和员工参与的需要。为此，巴德主张建立一些合作关系或劳资伙伴关系，使劳资之间的沟通得以持续。[③]

二战后，美国形成了以瓦格纳法案为代表的法律与制度体系，形成了严格的集体谈判机制，限制非独立工会及被雇主控制的劳资合作，企业劳资合作未能得到充分的发育，员工的民主参与权较小，参与意识和参与技能较为缺乏。但 20 世纪 90 年代以来，激烈的全球市场竞争对美国传统的集体劳动关系形成了严重的挑战，集体谈判机制逐渐削弱，并为企业劳资合作机制的发育提供了空间，这对于劳资合作及民主参与一直处于低水平的美国企业来说，是一个巨大的变化。从 80 年代中期以来，美国企业采取了很多措施去提高效率和创新能力，这些措施包括：加强员工参与，为提高绩效引入创新的工作场所实践；提高灵活性，使工作设计不再僵化；对责任与权力进行重新分配，将管理任务分散化。先前的美国产业巨头已经彻底重组，如从美国钢铁到 IBM 等，员工的就业保障也更低了。

上述背景下，美国劳动关系出现了这样一种前所未有的态势，工会和雇主都广泛致力于工会—管理者的联合行动（joint union-management activities），用以改善劳动关系和提高企业绩效。尽管美国企业为了提高绩效和改善劳动关系而尝试劳资合作并不是什么新的事物，但如此广泛程度和努力程度在美国却是空前的。[④] 寇肯等人曾经创造了一个新概念——互利企业，用于描述采用了广泛而完整的劳资合作计划及参与实践的组织。

---

① Huang, T. C., The Effect of Participative Management on Organizational Performance: the Case of Taiwan, The International Journal of Human Resource Management, 1997, 8 (5), pp. 677 – 689.

② Deery S. J. and R. D. Iverson, Labor-Management Cooperation: Antecedents and Impact on Organizational Performance, Industrial and Labor Relations Review, 2005, 58 (4), pp. 588 – 609.

③ ［美］约翰·W. 巴德．劳动关系：寻求平衡［M］．北京：机械工业出版社，2013：12.

④ William N. Cooke, Labor-Management Cooperation-New Partnerships or Going in Circles? 1990, W. E. Upjohn Institute For Employment Research Kalamazoo, Michigan, P. 1.

一些研究美国企业劳动关系的学者主张建立更加灵活的雇佣体系，以代替传统的等级式的大规模生产方式。这些主张不仅仅是为了提供灵活性，更是为了在工作场所决策中将员工的授权提升到更高的水平。与等级制度相比，人们更看好参与制度，它能更好地发挥员工的技能，培养忠诚的、工作积极主动的员工。①

研究表明，如果劳动关系是合作的，员工更愿意为改进工作方法和生产技术提出建议。② 很多研究证实，合作型的劳动关系能够促进效率与服务质量的提高。阿贝尔鲍姆等人对 3 个美国制造业高绩效工作系统进行了长达 4 年的研究，结果显示，员工参与对于企业及员工的影响都是正面的。③ 在自我管理的团队中，具有自主权的员工能够与主管进行沟通，并参与决策制定。在每个产业中，员工参与都使得工厂及与管理层相关的绩效指标提高了。就非货币结果而言，员工参与对员工的影响也是正面的，对工作组织与工资的影响也同样是正面的。参与决策机会的增多提高了组织内的信任和内在的报酬，参与工作实践并没有增加员工的压力。他们将高绩效工作系统与泰勒制进行比较后发现，鼓励员工积极参与更富有首创性、创新性、挑战性及与公司有长期利害关系的工作，对企业和员工的影响都是积极的、正面的。

相对比而言，传统企业组织常常牺牲其他目标以使股东利益最大化，重视短期利润及成本消减，工作场所的创新滞后，员工士气难以提升，不仅牺牲员工的权利和利益，而且会忽视企业及管理层的目标。这类企业组织在当代仍然大量存在，劳资合作水平低，员工参与力度和参与的积极性不高。与高绩效工作组织相关的许多理论都证实，在很多国家的一些企业中，员工参与机制对于提高质量和产量、提高绩效、改善劳动关系、提高员工的组织承诺以及优化工作团队等都起到了积极作用。

三、劳资合作对于改善劳动关系氛围的重要作用

劳资合作对于改善劳动关系氛围的作用是不可替代的，在合作型的劳动关系中，员工能够做出更高水平的承诺，并进而改善劳动关系氛围。双组织承诺

---

① ［美］约翰·W. 巴德. 劳动关系：寻求平衡［M］. 北京：机械工业出版社，2013：325.

② Horst Feldmann, The Quality of Industrial Relations and Labor Market Performance, Labor, 2006 (3), pp. 559 – 579.

③ Park, R., Appelbaum, E., and Kruse, D., Employee Involvement and Group Incentives in Manufacturing Companies: A Multi-level Analysis, Human Resource Management Journal, 2010, 20 (3), pp. 227 – 243.

是指员工对企业组织的承诺和对工会的承诺。一些研究显示，在劳动关系氛围良好的企业组织中，员工能够做出较高水平的双组织承诺。通常来讲，在劳资合作水平高或员工参与较多的企业组织中，劳动关系氛围较好，劳动关系质量较高，员工就容易做出双组织承诺，或做出较高水平的双组织承诺。研究还发现，在劳动关系和谐的企业组织中，员工倾向于做出高企业承诺和高工会承诺。[①] 良好的劳资合作氛围可以提高员工对企业和工会的责任感，并进而提高组织绩效。[②]

一些研究分析了劳动关系氛围对员工双组织承诺的影响，研究结果显示，在相对和谐的劳动关系氛围中，员工能够做出较高的双重承诺。研究进一步证实，劳动关系质量甚至能够决定双组织承诺的存在，当劳资关系氛围良好时，双组织承诺存在的可能性增加，当企业组织内部出现了剧烈的劳资冲突和对抗时，员工可能被迫只选择对公司或对工会做出单一的承诺。[③] 当劳动关系质量低下，尤其是发生劳资冲突或对抗时，企业的目标通常与工会的目标相冲突，员工只能做出对其中一方的承诺。在合作型的劳动关系中，双组织之间也有目标上的冲突，但很多冲突在劳资合作计划中会有解决方案，管理层和工会也会尽可能做出妥协，有利于员工做出较高水平的双组织承诺，以实现共同的利益和目标。

全球化背景下，创新型的劳动在现代企业中的地位越来越重要，劳动的创新性与劳动的雇佣性之间的矛盾越来越尖锐。雇佣劳动非常适合机器大工业时代的要求，适用于程序化和缺少创新压力的工作。在创新型的组织及工作中，被雇佣的劳动者的创新动力与创新的激情是难以自动出现的，需要通过赋予被雇佣劳动者以相应的权力、利益、自由及荣誉等才能激发出来。与自我雇佣的劳动和自我雇佣的组织不同，被雇佣的劳动者主动的创新行为需要一系列的制度安排与设计。创新行为的维持与强化是永恒的难题，这在创新型的雇佣劳动及创新型的组织中更加明显。对于解决该问题，20 世纪 80 年代后人力资源管理的贡献非常明显，如各种激励机制的设计等，但单纯依靠人力资源管理技术是远远不够的，需要劳动关系的创新以适应创新型劳动的特点。现代企业对劳动创新性的需求非常高，企业的创新性直接决定企业

---

① Deery S. J., Erwin P. J. and Iverson R. D., Industrial Relations Climate, Attendance Behaviour and the Role of Trade Unions, British Journal of Industrial Relations, 1999, 37 (4), pp. 533 – 558.

② Deery S. J. Iverson R. D., Labor-management co-operational: Antecedents and Impact on Organizational Performance, Industrial and Labor Relations Review, 2005, 58 (4), pp. 588 – 609.

③ Angle H. L. Perry J. L., Dual Commitment and Labor-Management Relationship Climates, Academy of Management Journal, 1986, 29 (1), pp. 31 – 50.

的核心竞争力。劳动的创新性不仅涉及普通员工的劳动，更涉及核心员工的劳动。由于劳动的创新程度通常是不易测量的，单纯的人力资源管理技术难以对创新进行准确和有效的激励，因此，劳资合作及员工参与机制的设计仍然是至关重要的。

四、劳资合作是企业基于绩效与创新的理性选择

对于是否建立劳资合作关系及建立什么样的劳资合作程序，雇主及管理层不是盲目的，而是要经过慎重的考虑和衡量，是基于经济利益和企业发展所作出的理性选择，更符合本企业发展的实际。除少数国家外，在当前自由化的背景下，雇主及管理层受到的外部约束较少，法律法规的强制力较弱，基本能够自主决定是否建立劳资合作关系及建立怎样的劳资合作程序，那些与绩效和创新无关的、单纯是为了产业民主目标的劳资合作较少。

在企业组织内部，合作行为是否会发生取决于雇主及管理层对于劳资合作收益和成本的分析，如果管理层预测合作后企业的收益大于成本，就具有了合作的动力，如果预测成本大于收益，在法律等外部约束较弱的情况下，管理层是缺少合作的动力的。这就意味着，如果劳资合作关系发生了，就表明雇主及管理层预测到劳资合作关系的建立是经济的、有利可图的。同样，员工的合作及参与意愿也取决于收益—成本的比较。

对于劳资合作的潜在收益—成本分析，贡献最为突出的当属库克。对于资方或企业来说，库克认为劳资合作的潜在收益是能够提高员工对组织的承诺，在员工目标与公司目标一致的情况下，员工和工会领导者会更加积极地关注竞争和改进工作场所实践。库克认为企业成本反映在劳动成本和非劳动成本等多个维度。一方面，企业可以通过提高生产过程的效率和增加单位劳动的产出来减少单位产品生产的劳动成本等。通过改进产品质量、对顾客的满意给予更多的关注、更有效地处理顾客关系等来增加产品需求。另一方面，企业通过减少非必要支出、减少浪费和返工（rework）、减少库存成本、提高资本设备的使用效率、更有效地处理与供应商的关系等减少潜在的非劳动成本。另外，他主张企业还应减少非必要劳资冲突等问题，或者能够更迅速和更满意地解决这些问题。雇主应重视改进劳资双方的沟通交流，改善管理者与员工的关系，减少抱怨和违反纪律行为，减少缺勤、拖拉、流失等问题，提高员工对公司目标的认同和承诺，增加组织的柔性、灵活性和适应性。

在传统敌对的集体谈判关系和专制或独裁的管理实践中，员工和工会领导者在管理决策中只获得了很少的参与空间，劳资合作及劳动关系所发生的这种转变，需要在组织文化、价值和观念等方面进行重大变革。组织的这些转变有时需要大量的资源培训管理者和工会代表，转变的成本不仅包括财务支出，还包括许多非金钱的成本，如管理者的权威、权力、地位的丧失等。生产效率的提高和员工及工会权力的扩大，有可能减少管理者的工作职位，如大量中层管理者的职位可能会减少或被替代。为了应对这些潜在的成本，管理者可能倾向于不支持劳资合作，这必然会减少潜在收益。①

从员工来看，劳资合作的潜在收益包括金钱收益、就业保障、和谐的工作关系、高质量的工作—生活等，员工可以从参与或卷入过程中增加内在报偿；改善工作条件；改善主管与员工的关系；减少委屈、不满和更快的问题解决；提高尊严、自尊和工作中的骄傲感或成就感等。库克（Cooke）假设员工更喜欢和谐的工作关系，从更少的委屈、纠纷和更快的问题处理中获得收益。员工的潜在成本就是工作更努力。②

迪克森从管理层角度分析了员工参与的成本与回报问题。他认为，从管理者角度看，员工参与的成本包括：决策所耗费的时间和资源增加了；工会所偏好的决策的估价标准变化了；两大力量即管理层和工会之间的冲突被具体化，解决的难度加大了；从管理者角度定义一些问题有更多的困难；集中管理与决策越来越困难；可以实现对人事功能的限制。从高管角度看，员工代表在董事会层面参与的回报包括：工会的管理角色被接受；董事会中工会和员工决策被进一步认可了；管理层和工会之间的理解增进了；对工会与管理层之间冲突的控制加强了；重视工会为决策制定所带来的信息，决策质量更高了。从管理过程中的产业民主，可以总结出以下几点：工作的变化和意义提高了；工作过程中持续的学习；同事之间的互助与支持增多了。对管理程序的参与包括蓝领和白领，他们可能都已经成为工会会员。对中层管理者而言，低层次参与的回报是不确定的。员工工作的扩展通常意味着对他们角色的重新界定，有时也是某个角色的消失。③

---

① William N. Cooke, Labor-Management Cooperation-New Partnerships or Going in Circles? 1990, W. E. Upjohn Institute for Employment Research Kalamazoo, Michigan, pp. 6 – 9.

② William N. Cooke, Labor-Management Cooperation-New Partnerships or Going in Circles? 1990, W. E. Upjohn Institute for Employment Research Kalamazoo, Michigan, pp. 10 – 11.

③ John W. Dickson, The Adoption of Industrial Democracy, Personnel Review, 1977, 6 (4), pp. 15 – 19.

五、劳资合作所包含的大量交换关系有助于企业摆脱危机

劳资合作中包含大量的交换关系，在很多情况下，这些交换关系能够帮助企业摆脱危机。劳资合作中所包含的交换关系，是雇主或管理层与员工之间、雇主或管理层与工会之间的权力与利益交换。例如，雇主及管理层允许员工代表或工会代表进入董事会参与决策，在危机时期常常能够以此换取降薪或工资节制的目标，双方也可以在降薪和裁员两者之间展开沟通和协商，做出双方都能接受的选择，交换关系使劳资双方更容易相互理解和相互妥协。

劳资合作及各种形式的员工参与可以帮助企业度过危机，尤其是在当前竞争激烈的市场环境下。寇肯认为，在危机时期，员工参与如果能够消减成本，就能够使企业平安度过经济危机。如果员工参与了企业决策并表示愿意互相支持，那么，降薪就可以作为裁员的替代方案。但这并不是唯一的选择，管理者，员工，工会及政策制定者还有其他的选择，如消减工时、消磨时光、通过财政激励劝导自愿退休、停掉离职金或各种形式的个人援助（寻找新工作、开办新企业、回到学校读书或参加一个培训计划）等。对于培训和创造工作机会，政府可以运用部分或扩展的失业补贴给予支持，并主动配合公共服务和税收减免。这些办法和努力不仅能够帮助企业渡过当前的难关，还有利于加快复苏的步伐。①

劳资合作及员工参与有利于使员工更全面地了解企业的经营状况，一些企业在危机时期能够成功实施降薪方案就是得到了员工支持的结果，维护了劳动关系系统的稳定性。一些企业在人力资源管理的激励策略中，开始构建基于劳资双方共同目标与利益的劳资合作伙伴关系，工会及员工代表可以进入董事会参与决策，管理层常常以此换取工资节制或不裁员的目标。

第三节　劳资合作符合21世纪分享型经济发展的需要

一、劳资合作是基于权力与利益的分享与重新分配

劳动关系是与财富及权力分配关系最为密切的领域，高质量的和谐劳动关

① Kochan, Dilemma of A Downturn: to Force Pay Cuts or Slash Jobs? Financial Times, Published: November, 2008 (5): 2.

系及比较优势有利于财富及权力更加公平合理地分配。劳资合作之所以能够提升劳动关系运行质量，就是因为劳资合作是一个有关权力和财富重新分配的问题，基本目标是决策权和利益的分享，而不是独占。财富、权力与价值的分享将决定财富的创造与增长，落后的劳动关系将使企业及整个宏观经济失去活力。二战后，美国罗斯福新政的初衷就是通过保护劳动者利益来保护资本的利益和美国产业的利益，使美国制造业在全球获得了竞争优势，并在雇佣劳动者中间培育了一个规模庞大的中产阶级，而中产阶级强劲的购买力反过来又支持了制造业和服务业的进一步发展。

马克思的劳动价值论认为劳动创造了价值，却不能公平地分享价值，雇佣劳动者被资本所有者剥削，资本的回报和劳动的回报之间的差距与矛盾是劳动关系的焦点问题。在当代，资本的投资越来越依赖于资本的快速转移能力，投资越来越专业化，并且能够通过分散投资等方式实现稳定的回报率。因此，从表面看来，资本的回报与劳动的回报之间的差距与矛盾被弱化了、掩盖了，资本与劳动的矛盾转化成了管理层与普通雇佣劳动者之间的矛盾，并上升为企业劳动关系的主要问题。

新时期，企业劳动关系问题已由资本与劳动的关系演化成掌握经营管理权力的管理层与普通管理者和员工之间过于悬殊的权力与价值分配。由于管理者也是被雇佣者，管理者是分层的，不同层级的管理者拥有的权力差距较大，如一些高管拥有决定薪水的权力，并直接造成了20世纪80年代以来全球高管普遍的高薪水，甚至能够在资本回报率偏低的情况下继续维持高薪水平，普通员工则处于长期的低工资状态，这已经成为全球企业劳动关系的通病，因此，当代企业劳动关系的核心问题已经转化为权力、财富与价值在被雇佣者内部的分配问题。在现代市场中，仍然有大量的业主制或家族制企业，投资者与管理者仍然是统一主体，没有分离，基本都是家族成员，企业劳动关系问题相对简单。

在被雇佣者之间的权力与利益分配的问题上，企业劳资合作基于这样的理念，即高层管理者创新性劳动的高额回报并不是要以对普通劳动者的低报酬或权利剥夺为代价，价值与财富的创造来源于所有劳动者的创新精神。创新不仅来源于治理层面，也来源于工作场所层面。如果劳动关系质量长期处于低水平，从长期看，受伤的不仅是劳动者，还包括投资者、高层管理者、各利益相关者及整个宏观经济。虽然通过提高劳动关系质量并不能使这一矛盾得到完美的、永久的解决，但通过富有活力的产业和平与产业民主机制的设计，却能够使该问题得到更好的解决。

二、劳资合作有助于解决过于悬殊的收入分配问题

在欧洲，越来越多的企业通过脱离雇主组织来避免行业谈判，导致行业谈判的覆盖面和集体谈判的延伸数量大幅下降，工会谈判能力下降，导致了集体谈判事实上的分散化和无组织化。结果是，企业的工资浮动一直是负向的，工资增长无力，远远落后于劳动生产率的增长。近些年，低工资问题越来越多地出现在欧洲的劳动关系领域，集体谈判的分散化和越来越低的覆盖率降低了对劳动者的保护，增加了低工资和工作贫困的风险。特别是对于劳动力市场中越来越多的低技能体力劳动者，他们的就业形式通常为兼职和固定期限，没有标准劳动合同的保护。①

皮凯蒂运用更为丰富的数据和资料对资本与劳动的收益率进行了分析，发现自20世纪80年代至今，资本收益率已经大大超过经济增长率，财富积累比劳动收入或工资增长得更快，资本对劳动拥有更大的控制权。同时，管理者由于获得了对于自己薪酬的定价权，其收入远远高于普通劳动者的收入。他预测上述情形将在21世纪继续，19世纪资本与劳动的基本关系将在21世纪重演，并且在资本市场完善及经济增长率放缓的发达国家，这种可能性越大。② 如果该预测是正确的，那么，19世纪劳动关系中资本对劳动的过度剥削问题还会继续，如果这种状态到21世纪不能改变，经济和社会的动荡将不可避免。

在工会代表权和集体谈判机制衰落的背景下，管理层对劳动关系的控制权扩大了，缺少了制衡力量，能够更容易地降低工资和解雇员工，很多国家的工会和企业员工都认为政府的劳动法改革对管理权给予了过多的支持和自由度。工会认为其地位和权力降低了，对于解散工会组织及驱逐工会领导人的做法极度不满。员工认为其经济地位降低了，工资增长缓慢，甚至降低了，基本生活难以维持。随着劳动力参与集体谈判比例的大幅下降，与雇佣劳动有关的诉讼案件大幅上升。③ 低工资通常会带来更大范围的劳动力市场动荡，只有加强对

---

① ［荷］马腾·科伊内等．欧洲：工资和工资集体协商［M］．北京：中国工人出版社，2013：11－12.

② ［法］托马斯·皮凯蒂．21世纪资本论［M］．北京：中信出版社，2015：26－28.

③ Piore, M. J and Safford, S., Changing Regimes of Workplace Governance, Shifting Axes of Social Mobilization, and the Challenge to Industrial Relations Theory, Industrial Relations, 2006, 45 (3), pp. 299－325.

劳动关系的管制才能够阻止工资的下滑并减少罢工。[①]

从近些年西方国家罢工的特点看，大多与普通员工的低工资、低保障、高失业及过于悬殊的收入分配有关。例如，20 世纪 80 年代英国爆发的抗议撒切尔政府自由经济政策的游行和罢工；2011 年美国爆发的攻占华尔街的大游行；希腊 2011 年和 2013 年的罢工；韩国 2015 年底和 2016 年初爆发的反对朴槿惠政府的游行和罢工；2017 年英国伦敦公交车司机由于要求加薪的请求被公交运营商拒绝而进行了连续 24 小时的罢工。法国近几年的罢工最多，如 2010 年抗议养老金改革计划的罢工，2014 年法航飞行员的罢工，2015 年医务人员的罢工，以及 2016 年初出租车司机的罢工等。另外，2018 年法国航空公司员工也多次罢工要求加薪。

21 世纪最重要的课题将是劳动关系及劳资合作问题，该课题的重要性将超过经济增长、企业绩效及企业创新等问题。寇肯认为，美国贫富差距拉大的一个原因是劳资合作进程缓慢。他认为，越来越多的证据表明，美国在工作岗位与收入分配方面的分化使富人更富，中产阶级减少了，工作场所的重构步伐缓慢是这一分化产生的原因。[②] 在学者们的极力呼吁下，上述问题一定程度上得到了政府的重视，从近些年西方发达国家的劳动关系公共政策的走向来看，的确出现了越来越倾向于给予员工和工会民主权利的态势，具有同时推进产业和平与产业民主的综合化功能。一方面，为了解决集体谈判弱化及雇佣劳动者收入持续偏低的问题，很多国家都制定了最低工资法，为低收入人群提供最起码的收入保障。另一方面，注重员工民主权利及企业的民主管理问题，一些国家公共政策的重点逐渐从员工福利转移到消除歧视、保障员工知情权、发言权及参与权等方面。企业广泛运用人力资源管理技术，在工作场所层面构建了权力、责任与利益相统一的完整的激励机制，寻求企业绩效与员工个人绩效的共同增长。

三、劳资合作符合 21 世纪分享型经济的需要

未来的国家竞争力将更多地依赖于高质量的劳动关系，劳动关系质量的高低不仅能够决定企业的创新能力，也能够决定一个国家的综合创新能力。21

---

① Alemán, J., Labor Market Deregulation and Industrial Conflict in New Democracies: A Cross-National Analysis, Political Studies, 2008 (56), pp. 830－856.

② ［美］托马斯·寇肯等．美国产业关系的转型［M］．北京：中国劳动社会保障出版社，2008：前言第 5 页。

世纪全球最大的问题将不再是如何创造财富，而是如何分享财富。① 在 21 世纪，全球化所面临的挑战并不是要阻止全球市场的扩张，而是寻求加强管制的规则和制度——在国家、地区和全球范围内，不仅要保持全球市场和竞争的优势，还要为人、社区和环境资源提供足够的空间，以确保全球化能够服务于人，而不只是经济利益。② 未来的关键问题将不再是经济增长速度，甚至也不再是最终财富的合理分配，而是权力和利益的分享，如劳动过程中如何提高雇佣劳动者的民主权利、激发自主创新的动力及合理控制资本霸权和管理霸权等问题。

虽然企业所开发的劳资合作以提高企业绩效为目的和目标，但事实上，劳资合作及员工参与的功能已经不仅仅局限于提高企业组织绩效和个人绩效，其他各种新功能也逐渐被开发出来，如一些劳资合作组织开始涉猎质量、生产力、团队甚至是婴儿护理等方面的新功能，相比之下，对于集体劳动关系这一核心问题的关注却降低了许多。实践证明，这些新功能越来越符合分享型经济发展的需要。例如，美国的联合劳资委员会在开发新功能并服务于社会等方面有着相当丰富的经验，越来越重视处理集体劳动关系的外围问题，这些外围问题无论对于企业员工还是全社会都越来越重要。邓洛普委员会认为，工人委员会可能在职业健康及安全领域发挥更大的作用，并为工人委员会提出了各种建议，主张构建员工参与计划，并认为工人委员会也应该边增加功能边试验。

以美国汽车行业联合委员会为例，该委员会不仅仅从事考察工厂布局、工作设计、工作程序的变化以及新技术的引入，参与决策的范围越来越大，如健康、安全、培训、质量、生产力，以及劳动关系总体的改进等。事实上，这些劳资合作组织新功能的开发通常也是工会组织引导下的结果，工会组织也越来越多地开发出了类似的新功能，尤其是服务于社会的新功能。

21 世纪，劳动者的身心健康、工作质量、工作体验及生活质量等问题都将得到更大的关注。科茨认为，个人在什么原则和条件下能够从工作中获得发展，我们的研究就应该从这些原则和对这些条件的识别开始。大量事实表明，有工作比没有工作要好，好工作比差工作要好。“差工作”是相对于“好工作”而言，是指工作条件或环境相对恶劣，或在人们认识中社会地位相对低下的工作。差工作对身心健康、寿命及生活满意度都不利。差工作还会直接影

---

① ［美］理查德·巴雷特．解放企业的心灵：企业文化评估及价值转换工具［M］．北京：新华出版社，2005：229.

② United Nations Development Programme, Human Development Report, New York: Oxford University Press, 1999.

响人们与家庭、朋友及更广泛的社会之间的关系。如果我们关心社会凝聚力问题，就应该关心工作质量问题。他进一步指出，一些研究已经开始关注工作性质、健康和平均寿命之间的关系，并且发现了在当前劳动关系中员工过劳、无保障、低收入、不公正及不良工作体验等一系列问题。这些具体问题包括，员工地位低下或差工作会导致较差的健康和较短的平均寿命；雇佣无保障；无法控制工作速度及影响工作场所的主要决策；有限的冒险，单调重复的工作；无法跟得上压力的紧张程度；收入与付出不平衡，不仅仅指收入，还包括对好绩效的赞扬；工作场所缺乏程序上的公正，员工陷入工作困境时不能确定能否获得申辩的机会；等等。①

从全球劳动关系的变迁及发展史看，高质量的劳动关系是每一阶段每个国家劳动关系处理机制变化及重新设计所追求的共同状态与目标。高质量的劳动关系不仅决定经济利益，对社会、政治、文化、精神与心理等诸多方面也具有深远的影响；劳动关系从来就不仅仅是一个经济问题和管理问题，也是政治问题和社会问题。由于劳动关系质量涉及财富与权力的分配问题，因此未来的国家竞争力对劳资合作机制的依赖将更为明显，并将成为国家竞争优势的重要组成部分，良好的劳资合作机制能够为企业及整个宏观经济注入活力。

第四节　劳资合作是中国构建高质量劳动关系的最终选择

一、劳资合作是劳动关系“软优势”的真正体现

劳动关系优势是一种“软优势”，不仅对财富及价值的创造越来越重要，也能够使财富、权力与价值的分配更为合理，还有利于在所有者、管理者、公共部门与劳动者之间建立良性互动关系。劳动关系质量不仅仅对企业绩效、对利益相关者（如投资者、管理层、员工、客户、服务与中介组织等）具有重要影响，而且直接影响社会发展等宏观层面的所有问题，其影响面之广、涉及问题之多、触及层面之深都是其他领域的问题难以比拟的。

良好的劳资合作机制能够使劳动关系发挥出“软优势”。优良的劳资合作机制的设计对于国家的综合竞争力将起决定性作用，财富、权力与价值的分享

① David Coats, No Going Back to the 1970s? The Case for A Revival of Industrial Democracy, Public Policy Research, 2006, 13 (4), pp. 262 - 271.

将决定财富的创造与增长，落后的劳动关系将使企业及整个宏观经济失去活力。劳资合作是一个有关参与权和决策权的分享问题，与创新型劳动及创新型人才的关系密切。

从中国劳动关系所处的国际环境看，中国经济的比较优势将在很大程度上取决于劳动关系的比较优势，如果我们获得了较高质量的劳动关系体系，就能够获得比较经济优势。在未来的国际经济竞争中，资本、劳动、土地等要素的优势与贡献将居于次要地位，创新能力成为未来经济竞争力的决定性因素，而劳动关系的运行质量则是决定企业创新能力的根本。劳动关系的转型及优良的劳动关系体系设计将成为未来中国企业及相关产业立足于全球竞争市场的关键，企业的比较优势将取决于能否获得劳动关系的比较优势。

全球化及网络化的管理与交流方式，形成了易于联络与沟通的当代员工，并自发形成强大的集体力量，使罢工、停工等劳工运动更容易在地理上快速扩散。生产网络越是全球化，由工人行动引发的生产中断所带来的潜在地理影响就越广泛。① 在有些国家，已经形成了新的工人阶级和新劳工运动，这些劳工运动不仅在提高工资和改善工作条件方面取得了成功，同时也在20世纪后期的民主传播背后扮演了关键的“角色”。即时生产使得员工对生产过程的控制力增强，资本更容易在生产过程中遭到破坏，从而增强了员工在生产过程中采取直接行动的谈判力量。

在短期内，跨国公司能够通过将资本向低工资和无工会地区的转移来制约发达地区员工的集体力量，但从长期看，却培养了低工资和无工会地区的劳工组织，并使他们的集体谈判力量逐渐增强。全球化使同一跨国公司在世界各地的员工的报酬与权利日趋接近，形成了越发易于联络与沟通的当代工人阶级。国际上劳权保护的经验与做法，更易于被落后地区的劳动者所学习和模仿，并形成自下而上的推动力量，推动集体劳动关系处理机制的逐步完善。中国要在宏观政策等方面做好准备，应对这已经到来的不可阻挡的潮流。

二、劳资合作有助于缓解转型期中国企业的劳资冲突

国际资本大量流入中国，同时也带来了国际劳工运动，很多劳资冲突首先发生在外资企业。大型跨国公司的分公司遍布全球，一个地区的劳资冲突

① ［美］贝弗里·J. 西尔弗. 劳工的力量：1870年以来的工人运动与全球化［M］. 北京：社会科学文献出版社，2012：7-12.

更容易引起其他地区的配合与响应，新投资的地区能够很快获得各种信息，并要求得到与其他地区同等的报酬与工作条件。外企员工为解决有关低工资、恶劣工作条件、健康与养老、不公平的劳动合同等问题向企业施压，不仅获得了社会力量的支持，而且还逐步扩散到内资企业，引发全体劳动者的劳权保护意识。作为国际资本的主要流入国，中国的制造业和服务业处于快速发展和升级阶段，并将很快成为全球劳动关系的代表性区域，地区性的集体劳动争议将陆续出现，这是全球产业发展与产业转移的基本规律。资本在全球范围内的流动，不仅带动了产业的全球转移，也带动了劳动关系的全球转移。

随着产业的全球转移、劳动关系快速的国际传导及中国经济地位的提升，处于转型过程中的中国劳动关系与全球劳动关系的演变相互影响，发达国家曾经出现过的劳资冲突将极有可能在中国经济发展与国际化过程中陆续出现，在某些情形下，其复杂程度甚至有可能会超过 20 世纪 70 年代至 80 年代的西班牙、巴西、南非、韩国等。即便是集体谈判机制缺失，网络等当代交流方式仍然能够自发地在员工中形成强大的集体力量，从长期看，这种力量会改善劳动关系质量，但短期内会影响劳动关系的和谐与稳定。

在这一背景下，构建一套高效、合理、公平、民主的劳动关系处理机制具有重要意义。

2015 年 3 月 21 日发布的《中共中央　国务院关于构建和谐劳动关系的意见》（以下简称《意见》）明确提出，劳动关系是生产关系的重要组成部分，是最基本、最重要的社会关系之一。劳动关系是否和谐，事关广大职工和企业的切身利益，事关经济发展与社会和谐。我国正处于经济社会转型时期，劳动关系的主体及其利益诉求越来越多元化，劳动关系矛盾已进入凸显期和多发期，劳动争议案件居高不下，有的地方拖欠农民工工资等损害职工利益的现象仍较突出，集体停工和群体性事件时有发生，构建和谐劳动关系的任务艰巨繁重。①

由于集体劳动关系处理机制缺失，制造业中的劳资冲突等问题频发。同时，过多依赖个别劳权保护机制解决劳动争议，成本高昂。在以制造业为主的产业结构中，集体劳动关系已被西方发达国家证明是最有效的劳动关系处理机制。集体谈判机制能够在国家、区域及产业层面解决大批产业工人或普通员工的工资、工作时间及工作条件等劳动关系问题，能够以低成本的方式维护弱势群体的权益。对于核心员工或高层次的创新型人才而言，依赖个别劳动关系

① 中共中央　国务院关于构建和谐劳动关系的意见［M］. 北京：人民出版社，2015.

是适合的。但中国目前的个别劳动关系缺少集体劳动关系的框架基础，管理者权力过大与组织柔性不足问题并存，压抑了人才的创新激情，企业自主创新能力弱的难题长期得不到解决。

在全球化冲击下，中国的新型雇佣方式快速发展，现有的劳动关系体系更加跟不上实践发展的需要。这意味着，中国当前的劳动关系需要系统性的解决方案。正是由于干预机制不完善，中国的劳动争议增长迅速，劳动争议与纠纷已经成为民事案件中增长幅度最快、影响范围最大的案件类型。在这些劳动争议与纠纷案件中，大多集中在劳动报酬及工伤赔偿等方面。

中国企业劳动关系未经过西方发达国家集体劳动关系逐步形成与演变的过程就进入了全球化竞争时代，缺少规范的市场的磨炼与成长过程，传统的与现代的、不规范的与规范的劳动关系处理机制交织在一起。在全球化的竞争背景下，中国企业自主创新能力不足的问题凸显，其根本原因已不再是资本短缺、人才短缺等要素短缺问题，而是公认的管理创新不足问题，其中，劳动关系问题又是阻碍管理创新的核心问题，企业人才流失与自主创新能力不足同时并存。

三、劳资合作是中国构建高质量劳动关系的最终选择

人才是最重要的创新资源，竞争力和创新能力不足的企业通常缺少控制这种资源的能力。通常情况下，处于产业链低端的产业及组织发育水平较低的企业更关心对物质资源的控制，忽视或无力顾及无形资源的控制问题，尤其是对人力资源的有效控制能力较弱。当代中国企业不能有效地控制和管理人力资源的问题通常表现为，企业不能处理好与人才成长及使用有关的劳动关系问题，如缺乏沟通与信任、激励与承诺机制不好、选拔机制不规范、管理层能力低下、相互牵制和内耗等，劳动关系或产业关系氛围（industrial relations climate）较差。中国企业急需一套富有弹性、能够破解企业自主创新难题的劳动关系体系；通过劳资合作来提高劳动关系运行质量是最优策略，也是最终选择。

劳动关系的实践与发展史表明，劳动关系问题的主要解决方式有两种：一是通过外力（包括法律法规、工会组织、行业协会、政府组织等）的干预机制来解决，即所谓的公共政策体系；二是通过管理层与员工之间积极的、能动的合作机制来解决。前者更重视宏观层面的公共政策的作用，后者则是一种自动的、企业微观层面的劳动关系解决机制，现代人力资源管理技术主要被应用

于后者。但发达国家的经验是两种方式必须同时使用，缺一不可，只不过是在不同国家、地区、产业及企业中的比重有所不同。后者主要由企业来完成，企业的自主性和能动性起决定作用，主要由市场压力和组织变革所推动；同时，外部公共力量也会起到有效的约束作用。但前者则需要公共力量的干预，这种力量难以自动出现，更难以有效地出现，公共部门的力量就显得更为重要。

未来的企业创新将越来越依赖于员工的创新，尤其是核心员工的创新。企业劳动关系内部各主体权力与利益的分配格局对于员工创新的积极性有重大影响，获得了更多参与权并能够合理分享利益的员工，参与企业创新的积极性通常较高，反之，员工创新的积极性就可能较低。未来各国在全球经济中的竞争力将取决于公共政策能否有效地制衡管理权的滥用，并激发员工的积极性和创造性。公共政策不仅应该成为保障员工民主参与权的外部强制力量，还应该为员工参与技能的培育创造条件，并引导和鼓励企业承担培养员工责任感的义务。每个企业都有可能成为一所大学，在团队合作中培养员工的责任感。[①]

构建合作型的劳动关系是中国劳动关系转型与创新的核心议题，是诸多领域改革的重叠与交叉地带，涉及经济、社会、政治、文化、精神、伦理及心理等诸多方面的协调与变革，利益相关者众多。合作型的劳动关系是构建和谐劳动关系的根本出路，劳资合作问题的研究是当代中国劳动关系研究的重要课题。

中国经济的市场化过程，也是劳动关系的变迁和高质量劳动关系框架的设计与形成过程。和谐劳动关系要表达的实质也是劳动关系的运行质量问题，前述《意见》提出了构建高级别和高质量的和谐劳动关系的目标与制度框架，该框架的突出特征就是既包括如何保障员工的基本劳权（如通过集体协商机制保障工资的良性增长），也包括保障员工民主参与的劳资合作框架，如完善职工代表大会制度及基层民主建设等问题。

① Merritt, W. G., Employee Representation as a Step toward Industrial Democracy, Annals of the American Academy of Political and Social Science, Industrial Stability, 1920 (90), pp. 39 –44.

第二章　劳资合作机制与员工参与

劳资合作中雇主或管理层与员工之间的合作关系或合作行为，包含了很多层次和种类，劳资合作机制就是这些合作关系或合作行为的制度化和程序化安排，包括劳资双方的合作、制衡、互动及权力与利益的捆绑关系等，这些合作关系或合作行为通常需要员工参与才能实现。

第一节　员工的间接参与和直接参与

由于劳资合作机制包含了制度的、行为的、心理的等诸多层面的内容，我们应该抓住劳资合作最主要、最核心的内容，那就是员工参与。劳资合作机制可以被具体化为各种形式的员工参与。包括直接参与和间接参与，在不同的参与计划和程序中，员工参与的内容、具体方式、范围及深度等都不尽相同。员工参与与组织认同有直接关系，员工参与程度能够代表其在组织中的融入程度。①

一、通过集体谈判或协商实现的间接参与

间接参与通常是指员工在集体谈判或协商机制中的参与，工会代表员工的集体权利与诉求同雇主及管理层进行谈判或协商，普通员工个人通常不能直接参与谈判过程。员工参与有时被看成是扩展了的谈判和协商过程，一部分权利被转移给员工，同时，相应的责任也转移给了员工。直接参与通常包括员工代表的参与、工会组织及工会代表的参与、员工个人在工作场所层面的参与等。

---

① Joensson, T., A Multidimensional Approach to Employee Participation and the Association with Social Identification in Organizations, Employee Relations, 2008, 30 (6), pp. 594 - 607.

通常情况下，普通员工只能在工作场所层面实现参与，在公司治理层面难以直接参与，只有核心员工和员工代表能够参与企业重大决策过程。

集体谈判或集体协商机制所依赖的组织机构是工会，在西方有关研究中，通常将集体谈判或协商机制中所实现的员工参与称为间接参与，认为员工通过工会组织的谈判程序实现了间接的、一定程度的参与，尽管员工个人没有亲自参与谈判过程，但工会代表与雇主或管理层的谈判反映了员工的诉求和意见，也算是一种特定类型的参与或劳资合作。

一些传统的劳动关系专家将集体谈判看作是劳资合作或员工参与的主要方式，尽管这是一种间接的参与方式，但他们认为只有通过集体谈判或协商程序，员工才能实现真正参与，只有工会能够真正地代表员工的权力和利益，他们认为直接参与通常被雇主或管理层控制，更多的是名义上的参与，员工及代表难以获得实质上的参与权。例如著名的劳动关系专家克莱格不仅主张工会应该从国家和管理层中独立出来，而且主张只有工会能够反映员工的利益，依靠雇主无法实现对员工权力的保护，不可能实现真正的民主。他认为雇主与"良好的劳动关系"无关，从更广的意义上说，与产业民主的实现无关。

二战后，克莱格的观点被很多劳动关系专家所认同，他们支持员工的间接参与，认为间接参与是实现员工民主权利的最好出路。支持间接参与的专家大都反对直接参与，他们认为在直接参与过程中，普通员工仍然不能亲自参与并直接表达诉求，员工代表和工会代表极易被雇主或管理层所控制，难以真正代表员工的利益，更难以实现真正的民主参与。相应地，独立工会和间接参与的支持者大都反对由雇主或管理层所控制的非独立工会，认为非独立工会最容易成为雇主或管理层设计虚假参与的组织，甚至成为雇主利益的维护者。例如，美国的瓦格纳法案就严禁企业设立非独立工会，强制企业接受独立工会和严格的集体谈判机制，雇佣劳动者获得了充分的间接参与权，几年一次的集体谈判成为一种稳定的工资增长机制。罗斯福新政通过集体谈判机制保护了雇佣劳动者的间接参与权，实现了劳动关系的稳定及美国制造业的长期稳定增长。

从西方的经验来看，大多数企业所开展的劳资合作，雇主及管理层是劳资合作的设计者和控制者，工会及员工常常居于弱势地位，因此，工会对各种直接参与常常持反对态度，例如美国工会就反对员工参与企业的政策制定。在没有工会官员支持的情况下，普通员工的参与很难实现，只有在普通员工对某一问题施加强大压力的情况下，才有可能实现一定程度的民主，而且这种民主是偶然的，只有在非常的环境下才有可能发生，难以成为常规的程序。

从员工角度看，普通员工通常缺乏对于直接参与的兴趣和动力，更缺少参与的知识和技能，这也是很多人反对直接参与并支持间接参与的原因。很多专家、雇主及管理者认为员工难以真正关心企业的经营与管理问题，普通员工只对那些直接影响自己的政策感兴趣，如工资率、工作条件、雇佣关系的稳定性、替代他们的技术创新等，对其他与自己没有直接关系的问题极少关心。另外，由于信息不对称，普通员工对企业重大决策的确切背景和情况等缺乏了解，他们也缺少提出有价值的意见和建议的能力，直接参与极有可能会干扰企业决策，至少会增加交易成本和组织内部的摩擦。

尽管通过集体谈判或协商机制所实现的员工间接参与不是一种真正的参与或劳资合作方式，但毕竟一定程度实现了对普通雇佣劳动者的基本劳权保护，雇佣劳动者结束了无保障、低工资与过劳的地位和处境。集体谈判已被西方国家普遍使用，工会组织通过代表权与雇主或管理层进行谈判，通过保护集体劳权实现了对雇佣劳动者个人基本权利的有效保护。在所有的英语国家，针对雇主决定工作条件和工作报酬的这种有缺陷制度，通过集体谈判机制实现了被雇佣者表达不满并提出要求的愿望。

集体谈判的功能并不仅仅局限于维护员工的工作报酬和工作条件，集体谈判还被认为是一种广泛认可的人权保护方式，能够保护工作中或雇佣关系中的公民权利和政治权力。没有集体谈判，员工所享有的与工作有关的权利，如在更大社会中的公民权利将被削弱。集体谈判能够使员工参与选举官员，可以获得授权参与和报酬及工作条件相关事务的谈判，企业和工会的关系也更平等。集体协议构成了一种相互接受的工作场所法规，对该法规的应用所产生的争论由无偏见的公正的仲裁人来解决。除了通过集体谈判，集体协议不可能被改变，员工只能依赖这些协议并在该界限范围内做出自主决策。①

然而，自20世纪80年代以来，西方国家越来越远离了集体谈判，间接参与迅速下降，同时，各种直接参与方式快速发展。目前，各国的工会力量差异较大，间接参与的程度也大不相同。在澳大利亚、美国、英国等国家，由集体谈判或协商所实现的间接参与快速削弱了，很多专家认为已经很难通过集体劳动关系来实现劳资合作及产业民主了。相比之下，在德国，尽管集体谈判的中心已经越来越多地转移到了企业层面，但与工会相关的制度力量仍然强劲，法律仍然倾向于巩固工会的力量，工会并未遭受如其他国家一样的快速衰落。德国的情况较为特殊，其著名的共决制已经奠定了员工直接参与的制度基础，因

① Roy J. Adams, Collective Bargaining as a Minimum Employment Standard, The Economic and Labour Relations Review, 2011, 22 (2), pp. 153 - 164.

此，能够在不削弱工会力量的前提下继续保持员工的直接参与及产业民主程序。

直接参与的提高源于劳动关系系统中各角色权利结构的巨大变化，政府的约束力减少了，工会力量削弱了，管理层权力扩大了。管理层地位的提高和自由度的扩大有利于开发各种形式的直接参与技术与程序。近些年，组织的快速变革将工作任务越来越多地降到了工作场所层面，工作团队及员工个人的责任更大，因此，需要更多的权力与责任的分享。近几十年，管理层的态度及企业组织的变化对于直接参与的作用显得非常重要，因为员工直接参与和人力资源管理实践的结合已经成为企业创新的一个重要领域，人力资源管理就是由管理层在组织内部设计、实施和控制的管理实践，员工的直接参与被融合到了人力资源管理程序中。在直接参与方面，不同国家、不同行业及不同企业的管理者在主动性方面差距较大，直接参与的效果与企业领导者的理念、风格及规划等的关系越来越密切。

二、通过劳资合作组织实现的直接参与

员工直接参与的组织机构不再是工会，而是各种参与组织或合作组织，也就是说，员工的直接参与是通过各种参与组织来实现的，如劳资合作委员会、工人委员会、共组委员会、企业职工委员会、职工监事会等，尽管叫法不同，但组织功能都基本接近，都是为员工及其代表的直接参与提供组织程序。20世纪80年代以来，通过集体谈判或协商所实现的员工间接参与下降了，相比之下，劳资合作组织快速发育，为员工直接参与提供了组织支撑，如欧洲工作委员会势头强劲。尽管各国及企业设计了各种各样的参与组织，但民主参与仍然与企业的劳动关系氛围关系密切，如果劳动关系是传统的和专制的，即便是有了相应的直接参与组织，但在企业所构建的产业民主中，员工仍然可能会感到没能拥有真正的决策权。

德国的共决制所依托的职工委员会是员工在治理层面实现参与权的最有特色的组织，被视为是劳资合作及民主参与组织的经典，中国学者有时将其称为“德国的职代会”。职工委员会对企业重大事务具有广泛的、深度的参与权，对企业管理者的遴选，员工招募、调遣、解雇及员工培训等事务都拥有共决权，包括知情权、磋商权和共决权等。企业职工委员会拥有获知有关企业一切事务的全部权力。拥有知情权是职工委员会行使磋商权和共决权的前提条件，雇主及管理层有义务向职工委员会提供有关企业发展的全部信息和雇主及管理

层的各项计划等。磋商权是职工委员会在雇主及管理层做出决策的过程中，及时提出意见和建议，并作出评价。共决权是职工委员会最重要的权力，是与雇主及管理层共同做出决策的权力，以及共同承担责任的义务。在法律规定较为严格的地区，如果雇主及管理层作出的决策没有征求职工委员会的同意，或者说不是与职工委员会共同做出的，职工委员会可以认定该决策是无效的，员工可以不执行该决策。另外，如果雇主及管理层强制员工执行该决策，职工委员会也可以向劳动法院提出申请，请法院做出不执行的判决，并责成雇主及管理层取消或修改该决策，直到得到职工委员会的认可。

德国的职工委员会具有稳定的法律地位，设有专门的岗位，有专职人员负责委员会的工作，职工委员会委员免于日常工作。职工委员会的日常运营费用由公司支付，提供必要的办公条件，公司还要支付委员的培训费用。对职工委员会的研究显示，近年来，雇主及管理层越来越接受职工委员会。多年来，职工委员会已经被大多数德国人看作是一个基本的政治权力，职工委员会为实现工作场所层面劳动关系的和谐起到了重要的作用，如在企业裁员、技术替代员工及其他组织创新过程中起到的稳定作用。职工委员会在迫使雇主遵循高工资—高技能—高增值劳动的战略。职工委员会很大程度上已经被接受，并且越来越有影响，在工作场所的作用越来越得到认可。

在德国企业中，与职工委员会相关的另一组织是监事会，员工代表通过参加监事会获得知情权，职工代表通常在监事会没有决策权和否决权，但职工代表可以将所知道的信息及时提供给工会和职工委员会，使工会和职工委员会做出相应的决策。监事会、工会与职工委员会之间是相互支持、相互配合与相互协调的，三种民主参与组织之间在组织结构与功能上存在较大差异，具有较强的互补性。

瑞典较早地开发了劳动委员会制度，50 年前，瑞典人就在谈论参与问题，他们把它称之为产业民主，如工人决策权、参与决策权、自我管理组织及岗位中的民主等。1946 年，雇主和员工组织同意在员工超过 50 人以上的企业中，双方代表定期见面来解决问题和交换信息。随后，这些组织在企业中开展了一些规模不等的项目，用来为员工参与提供通道。①

当雇主感到企业易受外部竞争的影响时，员工参与的支持条件可能出现。这使得越来越多的雇主愿意主动运用各种形式的直接参与来开发“高绩效的

① Bernard M. Bass and V. J. Shackleton, Industrial Democracy and Participative Management: A Case for a Synthesis, The Academy of Management Review, 1979, 4 (3), pp. 393 - 404.

工作场所”。在美国，通过参与组织或以代表形式进行参与的例子比其他国家少，为了转变这种状况，雇主、工会、政府等都支持劳动法的改革，以方便和支持职工委员会等直接参与组织的建立。在欧洲劳资合作组织快速发育的背景下，一些美国学者主张美国也应该借鉴欧洲经验，通过建立相应的员工参与组织来开发直接参与形式。寇肯认为美国存在模仿德国产业民主模式的可能性，主张建立一定规模的职工委员会，建议修正劳动法以促进更大范围的参与，鼓励企业和员工去尝试新的参与方式，如建立员工或劳工——管理者委员会，促进正式代表的成长。① 当然，随着集体谈判机制的下降和工会等级的降低，在工作场所，如果员工对决策有了更大的影响，就需要开发新的劳资合作组织或参与组织，寻求参与方式的创新。

应该指出的是，各种劳资合作组织及参与组织大都用于治理层面的参与，在工作场所层面较少能够用到这些组织，因为工作场所层面能够实现员工个人的直接参与，无须代表制。随着人力资源管理技术的快速开发和应用，以及管理者越来越习惯于运用激励、绩效、团队、质量圈等方式提高员工在工作场所层面的直接参与，管理者还热衷于改良精益生产方式，提高员工在工作过程中的责任感和独立处理问题的能力，这些直接参与方式避开了各种传统的参与组织，在一些企业中，工作委员会等已出现萎缩趋势。

20 世纪 80 年代后，雇主组织开始逐渐走向分散，功能也开始变化，从原有的集中处理集体谈判问题转向劳资合作及相关问题。在某些行业，雇主组织的衰落也强化了劳资合作及员工参与组织的发育和完善。雇主和工会都在想办法应付极端恶劣的市场环境和工作条件，加强了职工委员会在工作场所层面的作用。跨国雇主的谈判力下降了，使一些国家的雇主协会终止了，美国和加拿大的大型跨国公司的雇主谈判力的缺失进一步证实了这一点。虽然雇主协会的数量和重要性降低了，但并没有灭绝，还产生了一些新型雇主协会。这些新型雇主协会的功能不再仅仅局限于抵制工会的压力，而是在更大的范围扩展了功能和角色。随着网络经济的发展，预计雇主机构和雇主协会将会在这些关系上起到越来越大的促进和协调作用。但是，将雇主协会的功能从集体谈判转向发挥这种协调作用的确是一个令人生畏的挑战，需要考虑的问题是，需要已有的组织还是新组织来担当起这一角色。②

---

① Kochan, Thomas A., Reconstructing America's Social Contract in Employment: The Role of Social Policy, Institutions and Practices, Chicago-Kent Law Review, 1999 (75), pp. 137 – 150.

② Thomas A. Kochan, Collective Actors in Industrial Relations: What Future? Industrielle Beziehungen, 2004, pp. 6 – 13.

第二节　员工直接参与的主要形式

一、员工直接参与的各种形式

普尔（Poole）等人对20世纪80年代中期以来美国、德国、英国和澳大利亚四个国家进行了系统考察，结论是，每个国家都出现了一些影响产业民主发展的共同力量，但参与的具体形式却大不相同。研究发现，产业民主在企业组织层面的变化极其重要。根据企业组织内部权力结构的特点，他们将员工民主参与的形式进行了系统的归纳，认为员工参与通常可以分为以下几种：（1）员工自我管理；（2）厂商合作；（3）共决制；（4）工作委员会及类似机构；（5）工会主动权；（6）工厂发言权程序。除了上述最通常的分类方法之外，普尔等人还提出了其他分类方法：（1）员工的主动权（如，通过工作场所发言权控制生产过程）；（2）以工会为基础的参与形式（通过谈判与协商来对雇佣条款与雇佣条件施加影响）；（3）国家或立法所发起的员工参与决策的权力；（4）雇主主动倡导的员工参与，用以提高员工对企业的承诺，或者提高生产力、效率及适应性。①

从上述各种参与形式看，可以分为两大类：一类是间接参与，如以工会为基础的参与形式（通过谈判与协商来对雇佣条款与雇佣条件施加影响）。另一类是直接参与。从各种直接参与方式看，大体可以分为两个层面：一个是治理层面的员工直接参与；另一个是工作场所层面的员工直接参与。有的参与方式及参与组织涉及两个层面。

很多研究认为，集体谈判本身就是参与管理的一种形式，一种特定的“合作”。事实上，工会已经“参与”了，参与的原则已经不是问题了，而是参与的方式问题。一些人认为，在工会框架之外建立另外一种产业民主形式将会使事情变得更糟。事实上，每个员工都希望有员工代表来代表他们行使权力，无论他们是否是工会会员。通常情况下，员工代表的选举方式是由拥有集体谈判权的工会提名的，但所有的员工都希望自己能够亲自投票选举员工代表。在员工代表选举过程中，这种赋予所有员工选举权的建议，实质上是试图

① Michael Poole et al.，A Comparative Analysis of Developments in Industrial Democracy，Industrial Relations，2001，40（3），pp. 490 – 525.

将集体谈判权与民主的需求相结合，关于这个问题，一直存在争议。①

鉴于间接参与和集体谈判的密切关系，集体谈判机制将在本书其他部分中做详细分析，并且这种间接参与方式已经大大减少，未来将继续呈现萎缩的趋势。因此，在下文中，将主要分析员工的直接参与问题，如果没有特别的说明，下文中所谈到的员工参与指的就是员工直接参与。

二、治理层面的员工直接参与

由于不可能每个员工都参与重大决策，选举员工代表就成为最行之有效的方式。员工代表参与企业重大决策有很多方式，如员工代表进入董事会或联合咨询委员会等类似机构。管理层发现，员工代表参与治理层面的重大决策，提高了工作场所的士气和绩效。在德国的共决制中，员工代表拥有决定性的投票权，有权参与任命和解雇高管，决定他们的薪酬，对企业的政策提出建议。挪威的一些公司就是这种高参与的类型，普通员工能够通过相应的机制对董事会决策施加影响，涉及企业战略、投资、选址、工厂布局、工厂关闭、新技术的引入、工作设计、工作程序的变化等。

产业民主的扩展结束了员工控制的短缺，在大多数高层的公司决策层面引入了员工代表的参与，员工代表是被所有或绝大多数员工选举产生的，包括具有员工角色的职业管理者，他们为他们的权力、控制权及权威等承担责任。另外，产业民主的扩展扩大了工会的权力，工会的角色发生了变化，不再仅仅是工会官员或谈判权的代表，而是越来越成为民主参与权的代表。当前工会权力可能发生的一个更深入的转变是，从官员转向工厂管理者。然而，尽管他们与企业管理层的合作很小心，他们仍可能以官员的角色占据董事会的席位，这会使得在官员角色与工厂层面的管理者角色之间的鸿沟加深，从而增加了内部的紧张。②由此可见，工会的双重身份与双重功能存在很多矛盾，而传统的工会专职官员的单一身份则与集体谈判是一致的。有的企业已经将工会权力完全从官员角色转向工厂管理者角色，但仍有很多管理者愿意在工会的谈判功能与管理功能之间分清界限，以确保工会的管理职责在集体谈判的制度框架下充分扩展。

20 世纪 80 年代以来，产业关系专家不再仅仅关注工会与雇主之间的争

---

①② Eccles, A. J., Industrial Democracy and Organizational Change, Personnel Review, 1977, 6 (1), pp. 43 - 49.

议，而转向解决工作场所的冲突，在工作场所扩大员工的发言权与影响力。[①]为恢复产业竞争优势，雇主积极寻找更有效率的工作场所劳动关系制度，加强员工参与，将管理任务分散化。[②] 瑞典、丹麦的一些企业较早地引入了自治的工人组织，也称直接参与，员工通常自己承担检查和控制进度的责任，并且有可能从接收到的派遣命令中实现自我管理。

很多国家的企业通常缺少在治理层面参与的机制和程序，例如，美国企业员工代表及工会很少能够在治理层面参与，美国的工人委员会难以在很多产业大规模推行高参与计划。尽管美国在某些时期也曾经尝试过治理层面的参与机制，但参与计划常常不稳定，经常是临时性的，如美国一些航空企业、汽车企业及钢铁企业都曾经尝试过选举工人或工会代表进入公司董事会，而且这种机制通常是在企业出现财务危机时实行，企业有时也选择这种参与形式来补偿工会在工资或工作条件上的让步。

员工在治理层面参与的最后领域是通过对财富的所有权而实现，如员工持股或利润分享计划等。20 世纪 80 年代中期以来，员工持股公司（ESOPs）迅速增长，管理层认为员工持股所带来的所有权的感觉有利于改善其参与的成效。目前，对员工持股与企业绩效之间关系的研究结果喜忧参半，难以确定员工持股提高了企业绩效并使企业更兴旺了，还是较为兴旺的公司更愿意实行员工持股。然而，经验证实，将所有权和正式参与机制共同运用，能够比单独运用所有权更有利于提高生产率。另外，股票所有权很难激发员工的承诺，将员工股票期权的税收补贴与员工参与联系在一起，能够建立起关键性的联系。当恰当的组织恰好提供了参与的手段时，有目的的员工参与就能发生。[③] 然而，工会倾向于认为，股票所有权给予员工的只是所有权的假象，并没有任何真正的控制，主要还只是一种用于替代养老金计划或减少工资的管理手段。很多人认为，员工持股对公司治理层面劳资合作或员工参与只有较小的影响，对工作场所层面的员工参与基本没有影响。

---

① Lansbury, R. D, Work and Industrial Relations: Towards a New Agenda, Industrial Relations, 2009, 64 (2), pp. 326 - 339.

② Ichniowski, Casey et al., What Works at Work: Overview and Assessment, Industrial Relations, 1996, (35), pp. 299 - 333.

③ Eaton, Adrienne E, The Survival of Employee Participation Programs in Unionized Settings, Industrial and Labor Relations Review, 1994, 47 (3), pp. 371 - 389.

三、工作场所层面的员工参与

工作场所层面的参与是指员工对工作场所层面的管理具有广泛的磋商权与知情权，对项目、生产、质量、晋升、招募、培训、调遣及解雇等具有较为充分的共决权。很多处于上升期的美国企业声明他们相信工作场所层面的参与式管理，工作场所参与制能够吸引大量的有关投资、创新、技能与雇佣水平的复杂信息，工作场所层面的参与是熟练的、有见识的并且被雇主信任的。① 工作场所层面的员工参与意味着决策权的分散，员工参与决策减小了管理者的责任，权力与责任越来越多地被分散和下降到员工个体身上。

迪克森认为治理层面的参与和工作场所层面的参与之间没有明显的区别，治理层面的参与主要是对权力运用的分享，而工作场所层面的参与则是一种管理程序，这种管理程序上的参与更多的是任务导向型的。前者为通过代表制来影响决策过程并为间接地满足员工需求提供了可能性；而后者为直接影响，并为直接满足员工需求提供可能性。他认为均衡型的产业民主是在治理层面和管理程序上都实行一定程度的产业民主，员工可以通过员工代表对董事会决策施加影响（政策、投资、工厂关闭），也可以在工作场所层面对管理决策程序施加直接的影响，如生产层面、质量、培训与招聘。非均衡型有两种情况：一种是主要在董事会层面参与却较少在管理程序上实行的产业民主，这种类型的民主容易在这些企业发生，即倾向于集中决策的企业（产业），“财产”与“劳动”之间的冲突被严重政治化。另一种是工会及员工代表通常在治理层面不参与，但在工作场所层面或管理程序上广泛参与，员工极少有机会接近组织的权力结构，这是大多数当代企业的特点，也是美国模式的典型特征。一种极端的情况是，在两个层面都没有任何参与的类型，这是传统的官僚主义管理的典型形式，员工需求很少被认可。② 美国模式继承了集体谈判机制的传统，在集体谈判框架内增加涉及改变工作场所的规则，扩展了集体谈判的内容。③

企业对于工作场所层面的参与的探索由来已久，一些国家的一些企业做出了较早的尝试。瑞典、丹麦和挪威在给予员工发言权方面处于领先地位，在这

① David Coats, No Going Back to the 1970s? The Case for A Revival of Industrial Democracy, Public Policy Research, 2006, 13 (4), pp. 262 – 271.

② John W. Dickson, The Adoption of Industrial Democracy, Personnel Review, 1977, 6 (4), pp. 15 – 19.

③ Michael Wallerstein, Union Organization in Advanced Industrial Democracies, American Political Science Review, 1989, 83 (2), pp. 481 – 501.

些国家的一些工厂中，较早引入了自治的工人组织。当时，这些办法通常被称为直接参与，因为它与一个工人每天的工作内容密切相关，其目的是尽可能减少自治和决策的风险。在这些直接参与程序中，工人通常自己承担检查和控制进度的责任，并且有可能从接收到的派遣命令中实现自我管理。另外，早在20世纪20年代，美国的一些家长制企业中也出现了选举工人代表的治理模式，当然这些代表只有相对较少的权力，并没有真正的参与权。被广泛使用了20年的斯坎伦计划包含了很多参与的元素，该计划主要是为了消减可控制的劳动成本，分享从中所获得的利益。作为集体谈判的敌对力量和应对经济危机的平衡力量，钢铁产业形成了一个劳资联合委员会，员工参与计划的执行并不容易。70年代，通用食品公司在托皮卡和堪萨斯州开了宠物食品工厂，被设计为在最小的监督下运营。很多传统的管理任务，如未来员工的面试、工作分配甚至是工资晋升的确定都由工人接管了，管理层和员工都要适应这些新的角色。① 事实上，这些与员工自身工作任务密切相关的直接参与形式就是我们现在所说的工作场所层面的直接参与，只不过当时人力资源管理技术远没有今天复杂和精细，各种参与方式和绩效的关系还不够紧密。

20世纪80年代后，企业内部劳动力的划分不再清晰，企业内部等级不再明显，越来越扁平化，员工在工作场所层面分配到的责任更大了，这不仅造成了很多国家集中化的集体谈判的下降，同时也加大了对员工在工作场所层面进行参与的需求。员工在工作场所的参与和企业及员工绩效、组织的创新活动及人力资源管理实践等的结合更为紧密。

在工作场所层面，管理层在引入新的参与形式过程中起了重要的作用，各种直接参与计划大都是管理层发动的。由管理层所发动的直接参与计划通常与绩效和创新有关，这源于企业在市场中的压力和管理者对经济利益的关注，希望通过员工的直接参与来提高生产经营效率和组织效率。在技术、组织、市场等剧烈变化的背景下，管理层愿意采取措施提高员工在工作场所层面的参与水平和参与范围，以分散责任和风险，希望企业能够通过有效的员工参与而获利。在工会权力削弱和政府解除管制的环境下，管理层有更大的自由度去选择参与的方式。

员工在工作场所层面的直接参与形式与单个员工的责任密切相关，有利于提高工作场所层面的个人绩效和团队绩效，员工通过半自治或全自治的工作团

---

① Bernard M. Bass and V. J. Shackleton, Industrial Democracy and Participative Management: A Case for a Synthesis, The Academy of Management Review, 1979, 4 (3), pp. 393 -404.

队实现直接参与。很多管理者认为员工直接参与会改进工作场所绩效，提高产品和服务质量。工会也承认，员工在工作场所的直接参与计划的确为员工带来了更多的利益和话语权。

美国工作场所层面的员工参与可分为两种类型。一种是小企业的质量圈与团队结合的模式。存在质量圈和员工参与计划的企业，均由小规模的、自愿解决问题的员工团队所构成。《财富》排行榜前1000家企业的2/3都声称使用过质量圈，1/3的企业涵盖了20%的员工。质量圈在20世纪70年代和80年代很流行，但也只是一时的热情，参与的员工数量和范围都下降了，到了90年代，质量圈被全质量管理（TQM）所替代。如果企业将团队准则和员工参与结合起来，全质量管理就能够持续。研究发现，与工会化企业相比，质量圈和全质量管理在工会化企业中的存活率更高。另一种是较大型的企业将参与计划与工作设计相结合的模式。企业的参与计划与工作设计活动有关，这些工作设计改变了工作的性质，使员工或团队在工作过程中更加谨慎。这种员工参与方式，在美国被广泛引用的两个例子是新联合汽车制造公司（NUMMI）和土星汽车工厂，这两个都成功了。在美国汽车工人联合会的参与下，一个新的工作系统设计出来了，包括由新雇工人管理团队负责计划和管理工作，团队领导依据工会——管理者委员会的推荐被选出。① NUMMI于2010年停止生产并正式关闭，土星汽车工厂于2009年停止生产并关闭。

土星汽车工厂作为通用汽车和美国汽车工人联合会的合作伙伴，坐落于田纳西州春山市，当时因开发了一种质量全球一流的新型汽车——土星汽车而闻名，更重要的是一个新的组织治理模式被开发出来，在由工作团队来平衡工作分配和任务轮流的同时，短期工作循环的基础装配线技术也得以保持。工会作为一个“完整的合作伙伴”参与了全部主要决策，从工作组织到程序设计。从最高管理者到工厂管理者所有层次的管理者都被联合选举出来。700多个由6~15人组成的“工作单位”雇佣和训练他们自己的成员。单位成员接受培训后可以做各种工作，并且按照他们决定的时间表准时轮换（胜任各种工作，员工对工作安排有决策权）。土星公司的工作周期更长，工作的标准化程度更低，员工拥有更大的自主权。当地工会没有传统的苦情委员会或者企业管理员制度，但员工却可以大量参与组织管理。尽管如此，无论是通用汽车总部的高管，还是美国汽车工人联合会的全国性领导人，当时都表现出对土星工厂的犹

① Michael Poole et al., A Comparative Analysis of Developments in Industrial Democracy, Industrial Relations, 2001, 40 (3), pp. 490-525.

豫情绪，但企业最终冒险获得了商业成功。①

未来构建劳资合作关系的一个关键问题是选择和确立适合的信任类型，以形成所期望的紧密程度。合作型的信任关系能够支持组织的多重能力，这种类型的信任关系具有独特的价值（基于分享的目标）和标准（基于相互依存的管理程序）。② 另外，限制雇主或管理方对劳动关系的特权并寻求共同控制或联合控制将成为一种趋势，管理方将劳资合作关系作为减小员工集体抵抗力量并强化个人对特定组织目标承诺的思想工具。③ 针对管理控制优先权向联合控制的转变这一难题，要通过平衡双方的差异性目标并突出员工的目标来研究和实施这种转变。

在外部宏观条件相同的情况下，企业之间在劳资合作及员工参与方面的力度、进展及效果差异巨大，甚至在同一企业的不同部门和不同团队，劳资合作及员工参与的效果也截然不同，这源于在工作场所及企业层面的组织创新力度的巨大差异，并由此决定了不同工作场所之间劳资合作及员工参与质量的巨大差距。此外，工作场所层面的员工参与效果还依赖于工会的力量和领导风格等各种因素。

第三节　直接参与和间接参与的博弈关系

直接参与和间接参与存在博弈关系。一方面，二者的功能是不同的，有时甚至是相互矛盾和相互竞争的，一方的优势很可能就意味着另一方的弱势。间接参与的充分发育极有可能会抑制直接参与方式的发育，同样，直接参与的快速发展常常是以牺牲间接参与为代价。在等级分明的组织中，传统的集体谈判或协商机制通常难以与员工的直接参与机制相融合，工会和工作委员会及直接参与方式的结合是个难题。另一方面，在现实中，管理者与工会探索出了工会与各种参与组织之间的合作途径，形成了工会与各种参与组织之间的相互支持和相互合作关系，在很多情况下，参与组织需要工会的支持才能形成并得以发挥作用。

集体谈判和员工参与的功能是不同的，二者以不同的方式满足员工的诉求

① Wever, Kirsten, Rose Batt, and Saul Rubenstein, Innovation in Isolation: Labour-Management Partnerships in the United States, Economic and Labor Relations Review, 1996 (7), pp. 67 - 87.

② Adler, Paul and Heckscher, Charles, The Collaborative, Ambidextrous Enterprise, Universia Business Review, 2013 (40), pp. 34 - 51.

③ Danford, Andy et al., Workplace Partnership and Employee Voice in the UK: Comparative Case Studies of Union Strategy and Worker Experience, Economic and Industrial Democracy, 2005, 26 (4), pp. 593 - 620.

和需求。工会通过集体谈判机制在国家层面、产业层面和企业层面代表员工的需求，这些需求很容易在谈判桌上被表示出来，如工资、工作时间与工作条件等，强调报酬与职业安全等问题。20世纪80年代开始，西方已经建立的集体劳动关系开始变得分散，工会权力和影响力下降了，谈判和协商变得更少，由集体谈判所实现的宏观层面的产业民主淡化了。同时，雇主及管理层开发了大量的工作场所层面的员工参与计划，管理者引入了自治的工作团队活动、团队建设、全部质量管理以及员工股权所有制等参与形式。

相比之下，员工代表在董事会层面的参与能够将员工扩展了的需求正式地、直接地表达出来，如对培训、开发和教育的需求等，而不再仅仅局限于报酬与工作时间等问题。员工参与会使他们意识到，在一个高效运营的组织中，有效的参与需要更高的管理与专业技能。过去，雇主和员工关注工作谈判的平等性和雇佣安全问题，这被认为是对工作不愉快体验的一种回报。当前，有一种越来越被信奉的哲学，就是将工作视为是在工作场所实现自我价值和个人成长的一种手段。这一观念最近得到了一些研究人文工作价值的美国学者的支持，强调工作场所的成就感，而不是工作外部的成就感。显然，这一价值很难在谈判环境下得到实现，工会并不积极拥护。[①]

直接参与和间接参与之间的矛盾和竞争关系，源于工会和雇主或管理层之间的矛盾与竞争关系。工会为了得到政府及法律的支持，必须获得大多数雇佣劳动者的支持并入会，如果入会率达到了理想的水平，集体谈判及相应的间接参与机制就会得到发育。如果工会不能吸引大多数人，雇主就会保持对工作场所的充分控制，直接参与就有可能获得快速发育。

库克的劳资合作模型中也分析了各角色之间的力量对比及相互关系，通过分析工会力量、管理层力量和合作结构之间的相互作用，来判断它们对劳资合作强度、劳动关系等变量的影响。[②] 劳资合作强度的改变会引发组织内劳动关系的改变，劳动关系状况和组织对内部的约束会对劳资合作强度与组织绩效产生影响。劳资合作模型中各要素是互相影响的，单个要素的改变也会引起系统内其他要素的变化。库克在对制造业企业的相关数据进行分析后发现，劳资伙伴关系确实会对组织绩效和组织内劳动关系产生正向影响。针对劳资合作面临的主要问题，如不信任、缺乏承诺、合作和传统集体谈判的并存等，库克认为

---

① John W. Dickson, The Adoption of Industrial Democracy, Personnel Review, 1977, 6 (4), pp. 15 - 19.

② Cooke, W. N., Factors Influencing the Effect of Joint Union-management Programs on Employee-supervisor Relations, Industrial and Labor Relations Review, 1990, 43 (5), pp. 587 - 603.

长期的、成功的合作需要有效处理危机的程序，建立信任和承诺机制。在后续的研究中，库克又分析了员工——主管关系的协同效应，在组织绩效的影响因素中增加了员工参与项目和基于团队的激励模式等要素。① 库克的劳资合作模型不仅能够对劳动关系系统中各角色之间相互制衡与合作的博弈关系做出解释，也能够用于分析这些博弈关系如何影响劳资合作或员工参与的深度和质量。

一些研究表明，工会权力不具有调和性，常常唱反调，因为工会权力通常是由他们对管理者提议的否决力所构成。为了使员工的参与更积极，就应该使员工更接近于在其他治理形式中的参与者（如西方政治民主中具有投票权的普通公民）。如果股东的权力被限制，产业民主的扩展就应该允许所有员工都参与到决策制定过程中。事实上，在西方的产业民主过程中，不仅仅是雇主反对员工分享企业的控制权，工会也常常反对员工参与决策。例如，传统的英国工会运动曾经反对员工参与私人企业的管理，根本利益的冲突阻止了一切有意义的管理决策参与，认为“劳资合作”应该回避，左翼甚至认为劳资合作使社会主义者偏离了推翻资产阶级的最终目标。另外，很多情况下，为了获得改善工会会员的处境，工会不得不与管理者达成一致，双方在拖延员工民主参与的问题上常常能够达成一致意见。

在北美，工会被定义为是一个由国家支持的专门的谈判代理，反对工会就等于反对集体谈判。在应用瓦格纳法案的美国和加拿大，工会和雇主之间嵌入了竞争，目标是赢得超过51%以上的工人。② 在英国，通过集体谈判手段的间接参与下降了，与此同时，通过工作委员会实现的直接参与却有了长足发展，包括决策参与、员工持股以及利润分享计划等。与其他欧洲国家一样，直接参与广泛扩散。③

工会与直接参与之间的矛盾关系还表现在，参与计划的设计很可能忽视非工会员工的权力，工会会员与非工会会员难以获得同等的参与权，使得参与计划难以实施。例如，20世纪70年代，在欧洲产业民主的引领之下，英国开始讨论未来产业民主的框架。1977年初，布洛克（BULLOCK）委员会提出有关员工参与公司董事会的广泛的建议，该委员会得到了政府的支持。但这个建议

① Cooke, W. N., Employee Participation Programs, Group-Based Incentives, and Company Performance: A Union-Nonunion Comparison, Industrial and Labor Relations Review, 1994, 47 (4), pp. 594-609.

② Roy J. Adams, Collective Bargaining as a Minimum Employment Standard, The Economic and Labour Relations Review, 2011, 22 (2), pp. 153-164.

③ Gill, Colin, and Hubert, Krieger, Direct and Representative Participation in Europe: Recent Survey Evidence, International Journal of Human Resource Management, 1999, 10 (1), pp. 572-591.

很快就被工会和雇主同时扼杀了，最终被废弃和否定。原因是，在该建议中，建议工会与股东代表一同进入董事会，忽视了非工会会员的权力。① 此外，人们还认为上述建议试图构建一个在英国产业中适用的参与原则或模式，这是不现实的。

事实上，雇主、管理层和企业职工委员会必须遵守工会与企业形成的集体协议，只有在该集体协议的框架内，职工委员会才能够发挥员工民主参与的功能。例如，员工进行民主参与的事务只能是由集体谈判所形成的有关工资与工作时间的集体协议之外的事务，不能改变这些集体协议。另外，工会有权监督企业职工委员会的行为，如果工会认定职工委员会的工作不合格，就可以向劳动法院提出申请，终止委员会的参与工作。

尽管工会过去对工作委员会的态度是矛盾的，近些年这两类组织之间已经有了更大的合作。事实上，当工作委员会与工会的联系更为紧密并且得到了工会的支持时，工作委员会就变得更富有效率。德国的小企业在共决制构建的过程中，常常依赖于工会的“劝说”。在工会的积极推动下，一些小企业的雇主逐渐同意建立工作委员会。另外，在大企业中，工会在集体谈判中所赢得的提高工资、缩短工时及改善工作环境等方面的有利条件都为同行业的小企业提供了标准，这些劳动标准极易被小企业所参照，这一外部效应改善了小企业的劳动关系并降低了小企业的交易成本。

关于组织内劳资合作的心理与行为分析，还包括存在劳资合作关系的组织内部的员工承诺问题，如劳资合作关系对组织承诺的影响、组织承诺所面临的困境等问题。在具有劳资合作计划或员工参与计划的企业组织中，员工需要同时对管理层和工会作出承诺，这种双组织承诺极有可能出现矛盾和困境。这种矛盾和困境来源于员工与雇主或管理层及工会组织三方所建立的劳资合作关系，也就是说，来源于劳资合作组织或计划与工会组织在功能和目标上的差异和冲突，来源于员工参与和集体谈判之间的矛盾与冲突，其矛盾与制衡关系使得员工对双组织的承诺难以协调一致。反过来，双重承诺的困境也会影响组织中劳资合作关系的质量和稳定性。一些学者曾经关注过德国和以色列的“双重忠诚”现象，他们认为这两个国家的企业在双组织承诺方面做得比较成功。

一些经验研究显示，工会在促进劳资合作管理实践的实施过程中具有积极作用。在没有工会参与的情况下，一些管理层所发动的劳资合作程序难以持

---

① Bernard M. Bass and V. J. Shackleton, Industrial Democracy and Participative Management: A Case for a Synthesis, The Academy of Management Review, 1979, 4 (3), pp. 393 - 404.

续，也难以持续提高组织绩效和员工个人绩效。关于工会如何促进劳资合作的问题，鲁宾斯坦在对通用公司的土星汽车工厂的案例研究中发现，工会在整个参与治理和共同管理过程中起到了形成密集通信网络的功能，通过离线和在线参与决策两种方式对劳资合作管理实践的开展和产品质量的提高起到了巨大的推动作用。①

德国最大的行业工会组织金属行业工会（IG Metall）承认，在决策过程中，工会需要适应越来越灵活的直接参与的方式，尽管这可能会削弱共决制的传统形式。在一些地区，政党和政府主张工会和法院共同支持在雇主和员工之间建立局部的、自主的合作机制或参与机制。这一特点与目前中国劳动关系的处理策略较为相似，在集体谈判机制缺失的情况下，公共部门支持个别劳动关系处理机制，支持通过法律法规、仲裁、协商、新闻媒体曝光及基层民主管理等办法解决劳动关系中的纠纷。

德国的劳动关系是一种典型的将间接参与和直接参与成功融合的例子，是一种“利益代表的二元机制”，由产业层面的工会和雇主之间的集体谈判机制和企业层面的共决制构成。二战后，德国劳动关系变革实现了集体谈判和共决制的相互融合和相互支撑，并成为直接参与和间接参与同时发展，工会组织同参与组织相互支撑、相互合作的经典案例，德国企业对这种二元制的运用较为成功。20 世纪 80 年代后，虽然集体谈判的重点也从产业层面向企业层面转移，职工委员会的功能被强化，但并没有替代工会。在自由化的背景下，德国企业管理者成功通过变革组织结构实现了团队建设和精益生产，雇主成功地提高了雇佣弹性，并引入了绩效工资和更富弹性的工时。同时，职工委员会也越来越被接受，功能越来越完善，影响力也越来越大。与其他发达经济体相比，德国工会力量并没有大幅度的削弱，劳动关系相对平稳。

欧洲其他国家在工会同参与组织的合作方面也取得了进步。例如，在欧洲工会的指示下，很多英国企业也采用了职工委员会。尽管职工委员会在英国企业中仍然占少数，只有 19% 的私人跨国企业采用了欧洲的职工委员会制度，但与集体谈判的衰落相比，职工委员会还是有了很大的增长。同样，以新联合汽车制造公司和土星汽车工厂为代表的美国汽车业的成功，很大原因是因为有工会的参与和支持。在这两个成功的案例中，员工有机会在联合决策中发挥重要作用，尽管土星工厂中员工的参与力度更大。很多国家的工会均已经接受直

① Rubinstein, S. A., The Impact of Co-management on Quality Performance: the Case of the Saturn Corporation, Industrial and labor Relation Review, 2000, 53 (2), pp. 197 - 218.

接形式的参与，在工会的支持下，企业能够开发“改善技能或职业能力的自我组织”。一些工会主张雇主或管理层应该采纳瑞典的半自治团队“group work”模式，而不是日本或美国的“team work”模式。

事实上，职工委员会不仅仅具有参与的功能，也具有维护劳动关系稳定的功能。与工会相似的是，人们认为职工委员会提供了一个重要的装置，能够通过整合员工的偏好并将其传导给管理层，以实现“集体发言权”。德国 1952 年的工作构成法案曾经尝试将工会从工作场所层面隔离出去，试图将工会的影响限制在产业范围的谈判，使工会和职工委员会各自履行各自的功能，将集体谈判与员工参与分开，但由于职工委员会的多数成员是工会成员，所以，职工委员会实质上也起到了减少劳资冲突和维护产业和平的作用。当然，仍然有很多对职工委员会的批评，认为他们并没有充分地从工会中独立出来，覆盖的行业仍然较窄，主要集中在一些传统的产业，如汽车、钢铁和煤炭等，工会也没能充分地代表妇女和外籍工人等。

很多学者认为，既然我们已经认识到直接参与越来越重要，应该寻求顺应而不是违背该潮流。然而，这并不意味着工会放弃了权力，而是角色的转换。通过适应直接参与，工会和职工委员会可能会朝着共同的目标探索出相互合作的道路。在全球市场竞争、高失业和严重的劳资冲突所带来的压力面前，单纯依赖工会和参与组织中的任何一方都难以应付这些复杂的危机，管理层和工会都在积极寻求综合化的解决方案，员工个人也在积极寻求工作场所更大的参与权。职工委员会和工会都不能为员工代表制提供完整的渠道，只有两者同时发挥作用才能适应现代组织的需要，尤其是在工作场所层面。

第四节　保障员工参与的外部环境

邓洛普著名的系统论模型将劳动关系分离出四组主要的变量：组织外部的宏观条件；各角色的战略选择；各角色的权力；企业层面的组织结构和程序。其中，后三组变量均在组织内部。影响产业民主发展的宏观变量包括结构变量（如有利的经济和技术条件）、主观条件（国家的文化和主要意识形态，或者促进或者制约产业民主）以及法律框架和政策（包括政府在促进产业民主过程中的主动性，如劳动委员会）等。宏观因素在分析劳动关系的特征及国际差异时至关重要，劳资合作及员工参与的效果不仅与计划的起源密切相关，很大程度上还依赖于各种规则，尤其是通过立法形成的规则。

从企业组织外部看，对劳资合作及员工参与影响最大的仍然是法律法规。在劳动关系系统中，如果国家的角色是强有力的，就能够形成以立法为基础的代理形式，如共决制和劳动委员会。权力日益扩大的管理层能够促进工作场所层面的管理实践，如近期所强调的授权、团队指示、总体质量管理程序，等等。① 为实现更大程度的员工参与，很多专家一致主张政府应该采取行动，尤其是通过立法来实现和保障各种形式的员工直接参与。此外，有的专家主张政府应该通过提供资源、教育、培训和信息等给予支持。

德国的共决制就是通过法律进行规范的例子，法律允许在超过 5 个员工的所有公司中都建立工作委员会。工作委员会由 1952 年的工作构成法案所规制，该法案为员工代表制建立了独立的、非工会的参与组织和机构，为员工在治理层面的参与提供了保障。该法案鼓励大企业建立工作委员会，这导致绝大多数大型企业都建立了该参与组织。

除了法律法规的约束和保障之外，政府在财政方面的支持有利于企业顺利开发劳资合作及员工参与计划。例如，美国对企业的财政支持力度较大，相关网站时常会列出受到资助的实施劳资合作计划或劳资伙伴关系计划的企业名单，美国这一经验值得借鉴和推广。在日益激烈的竞争环境下，公共部门可以建立财政支持制度，运用一些财政支持资金鼓励企业开展劳资合作及员工民主参与计划。同样，企业也可以通过一定的财政支持，鼓励和激发员工的组织承诺及员工参与。一些学者批评当前的劳资合作及员工参与过度重视绩效和企业竞争力，缺少真正治理层面的参与和真正的民主，认为这不仅仅是企业的责任，更是政府及公共政策责任，他们认为在工作中的授权与在社会中的普遍授权一样，都应该成为必须坚持的通行的原则。

经验表明，公共政策对推进劳资合作及员工民主参与进程确实有效，但企业劳资合作取决于很多因素，也是个变动的过程。例如，促进员工参与的法律通常很难具有强制性，很难覆盖到所有的企业，更难以规定员工参与的具体过程及应该达到的具体标准。德国在实行工作委员会法案时，人们就担心，小于 5 个员工的小企业在该范围之外，但这些小企业却雇用了绝大多数的员工，有的地区甚至超过 80% 的员工都是在小企业工作。事实确实如此，只有较小比例的小企业建立了工作委员会。另外一个问题是，该法案缺少强制性，即允许

① Michael Poole et al., A Comparative Analysis of Developments in Industrial Democracy, Industrial Relations, 2001, 40 (3), pp. 490 – 525.

选举出工作委员会，但并没有强制企业必须建立工作委员会，对于企业拒绝建立工作委员会，也没有视为违法，所以，一些大企业的雇主及管理层也持消极态度，反倒是由员工主动发起并建立了工作委员会。

事实上，雇佣劳动者的民主参与也经历了反反复复的轮回过程。二战刚过时，员工发言权及集体谈判在一些西方国家曾一度被高度重视，甚至被认为比我们现在特别重视的经济绩效更重要。例如，1948 年英国人权宣言明确表示除有权加入工会组织以保护工人利益之外，承诺允许自由结社，公民有工作权及失业保护的权利。相似的情况是，这些主张 1950 年被欧洲人权大会采用，也得到了英国保守党的批准，包括和平集会的权利、与他人自由结社的自由以及组织和参与工会的权利等。这些保护劳动者权利的提议在国际劳工组织大会上也被采纳，并且这些权利在较长时期内已经没有必要再被讨论。但 20 世纪 70 年代以后，这些权利又重新被关心起来，那是由于英国产业关系制度的失败使人们陷入消沉，人们相信工会参与董事会层面的决策会达成英国版本的产业协议，这样的协议在德国曾经运行良好。①

---

① David Coats, No Going Back to the 1970s? The Case for A Revival of Industrial Democracy, Public Policy Research, 2006, 13 (4), pp. 262 – 271.

第三章　企业组织内部劳资合作的分层

第一节　企业组织内部三个层面的劳资合作

根据企业组织内部劳动关系运作的特点，我们可以观察到，企业内部的劳资合作关系或合作行为涉及三个层次：工作场所层面的劳资合作、集体谈判层面的劳资合作和企业治理层面的劳资合作。在企业组织中，这三个层次依次从低到高，合作关系越来越紧密、员工参与越来越深入，合作级别也依次越来越高。

一、企业劳资合作实践已经分层次进行

现代企业组织结构复杂，功能与任务多样，并逐渐分离出越来越清晰的层次，不同层面的组织具有不同的功能，承担各自的任务。相应地，企业组织内部的劳资合作也具有了不同的层次。

各层面劳资合作的难易程度差别极大，发生的数量和覆盖面也差别极大。从合作关系发生的难度、数量、频率和覆盖面看，工作场所层面的劳资合作最容易发生。对于集体谈判层面的劳资合作，只要运用了集体谈判机制的企业，就基本可以看成是进行了这一层面的劳资合作实践。集体谈判层面的劳资合作完全取决于是否存在集体劳动关系，发生的数量和覆盖面取决于一个国家和地区工会和集体谈判机制的普及情况。

对于工作场所层面的劳资合作，大量的企业都曾经实践过和正在进行实践。即使在二战后集体谈判机制广泛流行的背景下，很多国家的很多企业也进行了大量的工作场所层面的劳资合作实践，员工在工作场所层面也进行了不同程度的参与。例如，日本的终身雇佣制中，员工在工作场所层面进行了深入参

与，员工对生产过程高度负责、自我监管意识强烈、热衷于技术与设计的创新等，很多企业没有监督程序和环节，但却能够做到生产的残次品率为零。在当代企业组织中，工作场所层面的劳资合作是企业最常见的管理实践，并且已经与人力资源管理程序融合在了一起，但很多企业可能并没有意识到这也是劳资合作关系的构建过程，通常被视为是以任务为导向的团队建设和绩效考核程序。

相比之下，企业治理层面的劳资合作难度大，需要诸多方面的制度安排和配套体系，只有较少的企业曾经尝试过治理层面的劳资合作实践。从治理层面的劳资合作的实践与经验看，德国企业做得最好，堪称经典。德国通过劳动关系的二元设计，将工会功能与劳资合作组织的功能分开，通过共决制的设计实现了员工的直接参与，员工代表能够参与企业重大事务的决策过程，是一种最接近产业民主的劳资合作体系，员工的民主参与同企业和个人绩效无关。二战后，欧洲其他国家也不同程度地尝试了较为纯粹的民主参与机制，追求与政治民主一样广泛的民主参与，但在市场的激烈竞争与政党的更替过程中，很多民主参与过程及民主权利被削弱。与欧洲国家相比，美国企业较少探索治理层面的劳资合作，员工极少有治理层面的参与权，甚至在工作场所层面的参与机会也较少。

二、劳资合作的分层研究具有合理性

尽管在实践中，各层面的劳资合作关系或合作行为不可能有清晰的界限，都是相互衔接、相互交叉、相互渗透、相互影响、相互关联的，但在理论分析过程中，必须进行明确的层次划分，否则，我们难以抓住最关键的问题，理论分析也难以取得实质的进展。如果不进行分层研究，对劳资合作的研究就存在概念与研究范围界定不清的问题，各说各的研究结论和看法，没有一个统一的范围和标准，很多问题也难以进行清晰的讨论。如一些研究结论主要来源于企业工作场所层面的合作，但由于没有明确的分级，其结论与观点常常被质疑，即所研究的劳资合作是否包含治理层面的劳资合作？相关结论是否可以用来解释治理层面的合作？哪些合作程序可以被等同于人力资源管理实践？或已经与人力资源管理实践相融合？哪些合作关系是超越人力资源管理实践的纯粹的民主程序？

事实上，劳资合作是在追求一种效率、公平与雇佣劳动者民主权利之间的平衡，任何一个劳资合作计划的制订都是在平衡这三者的关系。巴德认为，效率是指有效地利用劳动力来实现利润最大化，是检验企业绩效的标准，如提高灵活性和生产能力。公平是在报酬分配、雇佣政策及雇佣安全等方面的公平合理，是检验对员工是否公平的标准，体现在给予员工体面的工资和福利政策，或以合法的、与绩效相关的理由解雇员工的政策。话语权是指员工对工作场所层面决策的影响能力，是检验员工参与程度的标准，如员工通过工会实现的话语权和代表权。巴德认为这三个目标有时一致，有时冲突。这三个目标有时一致，如公平的待遇和增加的话语权提高了组织承诺，降低了离职率，从而提高了效率，如生产率和产品质量的提高。这三个目标有时冲突，如公平的待遇有时降低了灵活性，并进而降低了效率；或者员工的话语权可能会使决策过程变得更为烦琐，进而降低了效率。①

第二节　工作场所层面的劳资合作最为流行

工作场所层面的劳资合作是最基层的劳资合作，是集体谈判层面和治理层面劳资合作的基础。在集体谈判层面和治理层面的劳资合作均弱化的趋势下，工作场所层面的劳资合作成为当前最为流行的劳资合作方式。在现代企业组织中，工作场所层面的劳资合作之所以最为流行，是因为工作场所层面的劳资合作是当前最广泛和最普遍的劳资合作，并且已经与现代人力资源管理技术相互融合发展，与员工具体工作的关系也最为密切。

寇肯等人对现代企业劳动关系进行了分层，将企业劳动关系看成是一个三层级的制度结构。他们将企业劳动关系分为三个层面：（1）战略决策制定层面，也是最高层面，指企业的长期战略制定，涉及商业战略、投资战略、人力资源管理战略等，员工代表参与战略决策、联合管理及监督等；（2）集体谈判与人事政策制定层面，指集体谈判或集体协商机制，这是中间层面或职能层级；（3）基层或工作场所层面，也是最基础的层面，这是当代劳动关系的最低层面，与工作组织、员工的权力结构、工作小组、激励及工作场所的环境等有关。工作场所层面的劳动关系包括工作保障、团队和分权决策、选择性雇佣、广泛的员工培训、权变式高工资体系，以及财务、业绩等信息共享实践。②

寇肯等人的三层次劳动关系模型中的第三层次，即工作场所层面所包含的

① ［美］约翰·W. 巴德. 劳动关系：寻求平衡［M］. 北京：机械工业出版社，2013：4.

② ［美］托马斯·寇肯等. 美国产业关系的转型［M］. 北京：中国劳动社会保障出版社，2008：10.

诸多管理实践实质上就是劳动关系与现代人力资源管理程序的融合实践，这种融合也是劳资合作过程，通常也称为高参与的工作系统，或高绩效的工作系统。20 世纪 80 年代以来，雇主及管理层对员工直接参与兴趣的提高反映了企业自由度的扩大及管理者权力的扩张，伴随着更大的管理者自治，企业的劳资合作及员工参与还会进一步快速发展。在三层次的劳资合作中，雇主及管理层对工作场所层面的劳资合作尤为关注，并将其作为提高组织适应性、灵活性及创新性的重要手段。市场的开放与全球化使竞争加剧，产品质量及客户服务等都需要员工承担越来越多的责任，组织内部权力与责任的分享越来越重要；同时，对员工及团队独立处理问题的能力也提出了更高的要求，工作场所层面的员工参与适应这种要求和变化，也有利于在工作场所层面培养员工完整的参与技能。

一、工作场所层面的劳资合作是最广泛和最普遍的

在现代企业组织中，大量的劳资合作发生在工作场所层面，是最广泛和最普遍的劳资合作。20 世纪 80 年代以来，随着经济自由化、政府干预的减少、法律规定的松动、企业组织柔性的提高、工会权力的缩减和集体谈判机制的衰落，发生在工作场所层面的劳资合作越来越多，集体谈判层面和公司治理层面的劳资合作大幅减少。二战后，以德国为代表的欧洲国家在劳资合作及产业民主方面做出了积极的尝试，形成了较为系统的法律及制度规范，积累了丰富的经验。但从目前企业组织及劳动关系的发展状况看，像德国共决制这种高级别、严格的、正规的劳资合作和纯粹的产业民主程序已经越来越少见。在全球范围内，人们通常认为追求员工真正民主权利的劳资合作已经很少了，社会对以产业民主为目标的劳资合作的关注度下降了。

事实上，劳资合作改变了运行方式和组织结构，越来越下降到了工作场所层面和员工层面，合作关系或合作行为更多的是在员工与基层主管之间发生。总体上看，在当代企业组织中，员工、员工代表及工会组织在集体谈判层面和公司治理层面的民主参与较少。集体谈判层面的劳资合作只发生在运用集体谈判机制及工会力量较为强大的企业组织中，在无工会企业组织中基本没有。治理层面的劳资合作只是发生在特别注重劳资合作和员工民主权利的企业组织中，但这种对产业民主有特殊偏好的企业仍然较少，并且在缺少法律及制度规范和政府支持的情况下，所建立的合作机制及民主管理方式通常是不成熟、不稳定的，常常会随着企业所处的市场竞争环境的变化、企业主营业务的变化及

领导人的更迭而发生剧烈变化。

与集体谈判层面和公司治理层面的劳资合作相比，工作场所层面的劳资合作则越来越普遍，并且随时发生，这一特点无论在工会企业组织中还是在非工会企业组织中都越来越明显。在非工会企业组织中，没有集体谈判，基本都迅速运用了人力资源管理技术，劳资合作自然大量发生在工作场所层面。里达等学者从巴基斯坦电信业抽取了一个200人的样本，研究结果显示，员工参与量相当大，员工希望更多地参与工作场所层面的各种事务的决策过程中来。他们观察和分析员工对监管工作（员工如何工作、如何监管工作质量及如何分配任务）的感觉，发现结果是积极的。管理者甚至能够在政策、规则和组织的短期和长期绩效的制定问题上与员工进行协商。此外，员工还参与绩效管理问题和与纪律相关的政策形成过程。尽管如此，员工还愿意进一步参与雇佣、工作标准、培训与开发、实现与组织目标等问题的决策。最后，里达等人提出建议，认为员工应该更多地参与以下问题的决策过程：怎样、何时和在哪里工作；任务分配；雇佣决策；组织内的纪律；培训需要与重点（优先权）；明确政策、程序与规则；在操作和战略层面建立目标。[①] 事实上，员工在上述决策过程的参与基本都集中在工作场所层面，在现代企业组织中，这些管理程序大多已经转移到了工作场所层面，员工的参与及劳资合作程序将会提高个人绩效和组织绩效。

20世纪80年代以来，在全球范围内，非工会组织增长快速，无论在发达经济体还是新兴经济体都是如此。在这些组织中，基本没有集体谈判，相应地，也没有集体谈判层面的劳资合作。随着新兴经济体的开放和资本在全球范围内的自由流动，在资本流入地，无论是本土企业还是由外商投资所产生的新企业基本都是非工会组织。这些资本流入地的工会组织发育程度普遍较低，集体谈判机制也未建立，工资水平较低，这些都对外资形成了巨大的吸引力，外资得以规避本国的工会力量和较高的工资成本。这些非工会企业组织率先开发和运用了现代人力资源管理技术，工作场所层面的劳资合作关系与人力资源管理技术共同发育，融合发展。另外，在集体谈判机制和工会力量较为成熟的国家，大量新产生的公司也是非工会组织，非工会组织比工会组织有着更强的竞争力，并且已经扩展到各个产业中。

在原有的工会组织中，工会的代表权和集体谈判权也开始缩减，集体谈判

---

① Rida Ejaz and Fareena Khalid, Employees' Participation in Decision Making (Actual vs Perceived): A Study of the Telecom Sector of Pakistan, Interdisciplinary Journal of Contemporary Research in Business, 2011, 3 (3), pp. 1551 - 1558.

机制逐渐衰落，人力资源管理技术越来越多地替代了集体谈判机制，工作场所的劳资合作机制与人力资源管理技术同时发育，融合发展。工会组织的功能也开始逐渐从集体谈判转向工作场所的参与，协调组织利益与员工利益的关系、协调基层管理者权力与员工权力的关系、协调员工的工作与生活之间的关系，等等。如工会领导人参与相关决策、建立劳资管理委员会（labor-management committees）、参加双赢式谈判（mutual gains bargaining）和实施员工的工作—生活平衡计划（work-life programs）等。[①]

二、与现代人力资源管理程序相互融合

劳动关系与人力资源管理的融合发展已经成为劳动关系发展的突出特征，也是现代人力资源管理的发展趋势。劳动关系与人力资源管理的融合越来越紧密，并且这种融合主要发生在工作场所层面。工会运动在很多国家开始缩减，政府转向自由主义和解除市场管制，对人力资源管理的研究高涨起来。[②]

无论是工会组织还是非工会组织，现代企业都不同程度地运用了人力资源管理技术。尤其是在非工会组织中，缺少工会组织和集体谈判的基础，现代人力资源管理技术的运用更为广泛，相应地，工作场所层面的劳资合作也得到了快速的发育。工作场所层面的劳资合作与员工岗位、绩效、薪酬、激励、晋升、培训等人力资源管理程序密切相关，所以，工作场所层面的劳资合作与人力资源管理程序是不能分割的。工作场所层面的劳资合作或员工参与通常也被称为高参与的工作场所或高绩效的工作系统，这种叫法在美国很流行，有时也被描述为“新的”和“创新型的”工作组织，员工与管理层之间在组织内部具有更多的合作，员工更多地参与企业的决策与财政福利的分配等。[③]

在现代企业组织中，工作场所层面的劳资合作更多地具有任务或项目导向特征，也就是说，在员工所承担的具体工作任务中，包含有劳资合作关系或合作行为，基层管理者与员工之间通过相互投资、相互配合、相互支持来高质量地完成工作，以获得理想的员工绩效和组织绩效，包括金钱、时间、情感、人际关系等诸多方面的投资。

---

① Balser D. B., Worker Behavior on the Job: A Multi-Methods Study of Labor Cooperation with Management, Journal of Labor Research, 2012, 33 (3), pp. 388 – 413.

② Kaufman, B. E., Paradigms in Industrial Relations: Original, Modern and Version in-between. British Journal of Industrial Relations, 2008, 46 (2), pp. 314 – 339.

③ Pil, Frits K. and Macduffie, John Paul, The Adoption of High-involvement Work Practices, Industrial Relations, 1996, 35 (3), pp. 423 – 455.

现代企业组织中，对员工的绩效考核更注重对结果的考核，至于员工用什么方式、多长时间和什么渠道完成业绩则较少有明确的要求和规定，员工的自主性和独立性越来越高。但这种绩效考核方式、员工工作方式和劳资关系并不意味着劳资合作关系或合作行为的淡化，基层管理者与员工之间仍然有着或深或浅的合作，至于合作关系的深浅及合作关系是否紧密，不同的企业、同一企业的不同部门及同一部门的不同任务或项目之间都存在较大差异。

一些学者认为，员工参与权与人力资源管理的结合过于紧密，给予员工参与权的根本目的在于提高绩效，而不是提高员工的经济地位，他们认为，员工的发言权仅仅局限在能够对提高绩效或企业组织创新有贡献的时候。互联网的提前到来改变了经济关系，互联网的到来使政府变得沉默，低调地解决高端争议，以不惊动经济领域。当代人力资源管理将员工看成是生产的另一要素，有效的人力资源管理的目标是确保在企业目标与员工愿望之间取得平衡。人力资源管理就是控制员工以在个人愿望与组织任务之间达成完全的一致。人力资源管理模式假定员工与雇主享有大体平等的权利，雇佣合同是非强制性的，员工出卖劳动力换取工资回报，并为完成合约而牺牲一定程度的自由。如果员工发现他们的雇主无法忍受或者无能，他们就应该去寻找别的雇主。如果一个雇佣关系变坏了，最好的办法就是员工退出（结束合约）而不是给予发言权（共同解决问题并达成一致认可的解决办法）。[①]

尽管工作场所层面的劳资合作越来越广泛、越来越普遍，但这些合作及员工参与方式较为灵活随意，基层组织也未必将其确定为明确的规则，或形成何种程度的共识，也不见得获得高级主管明确的认可和推广，在新的项目来临或更换新的基层主管时，合作关系就可能发生变化。由于基层管理者与员工之间的合作关系及合作行为被包含在了人力资源管理程序中，所以该层面的劳资合作通常被忽视，或仅仅被视为是人力资源管理，没有把这些合作关系或合作行为视为是劳资合作，这就是基层劳资合作研究较为短缺的原因之一。在国内，这种专门针对工作场所层面劳资合作的研究较少，大都在研究人力资源管理问题。

三、与员工的具体工作关系密切

工作场所层面的劳资合作与员工的具体工作关系密切，一些研究也将其称

① David Coats, No Going Back to the 1970s? The Case for A Revival of Industrial Democracy, Public Policy Research, 2006, 13 (4), pp. 262 - 271.

为员工层面的劳资合作。这种合作关系通常是从员工层面制定相应的管理措施或管理手段，而不是从管理架构和劳资治理结构等组织层面来调整企业劳资关系①。总体而言，工作场所层面的劳资合作来自基层管理者与员工之间的相互投资。

一方面，基层管理者为员工提供额外的支持和协助。在执行任务或完成工作过程中，基层管理者要为员工提供必要的支持和协助，以保证员工能够完成各自的工作任务，如就该任务或项目的相关事项与上级主管沟通、处理员工在完成工作过程中涉及的有关薪酬、员工关系及人际关系等方面的问题和诉求等。但在这些必要的支持和协助之外，基层管理者还可能为员工提供额外的支持和帮助，这些支持和帮助不仅有利于员工高质量地完成工作，还有利于改善劳资关系和组织氛围。基层管理者对员工投入越多，与员工之间的交流就越深入，相互间的捆绑会越紧密，工作场所层面的劳资合作水平就越高。在这个问题上，基层管理者掌握了较大的主动权和灵活性，如果管理者能够积极主动地支持员工，乐于协助员工，不仅会大幅改善工作场所层面的劳资合作关系和组织氛围，劳资关系氛围也会改善，劳资合作质量会得到较大改善。

另一方面，工作场所层面的劳资合作还体现在员工对基层组织的无偿支持与奉献。员工在独立或相对独立完成具体工作任务的过程中，以各种方式奉献自己的智慧、经验、精力、私人时间、自己探索出的更好的技术和更好的解决方案、自己开发出的人脉和渠道，等等。员工的贡献和投入有助于提高组织绩效，是对基层管理者的最大支持。事实上，这些支持与奉献是无形的、无法计量的，通常无法计入员工绩效之中，只能通过基层管理者的主观感知来判断，基层管理者的评价就是员工获得的回报。如果组织氛围和劳资关系氛围好，制度安排合理，员工工作积极性高、归属感强烈，工作场所层面的劳资合作关系质量会相应较高，员工乐于奉献，不排斥合作或支持合作。

工作场所层面的劳资合作常常需要不同模式的自规划（self-planning in different situations）。自规划对员工的综合能力有更高的要求，具有普通员工难以获得的特殊知识、信息和能力。运用自规划的绩效和满意度在个人与在国家之间同样存在差别，自规划效益最好的要数美国、法国和英国。在德国，计划在美国总部制定，并传达到德国的管理团队。在职业层面，自规划为内行或专业人士提供了一种有意义的参与方式，因为他们有着高超的职业识别能力及工作

① Balser D. B., Worker Behavior on the Job: A Multi-Methods Study of Labor Cooperation with Management, Journal of Labor Research, 2012, 33 (3), pp. 388 -413.

满意度的预期。很多情况下，他们期望能够参与工作的计划阶段。专业人员的自规划有助于减轻业内人士与组织之间的潜在冲突。自规划的实施，需要更多高水平的交流，这是民主化管理的特征，而不是独裁管理的特征。这些问题分为以下几类：可以通过民主的选举工人代表的手段得到更好的解决；这些问题也可用通过面对面的参与式管理得到解决；把以上两种方法结合可能更恰当。①

第三节 真正的劳资合作应该超越集体谈判层面

一、集体谈判本身常常被视为是一种劳资合作

一种观点认为，集体谈判本身就是一种劳资合作关系，认为员工在集体谈判机制中获得了间接的参与权，这种观点在美国尤为流行。集体谈判层面的劳资合作是将劳资之间所有的相互妥协、相互谈判及相互协商等全部视为劳资合作关系，是一种广义的理解和定义。这种理解和定义方式的突出特点是将集体谈判机制本身就视为是一种劳资合作机制，也就是说，集体谈判包含在劳资合作机制之中。一些劳动关系专家也将集体谈判视为是一种劳资合作，理由是谈判本身就是一种相互妥协与合作。

一些反对民主参与及产业民主的学者和工会领导人认为，在某些企业中，产业民主常常被雇主或管理层所滥用。参与式管理已经成为一种回避与员工分享权力的管理策略，认为只有通过集体谈判机制，员工才能具有真正的权力和影响，集体谈判才是真正的产业民主，参与制并不是真正的民主。在传统的集体谈判界限之外的工会——管理方合作，很少能够持续。② 集体谈判应该被认为是一种最低雇佣条件，在澳大利亚、英国、加拿大、新西兰和美国等经济发达的英语国家，集体谈判权意味着一项合理又合法的权力。③

集体谈判机制诞生之前，劳资间没有谈判，没有协商，没有妥协，更没有合作，雇主的绝对权威控制着劳动关系的格局，员工的个别劳权和集体劳权都

① Bernard M. Bass and V. J. Shackleton, Industrial Democracy and Participative Management: A Case for a Synthesis, The Academy of Management Review, 1979, 4 (3), pp. 393 -404.

② Milton Derber, Collective Bargaining: The American Approach to Industrial Democracy, American Academy of Political and Social Science, 1977 (431), pp. 83 -94.

③ Roy J. Adams, Collective Bargaining as a Minimum Employment Standard, The Economic and Labour Relations Review, 2011, 22 (2), pp. 153 -164.

是缺失的。当时，没有工会，或者工会尚没有代表权和谈判权，雇佣劳动者长期处于低工资、贫困与过劳的状态之中，反抗和罢工也经常遭到镇压。

韦伯夫妇在其产业民主理论中，对劳资合作也持一种广义的看法，将工会看成是实现员工民主权利的一种机制。韦伯夫妇不仅是西方产业民主理论的先驱，也是西方工会理论的先驱，著有《工会主义的历史》《英国工会史》等，认为工会是由工人组成的旨在维护并改善其工作条件的连续性组织。[①] 韦伯夫妇强调工会的稳定性和连续性，认为只有在稳定和连续的工会组织中，才有可能建立产业民主机制。

集体谈判机制的产生是改变劳动关系和劳资双方地位的重大发明，将其视为是一种合作关系是合理的。但严格来说，集体谈判更多地体现了一种在利益关系上的相互妥协，人们普遍认为这种妥协来源于敌对与抗衡，是用于解决分歧、冲突与对抗的机制或解决方案，甚至谈判、协商与妥协过程本身也充满了敌对的氛围，这一特点在工资增长的谈判与协商方面表现得最为明显。集体谈判的核心问题就是工资水平，其次才是工作时间等问题。在效率一定的情况下，员工工资的集体增长就意味着企业利润的降低，二者通常就是矛盾关系，从本质上说，这是一个有关存量的重新分配问题。在集体谈判机制中，集体谈判主要是工会代表具有共同利益诉求的员工提高工资福利、减少工作时间、改善工作环境等。行业内的集体谈判形成了行业内有关工资及工作时间的共同标准，稳定的工资增长机制节省了大量的个别谈判程序。

工会的主要功能是行使代表权和集体谈判权，但一些工会也曾尝试扩大权力，希望获得超出集体谈判范围的权力，如参与权。但工会获得参与权的过程经常遭到雇主或企业管理层的抵抗，在外部法律强制力较弱的情况下，雇主及管理层对工会和员工参与权的抵制通常都会成功。有的学者认为，集体谈判机制的价值之一就是为未来建立员工及工会的民主参与程序奠定基础，员工通过工会所获得的集体劳权，常常会成为进一步参与的基础和条件。已经成为工会会员的员工通常能够更多地了解一些企业的事务，拥有更多的知情权，这是员工参与部分企业决策过程的基础，尤其是能够参与同他们的工作、生活密切相关的各种决策。但也有经验表明，集体谈判和民主参与常常是矛盾的，强制性的集体谈判可能会抑制民主参与。

20 世纪 80 年代后，集体谈判机制在全球已经大幅衰落，其研究价值和应用价值都大大降低。随着全球化和市场竞争的加剧，严格的谈判机制已经不能

---

① ［英］韦伯夫妇著．英国工会史［M］．北京：商务印书馆，1959：4.

适应现代企业组织的变化，欧美国家的集体谈判机制明显缩减。在当前激烈的市场竞争条件下，企业和政府开始寻求用其他方式解决集体谈判中所涉及的问题，如最低工资制度、人力资源管理技术中的绩效工资与薪酬体系等，这些替代机制减少了谈判程序，工会组织的功能也开始变化。在一些无工会组织中，没有集体谈判和集体协商机制，企业更愿意直接建立工作场所层面的劳资合作机制。

二、劳资合作实质上是超越于集体谈判机制的

在二战后的相当长时期内，在美国，主流观点就是将集体谈判视为是一种劳资合作，居主流地位的劳动关系专家认为劳资合作及员工的民主参与已经通过集体谈判广泛地实现了，只有少数劳工活动专家及产业民主专家主张其他形式的新型产业民主路线。在欧洲，人们通常认为劳资合作及员工参与不应仅仅停留在集体谈判层面上，认为集体谈判只包含了较少的劳资合作关系及员工民主参与权，真正的产业民主应该上升到企业治理层面，工会及员工代表有机会参与企业的重大决策。对于这种差异，人们认为这是北美和西欧对于劳资合作及员工参与的不同理解。

有人认为，产业民主的一个主要问题是如何将工会对高层次决策的参与从集体谈判中分离出来，主张赋予工会代表集体谈判范围之外的事务的决策参与权。一些批评家认为，工会在参与过程中可能会运用他们在董事会中获得的有关人力资源计划、对成员利益的分配、企业的投资计划等方面的总体战略等信息。另外，工会是员工集体力量的代表，知道如何通过员工的集体力量牵制和制衡雇主及管理层的力量，这些都有可能使工会的参与过程复杂化。

总体而言，集体谈判所包含的合作关系与合作行为较少，更多的是相互制衡和相互妥协关系。事实上，我们最为关注的应该是劳资合作不同于集体谈判并超越于集体谈判的特征，突出劳资合作中的“合作”机制，也就是员工和工会组织的民主权利，包括知情权、参与权、发言权、否决权、投票权等。虽然劳资合作关系的构建与运行也需要协商和谈判程序，但与集体谈判机制有着本质的区别。劳资合作关系中的谈判和协商要综合考虑雇主、员工、工会、政府等各主体的权力和利益，是为达成一个共同的、更高的目标所做出的共同努力，涉及各方承担的责任、权力及新增利益的分配等问题，这实质上是一个增量的重新分配问题，为实现这个增量各方应该付出什么、有什么权力和责任、新增利益应该如何分配以及各方之间应建立什么样的互动和捆绑关系等。

1944年5月10日在费城举行的第26届国际劳工大会上通过的《费城宣言》提出了10项目标，其中之一就是：切实承认集体谈判的权利和在不断提高生产率的情况下劳资双方的合作，以及工人和雇主在制定与实施社会经济措施方面的合作。劳资合作关系是劳资双方建立的协调一致的行动，从本质上说仍然以利益谈判为前提，但这种谈判是为了实现劳资双方互利共赢的目标。① 柯兰就强调劳资合作与传统集体谈判的不同，认为劳资双方所建立的相互合作关系超越了集体谈判。企业构建劳资合作机制，表明劳资双方更重视劳资合作及员工民主参与，各合作主体都能够承认并正视彼此间的差异，各方达成一致，愿意在一些关键问题上相互妥协、相互退让，合作共赢。②

集体谈判是雇佣劳动者的一项集体劳权，国际劳工组织将集体谈判视为是一项基本人权。这项基本人权的最大特点就是永远发生在员工与雇主及管理者的关系中，没有雇佣关系就没有集体谈判，集体劳权就没有存在的意义。但在劳资合作中所体现的员工民主权利，是超越于集体劳权的，超越于有关集体工资水平、工作时间及工作条件等最基本的劳资关系问题，更多地体现在员工与工会组织在企业组织中的自由度、自主性及民主权利等方面。

与集体谈判机制衰落相伴随的，是企业在工作场所层面对劳资合作的兴趣提高了，劳资之间由传统的敌对与谈判逐渐转向妥协与合作，工会与管理者之间的联合活动（joint union-management activities）越来越多，各方均期待通过劳资合作来改善劳资关系和提高企业绩效。在学术研究领域，近几年关于劳资合作的文献在迅速增长（尤其是从现代人力资源管理的视角来看待工作场所层面的员工参与程序），并且以对单个企业和工会的案例研究和报告最为常见。库克为劳资合作收益与成本分析所做的文献回顾就抛开了集体谈判程序，并严格限制工会代表和工厂管理方在劳资合作方面所做的努力，如超出传统的合同谈判和合同管理；工会代表和具有管理决策权的雇主对于劳资合作程序的投入，以及这些投入的形成机制；为提高工厂层面的公司绩效，或为提高生产力、质量、效益等所做的直接努力；为改进员工福利、工作满意度、劳资关系氛围等所做的非直接的努力。③

一些西方学者主张应该将集体谈判的具体存在形式视为最低工作条件，并

---

① Dilts D . A. , Labor-Management Cooperation: Real or Nominal Changes in Collective Bargaining? Labor Law Journal, 1993 (3), pp. 124 – 128.

② Crane D. P. , Patterns of Labor-management Cooperation, Employee Responsibilities & Rights Journal, 1992, 5 (4), pp. 357 – 367.

③ William N. Cooke, Labor-Management Cooperation-New Partnerships or Going in Circles? W. E. Upjohn Institute For Employment Research Kalamazoo, Michigan, 1990, pp. 1 – 3.

结束集体谈判政策的最后游戏。取而代之的是，当所有足够大的企业有了标准化的工作条件，可以就相关问题与独立的员工代表进行协商，而不是单方面强迫他们，应该排斥专制的企业治理，因为专制的企业治理与民主、遵从人权的世界不协调。① 然而，很多学者认为，在美国集体谈判的覆盖面下降及工会成员数量萎缩的情况下，虽然已经有了一些员工参与实践方面的探索，但他们认为美国的一些产业已经失去了竞争优势，员工的民主参与机制未能得到充分的发育，员工的参与技能也没有得到有效的培养，企业构建更有效率的劳资合作关系需要法律、政策、组织及劳动关系等诸多方面的重大变革。

三、非工会企业组织的劳资合作特点

进入20世纪90年代以来，新产生的以新知识和新技术为基础的产业及新兴企业组织，大都为非工会组织，或者仅有较低工会化水平的组织。这些新型组织从产生之日起，工作场所层面的劳资合作及员工参与就相当充分，也是现代人力资源管理技术的率先开发者，基本实现了工作场所层面较为充分的员工参与。由于企业高层管理者或决策者难以脱离基层管理者及员工而独立承担责任，也难以承担越来越高的决策风险，于是决策权和责任从这些新型组织产生之初就是分享型的，决策者的独断已经难以适应企业的发展。同样，无论一个企业在治理层面的劳资合作水平如何，员工及代表在企业治理层面的参与也不能脱离工作场所的实际，离不开个人与团队的任务分配、市场风险、个人与团队绩效、激励水平与激励机制、个人之间及团队之间的合作与协调关系等，更高程度的决策参与需承受来自工作场所的巨大压力。

非工会企业组织与工会化企业组织在劳资合作方面有着很大的不同，最突出的特点就是在缺少集体谈判程序的前提之下开展劳资合作，合作程序及员工参与程序中也没有工会组织的参与。在工会化的企业中，管理层与工会通常始于相对非正式的合作关系，但也许会逐渐演变成更为正式的合作关系。在非工会化企业中，要依赖没有工会参与的代表制实现治理层面的直接参与，同样，在工作场所层面，员工的直接参与也是在没有工会组织参与的情况下进行的。

随着劳资合作的发展，许多非工会企业开发了非工会代表组织，如劳资协作委员等，这些组织的主要功能就是作为员工参与权的代表参与企业决策，在

---

① Roy J. Adams, Collective Bargaining as a Minimum Employment Standard, The Economic and Labour Relations Review, 2011, 22 (2), pp. 153 - 164.

公司治理层面和工作场所层面都有不同程度的参与。在这种背景下，人们产生了非工会代表制与工会代表制之间是替代关系还是补充关系的疑问。事实上，工会代表制仍然关注基本工资水平、工作时间及工作条件等传统集体谈判所涵盖的问题，代表数量众多的、具有共同特点的、普通员工的基本利益。非工会代表制则通常关注决策过程中的参与权，与权力和利益的分享关系密切，并不仅仅关注传统集体谈判所涵盖的问题。

虽然大量证据证明工会对劳资合作具有积极作用，但事实上有许多企业将劳资合作管理实践作为遏制或回避工会战略的一部分。戈达德的调查发现，管理者采用劳资合作模式的首要目标是提高弹性、改善顾客关系、提高质量和改善员工态度，但副产品是对工会形成了遏制作用，并且劳资协作委员等非工会代表组织被认为具有替代工会的功能，劳资合作管理创新削弱了员工对工会代表制的需求。①

非工会企业组织在劳资合作方面具有天然的优势，一些研究认为，在传统劳动关系制度框架内开展劳资合作存在致命缺陷。在传统的劳动关系框架内，为集体谈判而设计的工会组织无法有效执行企业内部的讨论功能，甚至缺乏战略参与能力。由于组织内仍存在大量的非工会成员，尤其是随着工会密度的下降，非工会员工的比重更大，工会代表制受到了极大的挑战。为了劳资合作的成功开展，也许非工会代表组织的出现及相应的非工会代表制将是对工会及其代表制的有益补充，他们的经验研究基本支持了该观点。②

欧美的一些非工会企业组织在劳资合作方面的通行做法是参照工会企业组织在集体谈判过程中形成的工资、工作时间及工作条件等标准，节省了大量的谈判程序，具有充沛的精力专注于没有工会组织参与的劳资合作程序及员工参与机制。例如，一直实行家长制的欧美零售业巨头，是典型的非工会企业组织，这些非工会企业追求“工会替代”战略（该战略追求与工会化企业组织在集体谈判机制中所形成的工会条款和条件相一致或相匹配的目标），而不是阻止员工表达不满的“工会抑制”战略。

对于具有垄断地位的非工会企业组织而言，由行业内或产品市场中居统治地位的垄断和寡头企业制定行业内的工资、工作时间及工作条件的标准，为行业内的大量非工会企业的亚群体所参照执行，节省了集体谈判程序及相关的交

① Godard J., Unions, Work Practices, and Wages under Different Institutional Environments: the Case of Canada and England, Industrial and Labor Relations Review, 2007, 60 (4), pp. 457 - 476.

② Heckscher, E. C., and Carre F., Strength in Networks: Employment Rights Organizations and the Problem of Coordination, British Journal of Industrial Relations, 2006, 44 (4), pp. 605 - 628.

易成本，企业从而有条件设计相关的权力与利益联盟框架，为劳资合作及劳资伙伴关系的构建奠定基础。这些垄断和寡头企业的劳资合作框架也是在没有工会组织参与的情况下形成的，这些企业率先使用现代人人力资源管理技术，并将人力资源管理技术融入劳资合作程序中，使劳资合作与人力资源管理的结合更为紧密，在工作场所层面形成了一套成熟、完整的员工参与体系。

第四节 企业治理层面的劳资合作是真正的产业民主

一、治理层面的劳资合作是最高级别的劳资合作

企业治理的核心问题是企业的控制权和决策权如何分配，是董事会、总经理和监事会等最高决策者之间的权力配置、相互合作与相互制衡结构。企业治理层面的劳资合作是指劳资合作上升到了企业治理结构层面，管理者让员工参与董事会中的信息处理、决策制定或问题的解决，[①] 这是最高级别的劳资合作。员工代表和工会领导人享有了参与组织重大决策的权力，甚至享有投票权和否决权，如企业重大战略规划的调整、海外迁移、重大技术创新、大幅度的薪酬调整、高管任命与解聘等。

治理层面的劳资合作通过员工代表和工会领导人的深度参与，不仅改变了组织内部的权力结构，也改变了组织内部劳资关系的治理结构，在组织内部各利益主体间建立了更为紧密的相互合作关系。由于治理层面的劳资合作占据更高的位置，能够打通组织内部各基层组织和各利益主体间的壁垒，能够从更高的组织决策层面规划和协调工作场所层面的劳资合作，能够解决工作场所层面无法解决的难题。

德国的共决制是治理层面劳资合作的最经典例子，突出特点是员工代表进入监事会参与企业重大决策，并由此开启了治理层面的劳资合作及雇佣劳动者参与民主决策的通道，在治理层面的权力配置结构中有了劳方的参与。在规范的企业监事会中，劳动者代表的名额常常要与资方代表相等，一些重大事项在监事会必须获得 2/3 的票数才能通过。在其他国家，企业能够选举员工代表或工会代表进入公司董事会的情况很少发生。一些美国企业通常在公司出现财务

① Wagner, J. A., Participation's Effects on Performance and Satisfaction: A Reconsideration of Research Evidence, Academy of Management Review, 1994, 19 (2), pp. 312 - 330.

危机时选举工会代表进入董事会，以换取工会在工资或工作条件上的让步。例如，一些航空公司、钢铁企业和重型汽车企业等在遭遇财务危机时都曾经在董事会中为工会代表提供席位。一些企业待危机过后，就有可能迅速减少代表数量，例如，克莱斯勒公司曾在度过危机之后，减少了工会代表数量。

二、治理层面的劳资合作是真正的产业民主

对于劳资合作的不同层次，一些研究认为公司治理层面的劳资合作是真正的产业民主，其重要标志就是员工在公司治理层面获得了参与权。相比之下，员工在工作场所层面的参与权有时不被认为是一种严格的产业民主，通常被视为是一种民主化的管理方式。

事实上，只有治理层面的劳资合作涉及员工及工会组织的民主权利，通过改变组织内部权力结构而改变企业重大决策，这是真正的产业民主过程。产业民主的概念最早出现在韦伯夫妇的著作《产业民主》中，主张通过扩大劳动者在经济中或企业中的权力来改变经济处境及社会处境。后来的学者对产业民主做了重新归纳，大体的看法是，产业民主实质上改变了企业原本集权式的组织结构，劳动者及其代表能够在企业决策层面对决策过程施加影响。在企业组织原有的结构中，原本没有劳方的参与，他们原本都被排除在权力框架之外。

虽然产业民主包含各种层面的权利分配，但学者们大多认为产业民主的根本特征和终极目标是被雇佣者能够参与到企业组织的重大决策过程中来。劳方有机会参与到企业的治理结构中，是产业民主最显著的特点，也是对传统组织的最大突破。至于在工作场所层面的权力与责任分配及劳资合作关系，由于其分布广泛、经常变动及过于具体等特点，难以代表产业民主的根本特征，劳方在治理层面获得的参与权和参与机会是根本性的、革命性的。

三、产业民主包含治理层面和工作场所层面的劳资合作

事实上，产业民主本身就包含了劳资合作成分，具有劳资合作的特征。产业民主不仅仅是被雇佣者民主权利的实现，也是资方或高层管理者通过让渡权力来转移责任的一种策略选择，这种权力与责任向员工个人及团队的转移过程在工作场所层面表现得最为明显。这是以劳资双方共同利益增长为目的而设计的一套权力、责任及利益的重新分配制度。

从根本上看，产业民主将企业组织从一种中央集权的结构变成了分权的结

构，治理层面与工作场所层面的各级组织重新分配了权力，资本所有者、职业经理人及雇佣劳动者代表也重新分配了权力，同时，各级组织、团队和员工独立承担的责任也越来越多。从已有研究成果看，学者们认为的产业民主过程包含了员工及员工代表在各种层面决策的参与，包括治理层面重大决策过程的参与，也包括工作场所层面日常工作决策过程的参与，无论是哪个级别的参与，都可以被视为是产业民主过程。当前，很多有关劳资合作问题的研究是从更广泛的视角来看待产业民主，所涉及的劳方参与行为及劳资合作关系包括治理层面和工作场所等所有层面。

事实上，在现代企业组织中，真正的产业民主应该包含这两个层面的劳资合作，两个层面的员工参与应该同时进行、相互支持和相互补充，因为工作场所层面的劳资合作已经普及化，没有工作场所层面的劳资合作而仅有治理层面的劳资合作的情况是极其少见的。相比之下，有没有集体谈判机制则关系不大，无论是否有集体谈判和工会，企业组织都可以实施工作场所层面的产业民主，或者同时实施工作场所层面和治理层面的产业民主。有的研究明确将治理层面的劳资合作称为产业民主，员工在管理决策中各种层次的代表权是被合法认可的安排，将工作场所层面的劳资合作称为参与式管理，如自我管理及岗位中的民主等。

第五节　各层级的互动及层级的扩展

一、各层级的互动关系

实际上，治理层面和集体谈判是介于法律法规及政策等宏观变量和工作场所这一微观变量之间的中间变量，起到传递和桥梁作用。自由化背景下，宏观变量所起的作用和覆盖范围越来越大，替代了大量的中间变量，尤其是集体谈判程序。同时，微观层面的功能和作用也越来越突出，同样替代了部分中间变量，如工作场所层面的员工直接参与替代了治理层面的部分决策权、责任甚至岗位等，也替代了大量的集体谈判程序。

20 世纪 80 年代以来，中间层面功能的变化大体经历了一个集中和分散并重的过程，企业都经历了广泛的组织重构。一方面，是治理层面重大决策权的集中化过程，企业高管权力过大，能够控制劳动关系的主要过程，一些重大战略决策被高度集中化了，如重大战略投资策略、生产设施的布局、核心领导的任命、掌握核心技术的员工及中层以上管理者的薪酬水平等，这些重大事务的决策权通常只掌握在高级管理层手中。另一方面，是大量与员工实际工作相关的决策程序分散化了，并且逐渐下降到了工作场所层面，由基层管理者与员工共同决策，为普通员工广泛参与工作场所层面的决策提供了可能。应该指出的是，这只是当前企业劳动关系及员工参与出现的一种趋势，并非绝对，例如，一些企业在加强工作场所层面的劳资合作的同时，也在加强治理层面的员工参与和工会参与，追求重大决策过程的民主化，治理层面的决策权和责任也逐渐走向分散。

由于每个企业组织在各层面设计的决策程序及员工参与机制大不相同，每个企业对员工及员工代表在职业技能及职业素养方面提出的要求也不尽相同。越来越多的企业需要员工具有多重技能，既具有通用技能及特殊的专业技能，还要具有管理技能和参与技能，甚至要求核心员工要具备更高的战略眼光、敏锐的洞察力、在诸多因素交织的困境中作出选择的能力、勇于承担风险的魄力及坚强的意志力等。在工作场所层面，越来越多的企业要求普通员工承担相应的工作任务与责任，并赋予相应的自主权和自由度，对普通员工综合职业素养的要求越来越高，普通员工承担的责任也越来越宽泛。在企业组织内部，“职业族”逐渐形成，企业组织内部的职业障碍被打破，组织层级被重构和延迟，组织开始重视与“职业族”相关的多重任务的处理问题。在招聘员工和提拔员工时，企业越来越重视对员工综合工作能力及素养的评价，开始强调对员工创新能力、自治能力及合作精神等的评价，甚至越来越重视对员工“社会能力的评价”。

二、各层级的合并趋势

公司治理层面的劳资合作与工作场所层面的劳资合作同时发展、相互融合，这是未来企业劳资合作的发展趋势，也是真正产业民主的方向。

关于产业民主和参与式管理，伯纳德（Bernard）和萨克里顿（Shackleton）的研究结论是，看到了二者合并的前景，并提出了二者的补偿性关系（compensatory relationship）和互补性关系（complementary relationship）。补偿性关系是指在产业民主中，员工能够通过他们选出来的代表对决策的变化进行投票；但缺点是最底层员工无法参与到高层决策，甚至基层管理者和中层管理者也被排除在参与程序之外，这些管理者通常被忽视并被挤出产业民主机制之外，他们与参与程序脱离，潜力被埋葬。如果忽视在治理层面的参与而关注于各种参与式管理，其风险是，一些重要的和战略性决策被管理层单方面制定，底层的参与仅仅被限制在微小的事务上，基层管理者及普通员工所讨论的内容通常与他们当前的工作有关，难以触及组织范围内的事务。在员工与上司的沟通方面，应该建立正式的、组织化的机制及正规的组织通道，允许员工向上司述说苦情与建议。互补性关系是指二者为相互支持的关系，参与式管理能够形成组织中的自我管理。随着技术的进步，员工成为产业进程中的调节器、监督者和诊断者，以处理体制中非程序的、不可预测的波动。员工必须理解体制中他们所负责的部分，这种理解来自广泛的训练，员工应该有自规划的能力及充分的准备，而不是询问高级主管。自规划是互补性关系的关键。①

三、层级向企业组织外部的扩展

将劳资合作分为治理层面、集体谈判层面及工作场所层面三个层次，是对企业组织内部劳资合作关系及合作行为的一种分层。如果将宏观层面的与劳动关系相关的法律法规与公共政策视为宏观变量，就可以获得一个超出企业组织的扩展的层级，就可以将治理层面和集体谈判层面的劳资合作视为是中间层面的劳资合作，工作场所层面的劳资合作则依然是最基础、最普遍的。

公共政策对于企业劳资合作及产业民主的发展具有重要意义，尤其是企业治理层面的劳资合作及真正的产业民主需要公共政策强有力的推动。如法律强制企业必须实行员工代表制就会强有力地推动产业民主进程；再如，政府对于实行劳资合作及员工民主参与的企业给予补贴，对产业民主形成了有效的激励和引导。

在企业组织外部，支持劳动者民主权利的公共政策不仅对企业组织内部的劳资合作具有重要意义，其所支持的民主化管理程序和倡导的民主化理念会扩展到企业组织外部，覆盖到家庭、社区及各种事业单位等更广的范围，超出经济领域而扩展到全社会，能够有力地推动多层面、全社会的民主化进程。反过来，全社会民主进程的推进，又能够有力地推动企业组织内部各层面员工的民主参与及劳资合作进程。

科茨认为，应该重视发展社区层面的民主，国家层面的民主距离我们大多数人还很遥远，普通人的参与通常体现在一般的选举中。社区层面的民主能够为企业组织层面的民主提供外部正效应，员工容易获得更大的自由和权力，这些自由和权力有利于使那些持有相似观点和偏好的雇佣劳动者能够有组织地表

---

① Bernard M. Bass and Shackleton, V. J., Industrial Democracy and Participative Management: A Case for a Synthesis, The Academy of Management Review, 1979, 4 (3), pp. 393 - 404.

达观点，并获得他人的理解。将工作看成是必要的人类活动不仅意味着雇主必须向员工解释一个特别决策出台的原因，还要在决策形成过程中仔细倾听员工的看法，包括个人的和集体的。在工作场所给予员工发言权与我们社会的基本价值观相一致。①

① David Coats, No Going Back to the 1970s? The Case for A Revival of Industrial Democracy, Public Policy Research, 2006, 13 (4), pp. 262 - 271.

第四章　劳资合作的升级：从产业和平到产业民主

产业和平与产业民主要表达的实质都是企业劳动关系的运行质量问题，不同的是劳动关系运行质量存在等级上的差别。产业和平基本接近于我们常说的和谐劳动关系，大体上可以理解为入门级的劳动关系运行质量，基本特征就是没有明显的劳资对抗和冲突，但企业组织内部的劳资合作及民主管理水平不见得很高。产业民主则更强调员工及代表在组织内部各层级的民主权利，以及组织中各主体之间更为紧密的权力、责任与利益的分享与捆绑关系，是运行质量及和谐度更高的劳动关系。

由于产业和平通常较少包含平等、合作与民主的要素，只要是能够避免和解除敌对、对抗与冲突，就可以视为实现了产业和平，产业和平只是一种初级水平的和谐劳动关系，因此，高质量的劳动关系不能仅仅停留在产业和平阶段，应该实现和谐劳动关系由初级阶段向高级阶段的跨越，这种跨越需实现从产业和平向产业民主的转变与升级。产业民主的支持者认为，企业劳动关系不应仅仅将产业和平作为最终目标，而应该将产业民主作为最终目标，追求产业民主应该是无条件的，无论能否提高经济绩效，一些学者甚至主张将产业民主作为评价劳动关系新范式的标准。

平等和民主的劳动关系是未来的发展趋势，托克维尔早在 19 世纪就预测了这种趋势。他说“工艺方面的每一新发现，工商业方面的每一改进，便立即在人们中间创造出新的平等因素。”① 劳动者个人价值与企业创新都需要产业民主，仅仅依靠市场机制与集体谈判是难以实现的。无论对于劳动者还是资本而言，价值创造需要的是他们对组织的忠诚，而不是市场流动性。② 二战后欧洲一些国家就采用了有特色的员工参与模式，将其视为是最重要的劳动关系

---

① ［法］托克维尔．论美国的民主［M］．北京：商务印书馆，1991：6.

② ［美］威廉·拉佐尼克．车间的竞争优势［M］．北京：中国人民大学出版社，2007，347.

问题，并努力将其由神话变成现实。[①] 20 世纪 70 年代英国工党左派就明确提出产业民主及生活方式民主化的主张。

从产业和平向产业民主的转变与升级涉及三个问题。一是产业民主与产业和平的根本区别在哪里？为什么产业民主是劳资合作水平真正提高的标志？二是在当代全球市场环境及组织快速变化的背景下，如何实现从产业和平向产业民主的转变与升级？三是如何消除产业民主实现过程中的障碍？如何克服产业民主自身所固有的不稳定性问题？

第一节　企业劳动关系是一个非均衡的权利结构

通常情况下，企业劳动关系是一个非均衡的结构，其内部各角色之间权利分布极少能够达到公平状态或均衡状态，非均衡性则是常态。非均衡是一种权利分布的不均等状态，并使各角色在劳动关系内部的地位不平等。非均衡的权利分布主要存在于雇主与员工之间，及管理者与员工之间，这种非均衡通常表现为雇佣劳动者或员工难以获得完整的劳权，而雇主及管理者却掌握了劳动关系的控制权。

一、非均衡是传统劳动关系所固有的权利分布特征

企业劳动关系是一个非均衡权利结构。非均衡是劳动关系固有的特征，非均衡是绝对的，均衡只是相对的、暂时的。在没有外力干预的情况下，通过自由市场所形成的劳动契约关系中，雇佣劳动者天然地处于弱势地位，劳动关系中各主体间权力与地位存在天然的不平等性。为了解决劳动者在劳动关系中的弱势地位及由此对经济带来的损害，基本劳权保护曾一度是劳动关系处理机制设计的重点和难点。

传统的自由市场中，缺少公共力量对劳动者的保护，雇主具有绝对的权力，劳动关系内部权利结构极不均衡。法律与惯例给予雇主相对于员工无限的特权，劳动关系看起来更像是一个君主政体或独裁政体。[②] 韦伯夫妇早就看到

① ［美］戴维·加尔森. 神话与现实：西欧国家工人参与管理概况［M］. 北京：工人出版社，1985：1.

② Kaufman，Bruce E.，The Early Institutionalists on Industrial Democracy and Union Democracy，Journal of Labor Research，2000，21（2），pp. 189 – 209.

了劳工作为一个阶级，在谈判中处于不利地位。鉴于劳动关系是一种不均衡的权力结构，制度经济学对于劳动关系的贡献与解释力就显而易见了。为了使劳方免于自由市场力量所带来的权力与利益损害，制度学派主张应该保护劳方的权力和利益。例如，工会就有助于改善雇佣劳动者的经济地位及生活状况，主张通过立法来保护劳动者加入工会的权力。另外，制度学派还主张运用公共政策对工作场所的相关问题进行规范，例如，安全与健康、童工、最低工资、失业和工伤，以及社会保障等。因此，制度经济学家除了学术上的贡献之外，他们还是劳动法创建与改革的最早推动者，例如，美国的一些相关法律后来成为罗斯福新政劳动政策的中心内容。

传统企业劳动关系非均衡的权利结构来源于资本与劳动的关系，即自由市场经济中资本要素对劳动要素的优势地位，马克思的劳动关系理论对此进行了深入分析。资本与劳动的关系是马克思劳动关系理论永恒的主题，他以私有财产制度、自由市场机制和机器大工业为背景，以资本家和雇佣工人之间的关系为研究对象，构建了完整的、独特的劳动关系理论体系。他运用劳动价值论、剩余价值论、工资理论、资本有机构成理论、相对过剩人口理论及无产阶级贫困理论等，分析了雇佣劳动者权力的缺失及由此造成的严重的利益与阶级分化，提出彻底改变资本主义劳动关系内部权力结构与利益关系的根本途径，并构建了劳动关系的理想模型。

马克思劳动关系理论的独到之处在于清晰地分析了劳动关系中的结构性矛盾：雇佣劳动者是价值的创造者，但雇佣劳动者的权利却是缺失的，创造价值的主体对于价值创造过程与分配过程没有控制权和决定权。一方面，劳动者由于无财产和自由的身份而成为雇佣劳动者，市场机制的发育使大量的劳动产品用于市场交易，雇佣劳动者从而成为价值的创造者。另一方面，劳权是缺失的，市场机制和资本权力共同决定新增价值的分配，雇佣劳动者无权决定。这一矛盾关系决定了劳资冲突将贯穿资本主义劳动关系运行的全过程，劳动关系不断经历着破坏、修复和重建的周期。

马克思用剩余价值论论证了劳动关系中非均衡的权利结构及所存在的剥削问题。他认为，从资本主义生产的总过程看，雇佣劳动者不仅创造了全部新增价值，实际上，资本主义的全部价值和财富都是雇佣劳动者创造的，资本没有创造任何价值和财富，但从结果看，价值和财富的大部分却无偿地被雇主或资本家占有了，雇佣劳动者只获得了维持基本生活的部分。他还运用资本有机构成理论、经济周期理论及无产阶级贫困理论进一步论证了低工资、贫困与剥削的循环性和长期性，认为只要资本主义基本财产关系存在，这种非均衡的权力结构就不会改变。

马克思认为，资本对雇佣条件、劳动过程及劳动成果的分配掌握控制权，劳权在劳动关系运行的各个环节均处于缺失状态。资本权力来源于资本在与劳动结合的过程中所获得的强权，是财产私有制、自由市场机制和企业制度共同赋予的。而财产私有制、自由市场机制和企业制度却未赋予雇佣劳动者任何权力，劳权只能依靠一次次的劳资冲突与劳工运动暂时地、部分地获得。劳权的缺失问题决定了雇佣劳动者的命运：贫困、过劳和失业。资本家财富的积累和雇佣工人贫困的积累，决定了资本主义劳动关系运行的基本特征：频发的劳资冲突与劳工运动，劳动法在无数次的劳资冲突与劳工运动中逐渐被修改。

马克思认为雇佣工人的贫困是因为工资难以超过劳动力商品的市场价值，他用剩余价值论抽象地论证了工资的形成过程，形成了富有逻辑性的工资理论及无产阶级贫困理论。劳动虽然创造了价值却不能获得全部价值及劳动成果，工资只相当于劳动力的市场价值部分，用以维持劳动力的再生产。物质资本虽然不能创造价值，却无偿地分享和占有了价值，并且分享了高比例的新增价值，马克思称之为“占有关系”。在工业化初期，劳动力市场价值过低，工资只能用来维持贫穷和卑微的生活。在劳动力市场中，“相对过程人口”的存在使工资水平难以超过劳动力价值，工资的变动就限制在资本主义剥削所容许的范围内，造成无产阶级永久的贫困。马克思认为越发激烈的市场竞争使超额利润的消失速度加快，平均利润率下降规律给资本带来了持久的压力，尽可能地压低工资成为企业的首选。

马克思列举了大量实例分析雇佣工人的过度劳动问题，认为资本主义生产方式是过度劳动的文明灾祸，如英国周期性复发的流行病、德法两国士兵身高的降低、英格兰陶器业陶工的职业病和身体退化等。伦敦面包业工人曾向议会请愿，发出反对过度劳动的呼声。[①] 14 世纪到 18 世纪中叶，英国的劳工法力图强制地延长工作日，[②] 当时的劳动法是为了维护资本家的利益，劳动时间普遍过长，1833 年英国工厂法规定的标准工作日高达 15 小时。马克思还注意到企业能够通过管理手段使工人不自觉地陷入过劳的问题，如通过换班制度来增加劳动时间和提高劳动强度。“同一批儿童和少年时而由纺纱车间调到织布车间，时而在 15 小时之内由这个工厂调到那个工厂。”“它滥用换班之名，把工人像纸牌一样按无限多样的方式混杂起来，并且天天变更个人的劳动和休息时

① 马克思恩格斯全集［M］. 第二十三卷. 北京：人民出版社，第一版，1972：263－278.

② 马克思恩格斯全集［M］. 第二十三卷. 北京：人民出版社，第一版，1972：300.

间。”[①] 马克思发现，这种换班制度下，任何监督制度都不能阻止过度劳动的广泛流行。

马克思对过劳与贫困之间的相互关系做了专门的分析，他发现工作日与工资之间通常成反比关系，低工资对劳动时间延长具有刺激作用，工资越低，越容易形成过劳，自由的劳动力市场中雇佣劳动者之间的竞争加剧了过劳问题。马克思说：“工人之间的竞争，不仅在于一个人把自己卖得比另一个人便宜些，而且在于一个人要做两个人的工作。”[②] 马克思的分析表明，过劳通常比低工资问题更为严重和普遍。这能够一定程度地解释当前企业员工的自愿过劳问题，雇主和员工都倾向于选择增加劳动时间和劳动强度，而不是降薪。

在劳动价值论和剩余价值论的基础上，马克思用资本有机构成理论及相对过程人口理论等揭示了雇佣工人失业的长期性。马克思认为，资本主义生产最美妙的地方，就在于它不仅能够不断地再生产出雇佣工人本身，而且能够再生产出相对过剩人口。恩格斯曾引用维尔特的观点来分析失业问题，认为自由贸易和新机器的使用会使工人的失业更为严重，自由竞争大大促进了新机器的发明和使用，并排挤掉更多的工人。

马克思主义的追随者海曼将劳动关系定义为，劳动关系是对工作关系的控制过程，认为劳动关系的主要特征就是永不停止的权力斗争。他认为这种权力斗争源于劳动关系内部权力分配的不平等，雇主具有绝对的权威，雇佣劳动者难以获得平等的权力。与很多学者的观点相一致，海曼认为劳动关系中的平等是由雇主界定和评价的，雇主具有发布规则的权力，工人只有遵守的责任，海曼认为这就是雇主所认可的平等的劳动关系。马克斯·韦伯在对资本主义精神的研究中，分析了劳动关系中的非理性行为，认为低工资策略不仅不符合伦理道德及资本主义精神，也不能实现雇主追求利润和企业创新的目标。

西方传统的企业劳动关系中，雇主对与雇佣劳动有关的一切过程享有控制权，或者说具有绝对的权威，自由市场经济体制和传统企业组织维持了这种不均衡的权利关系。市场、企业、法律与惯例给予雇主相对于员工无限的特权，一些专家认为，传统的企业劳动关系实质上是一种极不均衡的结构，更像是一个君主政体或独裁政体，在当代，类似于这种独裁政体的企业组织仍大量存在。事实上，根据科斯对于企业的定义，企业内部原本就是一个行政式的组织，企业组织内部的资源配置依赖于企业家的行政命令，组织内部是没有市场

① 马克思恩格斯全集［M］. 第二十三卷. 北京：人民出版社，第一版，1972：322.

② 马克思恩格斯全集［M］. 第六卷. 北京：人民出版社，第一版，1961：642.

交易机制的，或仅有少量的市场交易机制，从本质上看，组织内部本身就缺少权利平等的基础，雇主或管理者的权威通常缺少制衡的力量。①

英国劳动法规设计大师弗罗因德（Kahn-Freund）认为，雇主与孤立的员工之间是一种有权人和无权人的关系，起初是服从行为，运行过程中就是屈从状态。这种服从和屈从被合法的雇佣合同这一必不可少的虚构意识所掩盖。②伯吉斯等人将员工看成是向企业贷出资本的无酬债权人，未能从其所工作的企业组织中获得任何收益，且总是被剥夺知情权、监督权和发言权，主张在公司治理结构中给予员工发言权和监督权，建立员工资本输入的回报机制，降低权力出租的风险，提高员工的利益。③ 无论在雇佣合同的延续过程中，还是合同的结束过程中，员工均居于弱势地位。④

非均衡是企业劳动关系结构的常态，各种劳权保护处理机制及员工参与机制通常只能减弱非均衡状态，难以实现真正的均衡，而且只能获得近似的均衡，近似的均衡通常也是短暂的。与传统企业组织相比，现代企业劳动关系是个多角色的系统，企业劳动关系内部进行着快速的权力与角色分化，各角色之间进行着不断的权力增长与削减。海曼将劳动关系看成是对工作关系的控制过程，任何工作场合都存在一种看不见的控制边界，不断地出现对雇主及管理者控制权的抵抗力量，使其控制劳动关系的正式力量被削减。海曼认为劳动关系系统中的压制与反压制、冲突与妥协、公开与沉默的斗争，使系统的边界被不断界定和重新界定。⑤

二、二战后，集体谈判减弱了劳动关系的非均衡程度

二战后，西方国家运用集体谈判机制大大降低了传统企业劳动关系的非均衡程度。集体谈判提高了员工与雇主权力或管理方权力相抗衡的集体力量，通过劳权保护及稳定的劳资契约实现了主导产业的长期稳定发展。集体谈判机制

① Kaufman，B. E.，The Early Institutionalists on Industrial Democracy and Union Democracy，Journal of Labor，Volume XXI，2000（2），pp. 190 – 209.

② Kahn-Freund，Labour and the Law，London：Stevens and Sons，1983，P. 18.

③ John Burgess et al.，Protecting Employee Entitlements：Corporate Governance and Industrial Democracy in Australia，Australian Bulletin of Labour，2006，32（4），pp. 365 – 380.

④ David Coats，No Going Back to the 1970s? The Case for A Revival of Industrial Democracy，Public Policy Research，2006，1（4），pp. 262 – 271.

⑤［美］理查德·海曼．劳资关系：一种马克思主义的分析框架［M］．北京：中国劳动社会保障出版社，2008：17.

通过赋予工会组织代表权，大大缓解了权力的非均衡问题，雇主的权力被有效限制。美国的瓦格纳法案就是严格限制雇主权力的经典法案，工会是独立的，雇主必须接受集体谈判，企业不能通过设立非独立工会变相控制员工的集体力量及实行受雇主控制的员工参与计划。欧洲国家对于集体谈判则更倾向于劳资双方的自愿性，为员工的民主参与及劳资合作机制的设计留下了空间。韦伯夫妇认为传统的劳动关系违背民主的理念，雇佣工人没有参与权和控制权，他们将工会看成是实现产业民主的一种机制。

集体谈判机制对于减少和消除一般性和代表性的冲突更为有效，减少了运用仲裁及法律手段解决的程序和成本。在工会化的企业劳动关系系统中，员工通过工会的代表权弥补了个人在信息占有方面的局限性，解决了普通员工的"集体行动难题"。集体谈判使工会会员的数量迅速扩张，受政府和法律保护的强大的集体谈判力量为员工赢得了高工资和高福利。西方集体谈判机制的建立，是削弱雇主及管理方对劳动关系绝对控制权的过程，劳动关系内部权利结构的变化是迫于工会压力而被动实现的。

员工集体劳权的扩大及企业劳动关系系统非均衡程度的减弱，为员工带来了快速的工资增长。集体谈判使工会会员数量迅速扩张，得到立法支持和保护的强大集体谈判力量为员工赢得了更高的工资、更少的工作时间及更好的工作环境。企业为支付高昂的劳动成本，必须通过创新来提高效率，降低成本，从而加快了更为先进的生产方式的引入，最终成就了一批具有全球竞争力的产业，如福特制为美国汽车业所带来的高利润与高工资。西方的集体谈判机制削弱了雇主或管理层对劳动关系的控制权，企业创新是迫于工会及员工工资增长的压力而被动实现的。

应该指出的是，尽管集体谈判机制减弱了劳动关系的非均衡程度，但并没有彻底改变劳动关系的非均衡特征，非均衡特征在劳动关系中仍普遍存在。在工会化企业中，尽管通过集体谈判提高了员工的集体力量和集体权力，但并没有真正改变其弱势地位。佩蒂特认为，尽管工人阶级感到他们的权力和地位提高了，但他们知道自己仍然被认为是社会的底层，随时被解雇，缺乏足够的关注，被贴上了低等级的标签。①

在非工会化企业组织中，雇主或管理层对劳动关系具有绝对的控制权，员工权力对系统的影响力仍然较小。美国企业在执行瓦格纳法案过程中，通常会

① Petit, T. A., Industrial Democracy, Worker Status, and Economic Efficiency, Can Industrial Democracy Work in the United States? California Management Review, 1950, pp. 66 – 75.

满足工会及员工基本劳权保护的要求，但极少同意或主动实施员工参与计划，工会及员工对企业治理层面的重大决策缺少知情权和发言权，民主参与水平较低，员工的参与技能与参与意识未能得到有效的培育，企业劳动关系的非均衡特征仍然突出。相比之下，一些欧洲国家则通过强制推行高参与计划而实现了员工及其代表在企业重大决策方面的参与，如德国的共决制使企业劳动关系内部的权力分布更为均衡，基本实现了最接近于均衡的状态。

马克思并不看好集体劳动关系处理机制的作用，认为雇佣劳动者集体争取劳权的斗争并不能从根本上解决劳权的缺失问题，工人只能获得少量的、暂时的劳权，不能从根本上改变劳动关系的本质。马克思认为工会不是雇佣劳动者获得解放的可靠组织，难以使雇佣劳动者获得完整的劳权和永久的经济地位。马克思和恩格斯都认为工会没有远大的抱负，工会不可能带领雇佣劳动者彻底改变命运，反对过分夸大工会组织及工人运动的作用。

马克思认为，雇佣劳动者处境的改善是一次次工人运动强行推动的结果，工人运动推动了劳动法的改变，劳动法的形成与修改是雇佣劳动者长期斗争及对政府施压的结果。如1847年英国议会通过的10小时工作日法案、1866年第一国际日内瓦代表大会提出的8小时工作日的主张等，都是长期工人运动推动的。但马克思认为，工人运动虽然形成了集体力量，但不能永久地解决劳动关系问题，反倒会使劳动契约极不稳定，工人状况恶化。恩格斯认为工联虽然有助于一定程度地提高工资和减少工作时间，但这些暂时的利益需要频繁的冲突及经常性的斗争才能实现，需要消耗大量的人力和物力，而且通常会在10年左右至少引发一次经济波动，破坏工联及工人运动所取得的成果，工人运动所造成的经济波动是一种恶性循环。①

二战后，西方集体劳动关系在政府的干预下形成并逐渐完善，限制了雇主及管理层权力，一定程度上保护了劳动者的个别劳权、集体劳权及民主参与权，有效缓解了劳资冲突，如美国瓦格纳法案是推行强制性集体谈判的代表、德国的共决制是强制性推动员工民主参与的代表。国际劳工组织已经将集体谈判看成是一项基本人权，没有工会就没有国际劳工组织。集体谈判及强大的工会力量曾一度超出了马克思的预期，雇佣劳动者的经济状况大大改善，对于缓解劳资冲突及提高劳动关系运行质量做出了重大贡献。为此，一些马克思主义的追随者也曾一度怀疑马克思的劳动关系理论是不是真的过时了，但20世纪80年代以来全球劳动关系的演变过程，再次印证了马克思的判断。

---

① 马克思恩格斯全集［M］. 第十九卷，北京：人民出版社，第一版，1963：283.

三、20世纪80年代以来，劳动关系严重的非均衡问题重现

20世纪80年代以来，全球劳动关系的演变过程证实了马克思劳动关系理论的很多判断，劳动关系内部权利结构与处理机制所发生的变化与马克思的分析基本一致。西方集体劳动关系的衰落及雇主或管理层对劳动关系的重新过度控制，使劳动关系出现了严重的权力与利益分化，劳动关系的不稳定性加剧。

20世纪80年代以来，新自由主义的流行使西方集体谈判机制逐渐弱化，全球化加快了资本及产业向无工会地区的转移，无工会企业组织增长快速。同时，资本输出地的技术和产业升级加快，企业的竞争能力与创新能力越来越依赖于市场灵活性，集体谈判机制的局限性日益显露。一些主张市场自由化的西方学者认为，政府作为工会发起人的角色，运用法律手段来维护工人的“权力”及对劳动力市场的干预，削弱了劳动力市场的灵活性。

在这样的背景下，西方国家普遍缩小了集体谈判的范围，甚至解散部分工会组织并驱逐工会领导人，集体谈判及工会力量迅速衰落，员工的入会率持续降低。灵活就业人员或非标准员工极少参与工会组织，快速普及的非标准雇佣方式使工会化率的降低和集体谈判的缩减速度加快。相应地，劳动关系内部的权利结构发生了重大变化，雇主及管理层对劳动关系的控制权再次扩大，工会及员工的集体力量出现了削弱和倒退。从现代企业劳动关系权利结构的变化过程看，雇主及管理层又重新掌握了劳动关系的绝对控制权，使劳动关系又重新回到了较为严重的非均衡状态。

通过分析美国部分工会化的案例公司所发生的决策权的转变发现，直线经理在人力资源和劳动关系问题中扮演了更为积极的角色，权力已经转移到了直线经理手上。① 劳权受制于管理权，员工地位不仅低于资本所有者，也低于管理层。从政治视角看，单方面管理的企业可能更像是中世纪的庄园，而不是现代团体。这仍然是一种专制的企业治理，与民主、遵从人权的世界不协调。② 当代劳动关系研究的重点也从劳工组织转移到了雇主。③

---

① ［美］托马斯·寇肯等．美国产业关系的转型［M］．北京：中国劳动社会保障出版社，2008：50.

② Adams, R. J., Collective Bargaining as a Minimum Employment Standard, The Economic and Labour Relations Review, 2011, 22 (2), pp. 153 – 164.

③ Godard, J., Delaney, J. T., Reflections on the “High Performance” Paradigm’s Implications for Industrial Relations as a Field, Industrial and Labor Relations Review, 2000, 53 (3), pp. 482 – 502.

随着工会力量的削弱，管理层控制了劳动关系中的大量信息，能够判断和控制劳动关系的走向，包括主动控制与员工的关系，尤其是与核心员工的关系。在管理层与员工的相互投资关系中，管理层控制风险的能力要远远高于员工，这种风险会引起管理者充分的注意并加以防备。[①] 企业对于高薪员工的无理由解雇及对被解雇员工在职场重新寻找工作过程的控制等行为都基于其在行业内所拥有的巨大信息网络及控制能力。

在现代企业劳动关系系统中，由于工会谈判能力及入会率的降低，加剧了员工在信息占有上的弱势地位。在非工会化企业中没有集体谈判和三方协商机制，主要由管理层与核心员工共同制订人力资源管理中的激励、绩效等目标，但雇主或管理层通常掌握控制权，一般指定由部门经理牵头完成工作场所的创新流程。未被组织的员工通常只能获得局部的、片面的信息，员工个人难以将有限的信息处理成完整的信息并作出准确的判断。

全球劳动关系的上述演变过程与马克思所做的动态分析极其相似，他看到了随着生产、技术、企业组织及社会关系的变化，劳资冲突的形式及组织方式也会更新。在《资本论》第一卷中，马克思分析了从工厂手工业到机器大工业的每一次革新运动中，工人旧形式谈判力量的削弱与新形式谈判力量的产生，以及资本家抵制方式的变化等。马克思的研究非常深入，他发现，“工业的进步”可能会削弱劳工的市场谈判力量，但会增强劳工在工作场所中的谈判力量以及组织力量。[②] 马克思的分析能够解释近 40 年来普通员工市场谈判力量的削弱，以及企业核心员工在组织和工作场所层面谈判力量的增强。

随着西方集体劳动关系的衰落，贫困、过劳、失业及剧烈的劳资冲突等劳动关系的传统问题重现，与马克思所描述的 19 世纪劳动关系的诸多特征极其相似。马克思预测，资本主义生产的总趋势不是引起工资平均水平的提高，而是整体工资水平的降低，这一判断已被 20 世纪 80 年代以来欧美国家普通员工较低的收入增长速度所证实，证实了马克思对于普通雇佣劳动者经济地位与命运的判断。为应对低工资及贫困问题，很多国家出台了最低工资法。

一些机构的测算表明，自 2000 年至今，美国平均工资几乎没什么增长，且底层员工工资的增长率远远低于高级员工。雇佣劳动者为争取每小时 15 美元的最低工资标准而举行抗议活动，部分州迫于压力而调高了最低工资标准，

---

① Teece, D. J., A Tribute to Oliver Williamson—Williamson's Impact on the Theory and Practice of Management, California Management Review, 2010, 52 (2), pp. 167 – 176.

② ［美］贝弗里·J. 西尔弗. 劳工的力量：1870 年以来的工人运动与全球化［M］. 北京：社会科学文献出版社，2012：24.

使占总劳动人口10%的最底层员工的工资获得了增长。20世纪80年代后，由于经济自由化等诸多因素的作用，资本的回报率远远高于劳动的回报率，资本剥削劳动的问题依旧较为严重，其结果是，资本的积累速度比雇佣劳动者财富的积累速度快得多。寇肯和常凯分别介绍了20世纪80年代以来美国和中国的高增长率与普通劳动者的低收入问题。美国经济从1980年到现在增长了70%，但是美国国民的生活水平并没有提高，经济发展和人民生活水平之间的差距越来越大。中国近些年，每年GDP以10%以上的速度递增，但是劳动者的工资增长极为缓慢，加上近几年物价增长的因素，有些工人的实际工资率甚至是负增长。①

近40年来，一些欧洲国家普通员工的工资也处于零增长甚至负增长状态，灵活雇佣方式掩盖了严重的失业、低薪及低保障问题。灵活雇佣者及兼职人员缺少标准劳动合同保护，极易成为工作贫困（working poverty）者。受教育水平较低、低技能劳动者、年轻人及老龄劳动者出现工作中贫困的风险更高。②工作贫困指由于低工资而造成的贫困，是指有工作或正在工作的雇佣劳动者，由于工资过低而处于贫困状态。与失业人口的贫困完全不同，工作贫困人口会直接导致过劳，还会从表面上维持低失业率，延缓社会保障体系的完善。但长期的工作贫困会加剧劳资冲突，剧烈的劳资冲突与诸多经济、社会及政治问题交织在一起，演化成更为广泛的社会冲突。

与贫困相伴随的就是过劳和失业，过劳和失业在当代企业劳动关系中仍然广泛存在，并且具有了不同以往的新特征。企业激励机制的普遍运用造成了员工的“自愿”过劳，灵活的工作安排进一步掩盖了这种具有新时代特征的过劳。各层次员工的体力支出和脑力支出都越来越大，更为突出的特征是员工心理压力越来越大，这源于员工要独立承担越来越多的任务、责任与风险，企业要求他们具有更强的独立处理问题的能力，甚至是希望他们拥有更丰富的社会资源，以提高市场竞争优势。

随着互联网技术和智能技术对人力的替代速度越来越快，失业随时产生，雇佣劳动者的失业变得更为容易。马克思在分析劳资冲突对于技术替代劳动力的作用时发现，罢工常常会引发新技术和新机器的发明和应用。马克思的追随者海曼认为，马克思在19世纪对资本主义劳动关系所做的分析，对于当代劳动关系意义重大。他在《劳资关系：一种马克思主义的分析框架》中译本序

---

① ［美］托马斯·寇肯等．美国产业关系的转型［M］．北京：中国劳动社会保障出版社，2008：185-191.

② ［荷］马腾·科伊内等．欧洲：工资和工资集体协商［M］．北京：中国工人出版社，2013：12.

言中说："在全球范围内，为生存而工作越来越明显地变成了争取收入、工作安全、体面和控制的斗争。这种斗争似乎经常以失败而告终，但随之而来的就是新的抵制。"①

马克思提出了理想的劳动关系模型，即通过对财产的共同占有来结束资本与劳动的分割状态，消除市场机制及雇佣关系，形成一种无强权的劳动关系结构。该模型的前提是假定个人与社会共同体之间建立了相互依存的良性关系，而不是传统的个人利己主义。在这种理想的劳动关系模型中，只存在单一的主体——劳动者，每个人都是能够充分发挥天赋和个性的劳动者，没有资方或雇主（组织），也没有工会组织，劳动者集体占有劳动成果。劳动者之间只存在分工关系，管理也只是一种工作类型，没有凌驾于其他工作的权力，资本优先权和管理优先权被完全消除，劳资冲突及劳权保护问题均不复存在，劳动关系内部不存在任何形式的分化。目前，这种理想的劳动关系尚不能普遍推行，劳动关系仍然是多主体、多角色及权力不均衡的结构。20 世纪 80 年代以来，集体劳动关系及劳权保护不断弱化，资本优先权和管理优先权对劳动关系的控制力度越来越大，控制范围越来越广，控制方式越来越灵活和隐蔽，劳动关系出现了日益严重的权力与利益分化，主要表现在以下两大方面。

一方面，资本优先权拉大了资本收益与劳动收益之间的差距，资本与劳动之间的分化越来越严重。马克思运用资本有机构成提高理论及无产阶级贫困理论，预测了资本与劳动之间越来越严重的分化，一边是财富的积累，一边是贫困的积累。马克思的这一预测被 20 世纪 80 年代以来全球化背景下资本与劳动的关系变化所证实，资本全球流动障碍的减小和流动成本的降低使剩余劳动力的规模被放大，提高了资本在劳动者面前的强势地位，资本的高度流动性削弱了劳工的市场谈判力量和组织谈判力量。② "雇主在谈判力上的优势会导致劳工薪水微薄、工作时间过长、工作条件危险及管理实践中的独断专行或滥用职权。这些劳资问题会削弱信任、合作和激励的基础，进而对效率产生影响。"③

皮凯蒂在《21 世纪资本论》中分析了资本与劳动之间的分化问题，认为趋同力量与分化力量在资本与劳动的权力与利益关系中交替出现。他的研究表明，20 世纪 80 年代至今，资本收益率大大超过经济增长率，财富积累比劳动

① ［美］理查德·海曼．劳资关系：一种马克思主义的分析框架［M］．北京：中国劳动社会保障出版社，2008：序言．

② ［美］贝弗里·J. 西尔弗．劳工的力量：1870 年以来的工人运动与全球化［M］．北京：社会科学文献出版社，2012：18.

③ ［美］约翰·W. 巴德．人性化的雇佣关系：效率、公平与发言权之间的平衡［M］．北京：北京大学出版社，2004：25.

收入或工资增长得更快。他预测21世纪资本将仍然会拥有优先权，如同19世纪一样，并且资本市场越完善，这种可能性越大。与马克思不同的是，皮凯蒂认为资本与劳动的关系不会发生革命性的改变，他说："我的结论不如马克思的无限积累原则和永恒分化原则所暗示的那样具有灾难性。"①

另一方面，管理优先权拉大了高层管理者与普通员工之间的收入差距，高层管理者与普通员工之间的分化越来越严重。20世纪80年代后，集体谈判被大量的人力资源管理技术所替代，工会力量削弱，雇主及管理层重新掌握了劳动关系的控制权。在股权分散的现代企业中，管理优先权不仅体现在对工作过程的过度控制，更体现在对新增价值分配上的过度控制。激烈的市场竞争使利润率下降速度加快，管理方维持利润率的压力远远高于马克思所处的时代，压低工资仍然是企业的首选方案。企业对绩效的过度追求强化了管理优先权甚至管理者霸权，管理目标取代资本目标成为企业的核心目标。

马克思认为管理权从属于财产权，是资本权力的代表，他把职业经理人看成是"专门人才"，是资本家"意识形态的代表和发言人"。虽然管理层的目标与资方的目标存在差异，管理层与股东之间存在着权力与利益上的矛盾，但管理层通常不会代表员工的权力和利益，管理权与劳权常常是对立的，企业所追求的绩效指标常常与员工的权力及薪酬存在矛盾关系。在工会对雇佣劳动者保护力度降低的情况下，原有的工资增长机制或集体契约被修改，普通劳动者工资增长缓慢。

管理层对薪酬拥有决定权，其结果是高层管理者薪酬的大幅上涨及普通员工工资的缓慢增长甚至负增长，并成为新时期贫富差距的又一根源。管理者原本也是雇佣劳动者，但高层管理者所获得的决策权和控制权造成了雇佣劳动者之间严重的分化，一端是高管财富的积累，另一端是普通员工贫困的积累。资本与劳动的矛盾演变成了管理层与普通员工之间的矛盾，管理权与劳权的矛盾上升为劳动关系的主要矛盾。新时期的劳资冲突更多地表现为管理权与劳权的冲突，雇佣劳动者在劳动关系中仍然处于被控制地位，劳权的缺失问题更为严重，劳动关系的复杂性远远高于马克思所描述的19世纪的资本主义劳动关系。

第二节　企业劳动关系运行质量的等级划分

这里将通过对企业劳动关系运行质量进行分级的方式，来研究分析劳资合

① ［法］托马斯·皮凯蒂.21世纪资本论［M］.北京：中信出版社，2015：26－28.

作的升级问题。企业劳动关系的运行质量可分为以下三个等级：产业冲突（industrial conflict）、产业和平（industrial peace）和产业民主（industrial democracy）。其中，产业冲突是劳动关系的失范状态，也是劳动关系的不和谐状态，产业和平和产业民主都是和谐劳动关系的状态，但却是不同等级的和谐劳动关系。产业和平是最低标准的和谐劳动关系，是入门级的和谐劳动关系状态；而产业民主则是更高质量、更高级别的和谐劳动关系状态。

一、产业冲突：劳动关系的失范状态

产业冲突是劳动关系的不和谐状态，劳动关系的运行质量差，是一种失范状态。这一状态是由劳动关系权利结构的过度不均衡导致的，是雇主及管理层与员工之间过于不平等的权利结构无法平衡而形成了对抗的态度与行为，主要表现就是罢工、停工、对抗及其他各种形式的劳动争议等外显的冲突。但产业冲突不仅仅是劳动争议、罢工或停工，而是企业所有者及管理者与劳动者及其组织双方表达对立与分歧倾向的总体行为与态度。[①]

涂尔干较早分析了15世纪以后由工业的快速发展及专业化所带来的失范问题，他认为解决失范问题的关键是平衡劳方与资方的权力。雇主通过同业工会集体获得了超过单个资本的权力，员工们则通过工人联合会而形成了具有独立意识与规范的集体力量。在缺乏有效规范的情况下，雇主与员工之间的分割及冲突越发严重。涂尔干认为制止这种失范状态需要一系列烦琐复杂的规范，以限制各方权力。[②] 劳动关系的发展史表明，解决劳动关系运行的所有问题几乎都是通过限制权力来实现的，无论是限制雇主的权力，还是限制工会的权力。

二、产业和平：和谐劳动关系的最低标准

产业和平的基本特征就是“无冲突”，这是和谐劳动关系的最低标准和要求，劳动关系运行质量为合格，劳动关系内部权利结构的不均衡性在可控范围之内，没有出现失范状态，且出现显著失范状态的可能性低。西方用产业和平描述产业关系的稳定运行状态，意味着基本实现了对产业冲突的有效控制，这

---

① Kornhauser et al.，Industrial Conflict，New York：McGraw Hill，1954，P. 13.

② ［法］埃米尔·涂尔干．社会分工论［M］．北京：生活·读书·新知三联书店，2000，315.

主要是从外在表现反映劳动关系的运行质量。

产业和平状态下，现有劳动关系的权利结构能够维持，但劳动关系的运行质量却不见得很高，虽然没有明显的外显冲突，但员工与资方、管理者的关系尚未达到优良状态。这种状态类似于人体的亚健康状态，没有明显的冲突与争议，但劳资双方缺少合作、参与、默契、承诺等，相互投资水平较低，包括金钱的投资及情感的投资等。劳动关系各角色之间的相互认同水平也较低，内在的危机被表面的平静所掩盖。

三、产业民主：和谐劳动关系的理想目标

这是较高质量的劳动关系运行状态，是政府、企业及员工所共同追求的理想目标。民主的劳动关系已经超出和谐劳动关系的最低标准，劳资双方不仅仅停留在“无冲突”状态上，而是有了更多的信任与合作关系，各角色之间有着更高程度的认同，彼此间的相互投资水平更高，员工参与能力和参与动力较大。劳动关系没有停留在表面的和谐，而是走向了由内而外真正的和谐。

西方通常用产业民主来描述这种更高质量的劳动关系和谐状态，它实质上改变了劳动关系中原有的权力、责任与利益格局，对各角色之间的权力边界进行了修正，这种修正过程通常是以扩大员工在组织各层面的参与权为特征的，即民主的原则。民主的原则能够培育员工更高水平的工作技能、参与技能、创新能力及合作精神。民主的氛围对提高劳动关系和谐度的作用是无法替代的，缺少员工民主参与的劳动关系难以获得较高的运行质量，要么处于产业和平状态，要么处于产业冲突状态。

韦伯夫妇最先提出和倡导产业民主，《产业民主》是其代表著作，希望把当时盛行的代议制民主原则扩大到产业范围，主张将政治领域中的民主参与方式应用于经济领域中，被称为西方产业民主理论的先驱。韦伯夫妇认为传统的劳动关系违背民主的理念，雇佣劳动者没有参与权和控制权，在政治上主张员工与雇主的平等地位，在经济上主张雇佣劳动者要摆脱因就业等问题所产生的竞争。①

萨默斯认为，现在关键的问题不仅仅是雇主的问题，而是雇主和员工的关系问题；不再仅仅是利润的分配问题，而是责任的分配问题。人们必须拥有决策的机会，他们的工作条件应该是什么样的，企业应该如何运营等。产业民主的目标不仅仅是给予员工更高的报酬，而是给予他们更多的发言权；不仅仅局

① ［英］韦伯夫妇著．英国工会史［M］．北京：商务印书馆，1959：4.

限在产业报酬的分享，而是控制权的分享。终极目标不是工人物质工作条件的改善，而是个人价值与尊严的认可。①

如果参与变成了现实，就不仅仅有必要观察企业，还要理解企业的前景，参与讨论并与计划达成一致；需要检验员工参与组织如何尽力在一定程度上控制计划和政策的制定，那些控制形式在多数情况下是集体谈判过程的辅助形式；工会的一个基本职能是获得一定程度的联合控制权，不存在大的障碍阻止工会参与主要决策；工人权力被扩大了，并且实施了联合控制，包括董事会层面的代理制。该报告第89段指出：目前，所有的公司董事会都包含对决策的参与和责任的分享；公司法需要修改，允许工会参与并影响决策；主要目标是发现一种代理和参与决策的形式，用于参与主要决策的制定；目标一定是给予劳动者集体参与和控制决策的法定的权力，等等。②

产业民主颠覆了一些传统的假设，对已经被管理层和员工认可的假设及企业实践提出了挑战。如，普通员工既没有能力也没有兴趣参与政策制定；有效地贯彻企业的商业政策需要高层管理者来选择监管人员；员工的目标通常与所有者或管理者的目标不一致。如果上述假设无效，或只在某些情形下有效，在产业文明的浪潮中，我们对员工的社会与经济地位的重新考虑是值得的。按照一些学者的观点，在自由企业制度中，在企业利润最大化目标之下，产业民主的拥护者所做出的价值判断完全有可能部分填补这些哲学上的空白。③

第三节　产业和平与产业民主的实现机制

产业和平是构建和维持和谐劳动关系的基本目标，是企业和政府共同追求的“安全”的劳动关系运行状态。产业民主则是在产业和平基础之上，进一步优化劳动关系氛围和提高劳动关系运行质量，是劳动关系各主体共同追求的高质量的和谐劳动关系运行状态。产业和平与产业民主都要对劳动关系各主体的权力、责任、利益等进行修正或重新规定，各主体要以不同的方式付出成本，同时，各主体也会以不同的方式从中获得回报。

---

① Clyde W. Summers, From Industrial Democracy to Union Democracy, Journalof Labor Research, Volume XXI, 2000 (1), pp. 3 – 14.

② Eccles, A. J., Industrial Democracy and Organizational Change, Personnel Review, 1977, 6 (1), pp. 43 – 49.

③ Thomas A. Petit, Industrial Democracy, Worker Status, and Economic Efficiency, Can industrial democracy work in the United States? California Management Review, 1950, pp. 66 – 75.

一、产业和平的实现机制

产业和平的核心问题是基本劳权保护，通过消除和减弱劳动关系基本面上的权力与利益冲突，降低罢工、停工及各种形式产业冲突与纠纷发生的可能性，具有一定的福利与保障性质。产业和平是企业和政府共同追求的“无冲突”状态与目标。

从西方经验看，产业和平的实现机制主要来自两个方面。一方面，来自系统外部的共同规则，如仲裁、法律法规、劳动关系政策及习俗等。另一方面，来自企业组织内部各主体之间的力量对比所形成的规则。集体谈判或协商就是一种最为普遍的由劳资双方力量制衡和妥协所形成的稳定机制。另外，在工会及劳权弱化的组织中，管理层具有绝对的权威，管理权控制着劳动关系的运行，并由此形成了稳定的规则。

（一）仲裁机制

产业和平的实现通常是从仲裁开始，仲裁被大量运用于个别劳动争议的处理，尤其是在集体谈判机制未能充分发育的时期。存在于法国巴黎公社时期的委员会制度就是仲裁的最早形式。英国于1824年、德国于1815年、澳大利亚于1869年，匈牙利于1884年分别建立了保障仲裁机制的相关法律。① 仲裁通常用于解决不会引发罢工的争议类型，罢工通常是由双方之间在将来的雇佣条件（如工资）上存在分歧而引起的，当前，很多国家仍在大量运用仲裁机制解决劳动争议和纠纷。在我国，企业层面的调节没有得到强调，而是支持外部解决方式，首先是仲裁，然后是诉讼。② 地方层面的劳动仲裁为劳动争议的处理开辟了一个新的渠道，可以确保政府能够持续地参与劳动争议的处理。③

法国的仲裁机制由来已久，很少有纠纷是通过仲裁解决不了的。法国巴黎公社时期的委员会制度就是仲裁的原型，这些委员会由数量相等的雇主和员工组成，分别由行业内的雇主和员工选举产生，该委员会拥有裁判权。委员会通常但不总是能够从法国巴黎公社获得俸禄。委员会有特别的义务去劝说双方达成自愿的协议，解决争端。委员会能够处理工人与雇主之间与工资、支付时

---

① David F. Schloss, State Promotion of Industrial Peace, The Economic Journal, 1893, 3 (10), pp. 218 - 225.

②③ ［美］玛丽·E. 加拉格尔. 全球化与中国劳工政治［M］. 杭州：浙江人民出版社，2010：117，121.

间、支付方式、缺勤、破坏工作、拖延工作及对经营不善的扣除等相关的争议。与法国一样，比利时也实行该体制，成立了产业与劳动委员会，其功能在于协调员工和雇主之间的争议。瑞士的一些地方也有类似的机构。匈牙利建立的由雇主和工人组成的仲裁法庭，独立地处理较小的争议，但对于罢工等严重争议就难以裁决。美国一些州（宾夕法尼亚州、俄亥俄州、纽约州、科罗拉多州、马里兰州、艾奥瓦州、北卡罗来纳州和堪萨斯州）通过立法来保证通过仲裁法庭解决劳动争议。纽约州仲裁委员会在 1891 年的报告表明，委员会持续地努力去劝说劳资双方展开有可能导致罢工或停业的公开辩论，以通过仲裁委员会这一中介来解决分歧。1892 年，该委员会成功地解决了一些罢工。马萨诸塞州仲裁委员会由州长任命的 3 个人组成，一个是雇主的代表，一个是员工的代表，一个是前两者推荐的。仲裁委员会有自己的员工，允许在特别的场合雇佣特别调查员。1892 通过的法案允许仲裁委员会雇佣专家助手协助研究，他们有两个职责：一个是仲裁，另一个是调节。任何时候，只要行业争议发生了，市政当局的责任就是通知仲裁委员会，通过分析各种与该劳动纠纷爆发有关的资料，委员会有权“调查矛盾的起因，并确定哪一方应负主要责任，就其起因完成报告，分清责任。”①

对于一些较长时期的劳资分歧，劳资双方经过长期的考虑和协商，一致认为仲裁机制比行政诉求更有效、更方便，例如仲裁曾经被用来解决太平洋海岸报业和搬运业的历史分歧问题。太平洋海岸报业和搬运业的历史分歧从 1934 年持续到 1948 年，共 14 年。海岸雇主协会和国际海岸工人工会之间进行过集体谈判，太平洋海岸工人也罢工过，但双方也进行过联合协商，一致同意不再通过向劳动部门（行政部门、政府部门）提出诉求，而是通过仲裁员（仲裁机制）来解决。②

自改革开放以来，我国也注重运用仲裁机制处理劳动关系问题，并逐渐制度化。《中共中央国务院关于构建和谐劳动关系的意见》第十五条明确提出健全劳动争议调解仲裁机制。坚持预防为主、基层为主、调解为主的工作方针，加强企业劳动争议调解委员会建设，推动各类企业普遍建立内部劳动争议协商调解机制。大力推动乡镇（街道）、村（社区）依法建立劳动争议调解组织，支持工会、商（协）会依法建立行业性、区域性劳动争议调解组织。完善劳

---

① David F. Schloss, State Promotion of Industrial Peace, The Economic Journal, 1893, 3 (10), pp. 218 – 225.

② Paul Eliel, Industrial Peace and Conflict: A Study of two Pacific Coast Industrial, Industrial & Labor Relation Review, 1948 – 1949, (2), pp. 477 – 501.

动争议调解制度，大力加强专业性劳动争议调解工作，健全人民调解、行政调解、仲裁调解、司法调解联动工作体系，充分发挥协商、调解在处理劳动争议中的基础性作用。完善劳动人事争议仲裁办案制度，规范办案程序，加大仲裁办案督查力度，进一步提高仲裁效能和办案质量，促进案件仲裁终结。加强裁审衔接与工作协调，积极探索建立诉讼与仲裁程序有效衔接、裁审标准统一的新规则、新制度。畅通法律援助渠道，依法及时为符合条件的职工提供法律援助，切实维护当事人合法权益。依托协调劳动关系三方机制完善协调处理集体协商争议的办法，有效调处因签订集体合同发生的争议和集体停工事件。①

（二）集体谈判

集体谈判机制是在企业治理结构中，掌握决策权的主体通过集体谈判或协商所形成的规则，一些工会化企业组织仍然在不同程度地将集体谈判或协商机制作为主要规则。在非工会化的企业组织中，则较少形成集体谈判或协商规则。当前，集体谈判机制在不同国家之间的差异越来越大，并且仍处在持续的演变过程之中。② 集体谈判用集体劳动力市场替代个人劳动力市场，以减少谈判权的不平等。

集体谈判机制对于产业和平的作用是其他任何劳动关系处理机制都不能比拟的，很多西方学者认为，合理的产业和平计划的制定，是以能够深入理解和运用集体谈判机制为前提的。如果不能很好地运用集体谈判机制，或集体谈判机制发育水平较低，通常难以建立完整的产业和平计划。集体谈判是使产业冲突制度化的伟大发明，它创造了解决产业冲突的一种可靠手段。③ 集体谈判是最为典型的劳动关系集体解决机制，比个别解决方式更富有效率。④ 美国国家计划协会认为实现产业和平需要雇主充分接受集体谈判程序及工会制度。⑤ 美国分别于1926年、1933年及1935年出台的《铁路劳工法案》《国家产业复苏法案》《国家劳动关系法案》，使集体谈判机制趋于完善。集体谈判使原

---

① 中共中央国务院关于构建和谐劳动关系的意见［M］. 北京：人民出版社，2015.

② Hayter，S.，International Comparative Trends in Collective Bargaining，The Indian Journal of Industrial Relations，2010，45（4），pp. 596－608.

③ Robert Dubin，Industrial Conflict，New York：McGraw-Hill.，1954，P. 44.

④ Sheth，N. R.，Hazards of Industrial Democracy，Economic and Political Weekly，1972，7（35），pp. 119－122.

⑤ Harvey A. Young，The Causes of Industrial Peace Re-revisted：the Case for BRO，Human Resources Management，Summer，1982，pp. 50－57.

本激进好战的工会变得保守，雇主也变得不那么极端地反动和敌对，并带来了连续的和平。[①] 基于对基本劳权的保护，国际劳工组织强调应该坚持传统的集体谈判，在费城宣言中将集体谈判看成是一个基本目标。在国际劳工组织关于工作基本规范和权力的 1998 年宣言中，所有成员方无一反对。

很多西方学者认为，集体谈判应该被认为是标准化工作条件下雇佣劳动者个人的最低工作条件，这在全球范围内已经达成了一个明确的共识。作为一种最低工作条件，全世界的雇佣劳动者都有权为他们的工作条件而进行集体谈判，他们的集体谈判权被国际劳工组织成员中的世界各国政府所公认。政府的公共政策为员工提供了一种可谈判和不谈判的选择，事实上，在美国、加拿大和英国并未满足这个标准。正如政府的公平目标就是减少基于种族和肤色特征所带来的不平等，政府谈判政策的目标应该就是广泛的集体谈判，任何缺乏广泛性的集体谈判都应该被认为是一个社会问题。[②]

集体谈判对于提高员工收入及改善劳动关系所起的作用有目共睹，在劳资双方巨大的权力与利益矛盾中起到了有效的平衡作用。人们发现，每次主要的集体谈判都包括了那时所有的雇主和员工，每次事件都是员工的工资有了实质性的上涨，工作条件也改善了。集体谈判带来了连续的和平、最小的敌对及最大化的合作。[③] 参与工会和成立工会会员的权力与集体谈判权并不一样，员工个人可以选择不成为工会会员，但他可以支持集体谈判，可以对由集体谈判而形成的所有标准化工作条件提出看法。只有当集体谈判的结果是所有的工作条件都实现了标准化以后，集体谈判权才能真正实现。[④]

模板谈判（pattern bargaining）是美国集体谈判的一个特色，在不同的谈判层级解决不同的问题。卡茨等人介绍了美国不同层级的模板谈判。模板谈判是指采取非正式的手段，将一个正式谈判结构所确定的雇佣待遇和雇佣条件推广到另一谈判结构中。这是一种非正式的集中谈判的替代方式，目标是使工资不受市场竞争的影响。这样，既可以建立全国性的工资政策，也可以对工会所提议的工资方案和其他行业、地区以及全国的工资方案进行比较，以此作为一

①② Paul Eliel, Industrial Peace and Conflict: A Study of two Pacific Coast Industrial, Industrial & Labor Relation Review, 1948 - 1949, (2), pp. 477 - 501.

③④ Roy J. Adams, Collective Bargaining as a Minimum Employment Standard, The Economic and Labour Relations Review, 2011, 22 (2), pp. 153 - 164.

个最主要的标准，解决工资争议。模板谈判在美国的最主要形式是行业内不同企业之间的模板谈判。同一行业中不同企业劳动合同的谈判遵循某个模板，可以使工资的竞争稳定下来，这个行业内的主要工会将模板从一个雇主推广到另一个雇主，这种形式的模板谈判主要存在于汽车、宇航业和民用航空业。①

（三）法律法规

从一战末至今，政府对劳动关系的干预，无非是通过立法和非立法这两大类方式进行。一部分法律法规直接规定了部分最低工作条件及雇佣劳动者的基本权利，节省了大量的仲裁和集体谈判程序。另一部分法律法规则成为各种非立法方式存在和运行的依据，仲裁和集体谈判都建立在法定程序的基础上，并受到法律法规的约束和保障。通过法律法规直接规定和限制各方权力来维护产业和平是低成本的，不仅限制出资者和管理层，还包括对员工权力的限制。

早期的仲裁机制就是在一系列法律变迁和法律保障下形成的，政府为了通过仲裁方式解决产业争议而建立法案，例如，英国 1824 年通过的法案。依照该法案，如果双方愿意，可以通过仲裁的方式使劳动争议得到满意的解决；如果双方不愿意，可以在一方的要求之下，在六分之四的人（一半是厂商或代理人企业中的工头，一半是被雇佣的工匠）中提名候选人，双方各从一方选出一人担任裁判员，如果裁判员的意见不一致，最终将诉诸司法。1837 年，该法案在特定的细节做了修改。1867 年通过了一项法案，授权财政部部长（Home Secretary）批准地方议会在产业雇主和员工之间建立调节机制，按照法律，这些地方议会有权指定仲裁人和裁判员。1872 年通过了一项法令，使雇主和工匠都同意接受仲裁员最终裁决，不再需要许可。有关未来雇佣条件的争议不包括在 1867 年的法案之中，该法案授权行业委员会运用雇主和员工指定仲裁人或仲裁委员会的办法；授权帮助建立地方协调或仲裁委员会；授权对这类已经形成的和将要形成的委员会进行登记。行业委员会可以要求所有登记过的协调和仲裁委员会恢复和汇报，向行业委员会汇报他们的进展，这些汇报将被提交国会。按照该法案，行业委员会向国会提交有关年度进展的报告。②

独立的、完整的集体谈判机制本身也需要由一套复杂的法律和规则来保

---

① ［美］哈里·C. 卡茨等. 集体谈判与产业关系概论［M］. 大连：东北财经大学出版社，2010：162 – 163.

② David F. Schloss, State Promotion of Industrial Peace, The Economic Journal, 1893, 3 (10), pp. 218 – 225.

障，这些法律和规则对于集体谈判机制的顺利运作极其重要，能够在国家不直接干预的情况下，通过谈判来维持产业和平。美国的瓦格纳法案是限制雇主权力和保护员工权力的一个极端例子，该法案规定员工及工会有权提出谈判，雇主必须接受谈判，在谈判失败的情况下，工会有权组织罢工。对于工会作出的不公平劳动规则，瓦格纳法案不允许雇主向委员会指控并提出异议，员工的罢工不被限制，这些都使雇主处于困境之中。[①] 瓦格纳法案虽然降低了企业的自由度，但对劳权的有效保护却长久地保护了美国的产业竞争力。相比之下，新加坡法律则是对雇主和员工权力同时进行限制的典型例子，尤其是对罢工权的限制，劳资政三方机制较为成功地实现了几十年无罢工或较少罢工的产业和平状态。

二战以来至今，北美国家劳动关系的主要法律框架基本稳定，劳动关系制度牢固地以私人安排为中心，代表制和集体谈判大多集中在企业层面。美国国家劳动关系法案保持了 1935 年瓦格纳法案所制定的规则和条例，随后由 1947 年的 Taft-Hartley 法案和 1959 年的 Landrum-Griffin 法案进行了修改。其间，国家劳动关系委员会及法庭也有一些解释，但劳动法的基本法律框架没有改变。就像其首次制定一样，要求工会资格要得到绝大多数员工的支持、谈判单位具有排他性代表权、具备代表资格的工会有在良好的信用前提下进行谈判的义务，并且能够在谈判过程中运用罢工和停工等经济武器去打破僵局。另外，用于监管公共部门员工的劳动法大致遵循与国家劳动关系法案相同的模式，只是存在一些例外，如通常限制罢工权，取而代之的是运用仲裁的方式解决利益纠纷。[②]

从当前全球劳动关系的发展趋势看，劳动法的作用越来越体现在对基本劳动标准的统一规定，如越发完善的最低工资法。全球范围内，最低工资法得到各国的一致认可并有效实施，有效保护了低技能员工的基本权力和基本生活，企业严格按照这些基本劳动标准执行，节省了大量的谈判与协商程序。劳动法的这一功能给予了企业组织更大的创新空间，在遵守劳动法的前提下，雇主及管理层有更大的自主权在企业组织层面确定劳动与雇佣条件。劳动法这种规定最低劳动标准的功能被广泛采用以后，各国的劳动关系处理机制趋近于相似。

虽然各国在维护产业和平及劳动关系稳定方面立法的导向和范围存在差

---

① Shreve, E. O., Objective: Industrial Peace, Industrial and Labor Relations Review, 1948, 1 (3), pp. 431 -442.

② Alexander J. S., Convergence in Industrial Relations Institutions, ILR Review, 2013, 66 (5), pp. 1048 -1077.

异，但通过法律调控的范围和比例均呈上升态势，节约了大量的集体谈判和协商成本，社会运行成本降低了，企业交易成本也降低了。这些与全球化竞争及新自由主义紧密相连的法律法规及宏观政策的调整，已经成为当代政治和经济综合变革的重要环节。

中国也在进一步加强劳动关系的立法，继《劳动合同法》颁布以后，《中共中央国务院关于构建和谐劳动关系的意见》第二十一条明确提出加强构建和谐劳动关系的法治保障。进一步完善劳动法、劳动合同法、劳动争议调解仲裁法、社会保险法、职业病防治法等法律的配套法规、规章和政策，加快完善基本劳动标准、集体协商和集体合同、企业工资、劳动保障监察、企业民主管理、协调劳动关系三方机制等方面的制度，逐步健全劳动保障法律法规体系。深入开展法律法规宣传教育，加强行政执法和法律监督，促进各项劳动保障法律法规贯彻实施。与加强立法相配套的其他应对机制也逐渐完善，如第十四条提出健全劳动保障监察制度，第十六条提出完善劳动关系群体性事件预防和应急处置机制。推进劳动保障监察网格化和网络化管理；畅通举报投诉渠道；建立违法行为预警防控机制；查处非法用工，打击使用童工、强迫劳动、拒不支付劳动报酬等违法行为；加强劳动保障诚信评价制度，健全企业诚信档案；建立劳动关系群体性纠纷的经常性排查和动态监测预警制度，完善应急预案。①

（四）管理控制

管理权对企业劳动关系的控制是在企业组织内部的管理程序中所形成的规则，这些规则与现代人力资源管理技术的结合越来越紧密。无论是工会化的企业还是非工会化的企业，都在普遍运用这些规则，管理者控制这些规则的形成过程。20 世纪 80 年代后，新自由主义流行，管理权控制了企业劳动关系，劳动关系的演变成为管理层自主发动的创新过程，公共部门和雇佣劳动者的力量弱化了。

20 世纪 80 年代，随着美国里根和英国撒切尔的当选，英美国家向着自由市场和保守主义的方向转变，这些领导人发起的保守主义议程中的核心部分就是努力消减工会的权力和影响，工会代表密度和工会影响力在欧美国家普遍下滑。自由主义和保守主义经济政策，削弱了工会及雇佣劳动者的集体力量。如，里根在 20 世纪 80 年代初解雇航空公司财务总管、撒切尔在 20 世纪 80 年代中期击败了矿业工人大罢工，等等。

① 中共中央国务院关于构建和谐劳动关系的意见［M］. 北京：人民出版社，2015.

管理层运用人力资源管理技术及工作场所的创新来替代集体谈判机制，与员工的直接沟通与协调增加了。传统的集体谈判机制不是被市场机制替代了，而是被一种雇佣权力制度所替代了。① 权力已从劳动关系和人力资源管理专业人员那里转到了直线经理手上。直线经理在超过50%以上的美国公司中对人力资源政策和规划、员工和管理者、员工参与计划等方面的作用都在增加。②美国集体谈判机制被替代的重要标志就是私营部门劳动力参与集体谈判的比例大幅下降，同时，与雇佣劳动有关的诉讼案件大幅上升。③

（五）各种机制比例关系的变化

全球化及激烈的市场竞争，使上述产业和平的各种实现机制之间的比例关系发生了变化。首先，集体谈判机制处于相对萎缩状态，公共部门减少了直接干预。劳动关系的运行对于集体谈判的依赖度降低了。在工会会员数量较大的企业中，传统的集体谈判机制仍在不同程度地被使用，但范围和力度都不同程度地减小了。其次，企业组织外部的法律法规及劳动关系政策对劳动关系的统一规制处于扩展状态。政府由直接干预转向通过加强立法来替代集体谈判，对员工的保护及劳动争议的条款越发全面，并加强对劳动力市场的外部规制。④最后，由管理权所控制的劳动关系及人力资源管理处于扩展状态，比重越来越高。管理程序中的创新及现代人力资源管理技术越来越多地替代了集体谈判机制。无论在工会化企业组织还是非工会化企业组织中，工作场所层面发生的劳动关系比例越来越高，并形成了越发细化的与个人绩效和组织绩效紧密相连的规则。

在现代劳动关系系统中，工作场所层面劳动关系比重的增大迫使工会组织进行职能转型，谈判职能逐渐弱化，管理职能和参与职能（如员工培训及其他各种服务工作）不断得到强化。由于劳动关系的变化几乎都是由管理层发动的，而很少是在公共政策及劳动关系执行机构的压力下发生的，因此，这些

---

① Piore, M. J. and Safford, S., Changing Regimes of Workplace Governance, Shifting Axes of Social Mobilization, and the Challenge to Industrial Relations Theory, Industrial Relations, 2006, 45 (3), pp. 299 –325.

② [美] 托马斯·寇肯等. 美国产业关系的转型 [M]. 北京：中国劳动社会保障出版社，2008：50.

③ Piore, M. J and Safford, S., Changing Regimes of Workplace Governance, Shifting Axes of Social Mobilization, and the Challenge to Industrial Relations Theory, Industrial Relations, 2006, 45 (3), pp. 299 –325.

④ Deyo, F. C. and Agartan, K., Markets, Workers and Economic Reforms: Reconstructing East Asian Labor Systems, Journal of International Affairs, 2003, 57 (1), pp. 55 –79.

变化在企业之间存在较大差异。随着跨国投资的增多，跨国公司中工会的地位与功能难以准确定位。在跨国公司的子公司中，工会地位经常存在争议，需同时服从于总公司和子公司的管理战略和政策，他们对工会的态度或者友好，或者敌对，或者居于两者之间。①

尽管集体劳动关系处理机制及劳资合作机制尚未形成完整的制度性安排，但我国已经充分利用舆论及宣传媒介披露劳资纠纷并对积极的、合作的劳动关系加以宣传。《中共中央国务院关于构建和谐劳动关系的意见》第二十六条明确提出加大构建和谐劳动关系宣传力度。充分利用新闻媒体和网站，大力宣传构建和谐劳动关系的重大意义、宣传党和政府的方针政策和劳动保障法律法规、宣传构建和谐劳动关系取得的实际成效和工作经验、宣传企业关爱职工和职工奉献企业的先进典型，形成正确舆论导向和强大舆论声势，营造全社会共同关心、支持和参与构建和谐劳动关系的良好氛围。与此相呼应的是，该意见第二十五条提出深入推进和谐劳动关系创建活动。把和谐劳动关系创建活动作为构建和谐劳动关系的重要载体，总结创建活动经验，建立健全创建工作目标责任制，扩大创建活动在广大企业特别是非公有制企业和中小企业的覆盖面，推动区域性创建活动由工业园区向企业比较集中的乡镇（街道）、村（社区）拓展，努力形成全方位、多层次的创建局面。丰富创建内容，规范创建标准，改进创建评价，完善激励措施，按照国家有关规定定期表彰创建活动先进单位，把对企业和企业经营者评先评优与和谐劳动关系创建结合起来，不断推进创建活动深入开展。积极开展构建和谐劳动关系综合试验区（市）建设，为构建中国特色和谐劳动关系创造经验。②

二、产业民主的实现机制

产业民主被定义为员工或他们的代表在他们的雇佣位置中行使权利的过程，伴随着权力在工作场所层面的重新分配。产业民主的突出特征就是在企业治理层面和工作场所层面对权力进行重新分配，产业民主能够给予员工或他们的代表在他们的雇佣位置中影响组织决策制定的机会的结构或制度化机制。③

① Lamare, J. R., et al., Union Status and Double-Breasting at Multinational Companies in Three Liberal Market Economies, ILR Review, 2013, 66 (3), pp. 697 - 722.

② 中共中央国务院关于构建和谐劳动关系的意见［M］. 北京：人民出版社，2015.

③ Hammer, The Handbook of Human Resource Management, London: International Thomson Business Press, 1998, P. 143.

产业民主是在基本劳权基础上，进一步扩大员工的发言权、参与权及控制权，使员工参与不同层次的决策，减弱了劳动关系的非均衡性，并提高了平等性。1998 年《国际劳工组织关于工作中基本原则和权利宣言》中明确提出，为实现公平、社会进步和消除贫困，国际劳工组织需推进强有力的民主体制。有的学者认为，产业民主的前提是工会民主，因为工会在集体谈判中体现雇佣劳动者的集体劳权，工会民主是产业民主的一个必要组成部分。但是，直到 20 世纪末，我们获得了工会民主的基本途径，产业民主的途径却不足。

（一）更深层次和更大范围的参与

事实上，产业民主的实现机制是员工在更深层次及更大范围的参与，而不是一般意义上的劳资合作及员工参与，这也是产业民主的根本特征。从纵向看，员工、工会及其代表能够参与企业治理层面的重大决策过程，享有知情权、发言权、否决权等。从横向看，员工个人能够亲自直接参与组织内部更大范围的事务，尤其是工作场所层面的工作与任务分配，员工对自己的工作与角色拥有更独立的自主权和更大的自由度。

治理层面的参与是真正的产业民主，也是最高程度的劳资合作。员工及工会代表在企业重大决策问题上拥有决策权，尽管拥有的权力大小不同，行使权力的组织程序和方式不同，但雇佣劳动者不再被排除在重大决策过程外，这是产业民主的突出特点。工会及员工代表在治理层面的直接参与意味着在组织内部各层面决策程序的广泛参与，但代价有可能是通过集体谈判机制实现的间接参与减少了。

仅在治理层面参与而在工作场所层面不参与，这是一种纯粹的产业民主，参与过程完全是为了实现雇佣劳动者的民主权利，与绩效无关，德国的共决制一定程度地具有了这一特征。英国的一些企业也重视员工在治理层面的参与，但较少在中层管理和工作场所层面参与。这些企业的决策过程集中，将劳动关系提高到了政治层面，产业冲突被严重政治化，员工代表直接参与到冲突的解决过程中，劳动关系难以分散到工作场所层面。在现代企业组织中，仅仅在治理层面参与而在工作场所层面不参与的类型是极为少见的，很多国家尚未开发出这种较为纯粹的产业民主类型。而大量的事实是，员工能够在工作场所层面或管理程序上广泛参与，但在治理层面的真正参与却仍然稀缺。由于现代企业组织已经将员工权力、责任、岗位、绩效等融合在一起，产业民主再也不可能脱离工作场所层面的员工参与或人力资源管理程序而独立存在。

迪克森分析了两个层面的产业民主的相互关系，认为产业民主体现在两个层面：一个是在企业的治理层面或董事会层面；另一个是在中层管理和工作场所层面。对于采用治理层面的产业民主能否会使得工作场所层面的产业民主更便利的问题，他的研究结论是，工作场所层面的民主是有效的企业治理民主的必要条件。①

与上述划分方法相似，伯纳德等从结构与行为两个层面将产业民主与参与式管理分离开来，结构是产业民主，行为是参与式管理，并认为这是两个明显的趋势。二者的作用是不同的，能够解决不同的问题，也应该实现两种方式之间的整合，只有二者实现了整合，才能建立真正的产业民主，这两种模式应该同时发展并实现一体化。产业民主通过联合决策提高了权利的平等性，是正式的权力分享。参与式管理是工作场所非正式的决策分享，是工厂层面的民主，是雇主和下属之间通过介绍、培训、组织政策、社会压力或其他方式建立起来的一种非正式管理安排。产业民主和参与式管理，是两种在员工与管理者之间分享决策权的途径，产业民主主要产生于欧洲，而参与式管理主要是在美国。产业民主是正式的、员工在管理决策中各种层次的代表权是被合法认可的安排，而参与式管理是非正式的。②

伯纳德进一步分析了两层面之间相互支持的关系，如工作场所层面的员工自治或自规划与治理层面的产业民主之间的相互支持关系。例如，人们通常认为只要有了治理层面的产业民主，工作场所层面的产业民主就一定会自动形成，企业治理层面的产业民主被接受了，管理程序上的或工作场所层面的员工参与通常更容易被采纳。尽管两个层面的民主是独立的，各自具有不同的形成过程及处理机制，但相互整合和相互支持是提高产业民主水平的重点。他认为自规划更适应产业民主，而不是传统的自上而下的组织，通常与组织内的权威和独裁式的决策结构相冲突，人事运作责任和自主权的分配需要管理者承担更多的责任。当员工自规划的机会增多时，需要组织开发以减小员工对管理者动机的疑虑。尽管参与式管理与产业民主之间有着共同的追求和目标，但它们还是独立地发展起来了，其中一个的提高往往伴随着对另一个的忽视。欧洲的员工参与主要与产业民主有关，但欧洲的员工参与式管理得益于二战后美国管理训练的影响，这归因于美国跨国公司对欧洲管理训练的投资，其结果是参与式

---

① John W. Dickson, The Adoption of Industrial Democracy, Personnel Review, 1977, 6 (4), pp. 15 - 19.

② Bernard M. Bass and V. J. Shackleton, Industrial Democracy and Participative Management: A Case for a Synthesis, The Academy of Management Review, 1979, 4 (3), pp. 393 - 404.

管理实践向欧洲的大量迁移。但是我们不能忽视欧洲本土的参与式管理的例子，主要是在挪威、瑞典和丹麦的工人自我管理组织。① 事实上，尽管欧洲的参与式管理曾经得益于美国的影响，但一些欧洲国家的企业也探索出了具有自身特色的参与模式，一些欧洲国家在产业民主的立法及制度设计方面形成了独特的模式。

大量的对比研究结果显示，二战后，日本企业在员工参与式管理或工作场所层面的员工参与方面做得比美国企业要好，欧洲企业在产业民主或员工治理层面的参与方面比美国企业做得要好。但一些研究认为，美国的企业员工参与的落后源于对瓦格纳法案的严格执行，是严格的集体谈判机制制约了员工民主参与机制的发育，包括治理层面和工作场所层面的参与。在执行瓦格纳法案之前，美国企业管理思想是民主的、先进的，很多美国企业已经开发了大量的员工参与式管理实践。一些专家认为，美国的企业员工参与与其民主的传统和个人主义有关，与欧洲相比，美国企业的管理思想更重视对人性和企业层面的关心，关心自我实现和自我尊重，认为一个设计良好的企业组织应该能够充分利用和发挥员工个人的能力，收益权、健康权和受教育权被视为比财产权更重要。

（二）政策与法律的引导与约束

与产业和平一样，管理者常常对产业民主存在抵抗情绪，认为给予员工更多的权力，成本可能会大于收益，甚至对员工权力的扩大有恐惧感。工会甚至也不支持产业民主，认为民主可能会削弱集体谈判的力量。产业民主的实现通常是通过政策的支持和鼓励来实现的，但法律的强制约束力通常小于产业和平，产业和平可以在产业民主缺乏的情况下实现。如果劳动冲突与纠纷较少，企业和政府推动产业民主的压力和动力通常相对较小。促进工作场所的发言权是一项持久的战役，由于雇主的敌对情绪和工会的怀疑情绪，需要依赖高层次的政治承诺。②

特定形式的劳资合作及员工参与反映了宏观环境、权力的分配及企业内部各角色的战略选择等。制度可能会适应变化了的环境，但在特定的历史时期，也能一定程度地从一般的环境中保持独立，进而影响和决定劳动关系的走向。

---

① Bernard M. Bass and V. J. Shackleton, Industrial Democracy and Participative Management: A Case for a Synthesis, The Academy of Management Review, 1979, 4 (3), pp. 393 – 404.

② David Coats, No Going Back to the 1970s? The Case for A Revival of Industrial Democracy, Public Policy Research, 2006, 13 (4), pp. 262 – 271.

邓洛普委员会认为，当员工参与和劳资合作关系到每个人的利益，并且应该得到国家政策的支持时，就应该用现存的法律框架加以严格限制。事实上，如果法律法规等公共政策不限制企业开发劳资合作及员工参与形式，企业也会逐渐从事劳资合作及员工直接参与形式的开发与创新，探索员工间接参与之外的各种替代形式，但进程很可能是缓慢的，并可能经常出现倒退。但如果公共政策实施了强制性的约束，就会快速实现较高水平的劳资合作及员工参与。

西方在产业民主方面的探索历史悠久，1902 年，美国产业委员会年终报告指出："由于我们的产业部门变得越来越大，劳动者个人已经越来越从他个人对自己日常生活的控制中脱离出来，他感觉到自己处于权力的控制之下，他自己已经不能有直接的影响。通过劳动组织（而不是别的手段），有可能在产业治理中引入民主的要素。仅仅通过这一手段，工人能够有效地参与到他们的工作条件的决策中来"。用委员会的话说，工会是民主的，工人具有平等的发言权。通过集体的力量，能够对与工作条件有关的决策施加直接的影响。除非以产业民主为基础，否则，政治民主只是一种幻想。1919 年，威尔逊总统主张"产业中的全面民主，通过承认劳动者的权利来实现，无论他是以什么级别参与组织决策，这些决策直接影响他在组织中的福利。"但一战结束后，产业民主消失了，政府不再支持产业民主，雇主开始抵制工会，并且被企业工会主义所替代。由雇主所控制的员工代表计划只给予员工很小的发言权。但 1935 年的瓦格纳法案又重新以产业民主为主要目标。"我们要在产业中实行民主，就像在政府中的民主一样。平等地参与决策。"①瓦格纳法案中所提到的产业民主主要是指通过集体谈判机制所实现的集体劳权。

尽管美国的公共政策对产业民主进行了较早的尝试，但这些政策与制度被二战后的罗斯福新政所改变，一些劳动关系专家甚至认为被瓦格纳法案彻底终结了。德国于 1952 年通过工作构成法案，规定超过 5 个员工的企业都必须建立工厂委员会，使工厂委员会制度化。② 此后，德国于 1976 年通过共决制法案，规定实行更低标准的代理制，低标准的共决制形式覆盖了 500 ~ 2000 人的公司。

---

① Clyde W. Summers, From Industrial Democracy to Union Democracy, Journal of Labor Research, Volume XXI, 2000 (1), pp. 3 - 14.

② Wever, Kirsten S, Learning from Works Councils: Five Unspectacular Cases from Germany, Industrial Relations, 1994, 33 (4), P. 467.

（三）社会对话的沟通与引导

社会对话机制能够推进产业民主化进程，这是一种国家及产业层面上的沟通机制或制度安排。1974 年开始的第三次民主浪潮通常被认为是新型民主的开始，在新型民主的构建过程中，社会对话的作用异常突出，对集体谈判机制进行了有效的替代和补充，国家及产业层面的民主超越了企业层面的谈判。如果政府较少地参与集体谈判过程，或者没有采取务实的策略以促进工会与雇主之间的谈判，就会使有关工资事宜的跨阶级合作变得更困难，政府的宏观经济政策就可能无效，这就是过去二十年，很多新型民主国家的政府寻求社会对话的原因。

20 世纪 90 年代中期，除了企业层面的谈判以外，很多新型民主国家已经建立起国家或产业层面的谈判制度。① 在南非、韩国和菲律宾等国家，社会对话起了突出的作用。② 社会对话在新型民主国家对于保持社会和谐及经济改革的能力都特别重要。③ 政府及社会媒体等用劝说和宣传等方式引导企业管理层与员工重视参与问题，从组织外部推动了产业民主的主流文化和意识形态的形成。④

第四节　产业民主是最高等级的和谐劳动关系

一、产业民主是最高等级的和谐劳动关系

产业民主能够在现有的劳动关系框架内，通过给予雇佣劳动者各种形式的自主权，包括发言权、参与权及控制权等，使员工获得更多的尊重，并由此提升劳动关系的内在质量及和谐度。产业民主并不仅仅停留在缩小雇主与员工之

---

① José Alemán, Labor Market Deregulation and Industrial Conflict in New Democracies: A Cross-National Analysis, Political Studies, 2008 (56), pp. 830 – 856.

② Ishikawa, J., Key Features of National Social Dialogue: A Social Dialogue Resource Book, [online]. Available from: http://www.ilo.org/public/english/dialogue/ifpdial/downloads/papers/key.pdf [Accessed 25 May 2005]. 2003.

③ International Labour Organization (ILO), World Labour Report: Industrial Relations, Democracy and Social Stability, Geneva: International Labour Office, 1997.

④ John W. Dickson, The Adoption of Industrial Democracy, Personnel Review, 1977, 6 (4), pp. 15 – 19.

间经济利益和经济权力上的差距及更深的利益捆绑，同时也追求精神上和人格上的平等、无障碍的交流、更深入的情感投资，等等。尽管每个组织中产业民主的实现水平差异巨大，但产业民主所蕴含的精神实质使之成为目前最高等级的和谐劳动关系。

（一）产业民主扩大了员工的发言权、参与权及控制权

产业民主是指员工在企业内部能够分享权力并参与不同层次决策的过程，是员工在获得了完整的基本劳权的基础上进一步扩大发言权、参与权及控制权的过程，目的在于改变劳动在资本和管理权面前的被动与弱势地位，并以此提高劳动关系运行质量。产业民主被定义为员工或他们的代表在他们的雇佣位置中行使权力的过程，伴随着权力在工作场所层面的重新分配。① 产业民主指的是这样一种结构或制度化的机制，能够给予员工或他们的代表在他们的雇佣位置中影响组织决策制定的机会。②

巴德提出了著名的人性化雇佣关系的观点，主张追求效率、公平与发言权之间的平衡。他认为，发言权是在决策中提出有益见解的能力，不仅包括在免受不公平解雇和申诉程序保护下的言论自由，还包括对决策制定的直接和间接参与。工作不是一项简单的交易，而是一种关乎人性的活动，应该给予员工平等的待遇和机会。道德、宗教和心理学中对人类话语权的信仰，以及自由与民主的政治理念，都为员工话语权提供了依据。员工话语权对于产业民主十分重要。产业民主思想认为，在民主社会中，人们在工作场所中也应该适用同样的民主参与原则。工会不仅追求工资和福利等物质利益，也追求尊严、话语权和自由。③ 话语权既是员工实际影响工作场所决策的能力，也是检验员工参与程度的标准。雇主对雇佣条件的掌控与独裁式管理，难以为员工提供话语权，并与民主的标准背道而驰。④ 对于具有较高技术和管理水平的核心员工，他们对于民主参与有着更高的期待和要求。明茨伯格认为，专业人士不大需要管理者

---

① Michael Poole et al. , A Comparative Analysis of Developments in Industrial Democracy, Industrial Relations, 2001, 40 (3), pp. 490 – 525.

② Hammer, The Handbook of Human Resource Management, London: International Thomson Business Press, 1998, P. 143.

③ ［美］约翰·W. 巴德. 人性化的雇佣关系：效率、公平与发言权之间的平衡［M］. 北京：北京大学出版社，2007：7 – 11.

④ ［美］约翰 W. 巴德. 劳动关系：寻求平衡［M］. 机械工业出版社，2013：4 – 11.

的直接监管，但他们要求更多地参与决策过程。①

科茨认为巴德提出的人性化雇佣关系实质上是主张给予公平、效率与发言权这三大原则以相同的比重，并将其视为是一种巴德文化：付出就得获得回报；公平是组织公民行为的基础；公民在组织中并不仅仅要抵制独裁，更重要的是要能够成为社会资源的重要来源，同时也是能够促使人类成长的活力。这种社会合作使我们获得了民主参与的空间，增强了市民的责任感。发言权与控制工作组织、工作设计及管理层行为有关。好工作是建立在高度信任基础上的，如果雇佣关系中权利不均衡，那么个人会因为获得了权利的补偿而提高工作士气。②

1974 年英国劳工联合会议报告提出，产业民主是对工作局面更大程度的控制。③ 欧洲一些国家在建立集体劳动关系及保护员工基本权利的同时就采用了有特色的员工参与模式，员工参与甚至被视为与集体谈判机制同等重要。20 世纪 70 年代，英国工党左派就明确提出产业民主及生活方式民主化的主张。员工参与管理是今天欧洲最重要的劳资关系问题，劳动者参与管理正在由神话变成现实。④ 产业民主使员工权利进一步扩展，员工有权正式提出需求和主张，如对培训、开发和教育的需求等。员工参与的目标是满足他们对社会和经济安全的需要，参与就是对决策过程更大程度的控制。⑤

（二）产业民主提高了劳动关系中员工的个人价值

产业民主能够提高劳动关系中员工的个人价值，使雇佣劳动者获得了人格和精神上的尊重，产业民主是真正和谐的劳动关系运行状态。产业民主不仅是一种制度安排，也是一种环境与氛围。民主的原则影响人的心智和情感，深刻地塑造了现代人的生活方式。⑥ 劳动者个人价值与企业创新都需要产业民主，而依靠市场机制与集体谈判是难以实现的。无论对于劳动者还是资本

---

① Mintzberg, H. , Covert Leadership: Notes on Management Professionals, Harvard Business Review, 1998, pp. 140 – 147.

② David Coats, No going back to the 1970s? The Case for A Revival of Industrial Democracy, Public Policy Research, 2006, 13 (4), pp. 262 – 271.

③ Eccles, A. J. , Industrial Democracy and Organizational Change, Personnel Review, 1977, 6 (1), pp. 43 – 49.

④ ［美］戴维·加尔森. 神话与现实：西欧国家工人参与管理概况［M］. 北京：中国工人出版社，1985：1.

⑤ Charles D. King et al. , Models of Industrial Democracy, Consultation, Co-determination and Workers' Management, New York: The Hague, 1978, P. 16.

⑥ ［法］马南. 民主的本性——托克维尔的政治哲学［M］. 北京：华夏出版社，2011：37.

而言，价值创造需要的是他们对组织的忠诚，而不是市场流动性。①

产业民主是雇佣劳动者的共同需求，员工愉快情绪的获得只有通过产业民主才能实现。无论是否是雇佣劳动，劳动者都追求劳动过程中的愉快情绪。勃雷认为如果劳动是有节制的，劳动本是不应该引起不愉快情绪的。但马克思的异化劳动理论认为，由于劳动行为与劳动者相异化，使劳动者在劳动过程中感受不到幸福。② 尽管产业民主机制的设计和具体实践仍然不成熟、不稳定、不普遍，但目前尚未找到比产业民主更好的方式能够解决这种异化问题，没有更好的方式能够使雇佣劳动者获得人格和精神上的尊重、幸福感和愉快情绪，产业民主的显著优点是员工在组织内的地位提高了。现代企业中，员工个人更加追求工作场所的成就感和愉快情绪，这很难通过集体谈判机制来实现，而只能通过产业民主才能实现。普通员工不见得对空洞的产业民主理念和原则感兴趣，除非产业民主程序能够直接影响他们的工作条件，但是他们对工作赋予他们的权力和地位更为关注。

产业民主的目标不仅仅局限在报酬的分享，而是控制权的分享。终极目标不是劳动者物质工作条件的改善，而是个人价值与尊严的认可。③ 英国基尔特社会主义者和法国工联主义者认为，经济改革的共同目标是在保证效率的前提下，在高度资本化的大规模生产组织中实现工人更大程度的自由，而实现此目标的最好方式就是建立产业民主制度。在这种制度中，工人将在很大程度上控制他们在其中工作的企业的命运。④

（三）产业民主提升了劳动关系的内在质量

企业追求产业民主，最重要的原因是其能够提升劳动关系的内在质量，提高劳动关系的和谐度。员工参与提高了与管理者之间权力的平等性，有助于在组织层面（治理层面）和工作场所层面进行直接的沟通和交流，进而改善劳动关系，提高组织和个人绩效。⑤ 20 世纪 70 年代后流行的组织行为和人际关系理论也不大拥护集体谈判，主张在企业组织中建立更好的交流体系、更人性

---

① ［美］威廉·拉佐尼克. 车间的竞争优势［M］. 北京：中国人民大学出版社，2007：347.

② ［英］约翰·勃雷. 对劳动的迫害及其救治方案［M］. 北京：商务印书馆，1983：57.

③ Clyde W. Summers, From Industrial Democracy to Union Democracy, Journal of Labor Research, Volume XXI, 2000, pp. 3 – 14.

④ Thomas A. Petit, Industrial Democracy, Worker Status, and Economic Efficiency, Can industrial democracy work in the United States? California Management Review, 1950, pp. 66 – 75.

⑤ Rida Ejaz and Fareena Khalid, Employees' Participation in Decision Making (Actual vs Perceived): A Study of the Telecom Sector of Pakistan, Interdisciplinary Journal of Contemporary Research in Business, 2011, 3 (3), pp. 1551 – 1558.

化的工作设计和更多的决策参与过程。

从西方经验看，无论是在治理层面还是在工作场所层面，对扩大员工的参与权或对员工进行授权都会不同程度地改善劳动关系运行质量。在工作场所构建适当的权力平衡，能够改善阶级冲突。人们很少关心雇佣关系的本质及创造能够提升员工工作士气的工作条件，而更关心员工参与如何能够较少劳资冲突。理论上，劳工权曾被认为就是人权，但在实践上却更关注如何减少产业行动所浪费的时间。①

马克思和列宁较早就看到了工会的局限性，认为工会只是狭隘地关注工资及工作条件问题，掩盖了阶级利益的对立与对抗，不可能为劳动者带来真正的民主权利。1974 年英国劳工联合会议报告第 89 段指出，集体谈判还没有给予员工对工作状况的充分的控制权，并提议应该将工会的权力和控制扩展到员工代表的会议室，与管理者共同控制政策、决策制定、计划以及企业中所有与工作有关的事物。一些产业民主的支持者认为，集体谈判权并非真正意义上的员工参与权，工会及员工代表的参与权应该从集体谈判中分离出来，或在集体谈判权基础之上扩大民主参与权。产业民主的一个主要问题是如何将工会对高层次决策的参与从集体谈判中分离出来。②

产业民主的支持者认为产业民主应该是无条件的，而无论能否提高经济绩效，一些研究主张用是否建立了产业民主来衡量劳动关系的运行质量，甚至认为产业民主应该成为评价劳动关系新范式的标准。③ 当代新型的、高质量的和谐劳动关系体系应该具有较高产业民主水平，只有较低产业民主水平的劳动关系，即便是没有任何劳资冲突，也不能成为高质量的和谐劳动关系。在全球劳动关系剧烈变动的情况下，各国都在寻求劳动关系的新范式，一些企业也在探索具有本企业特色的劳动关系新模式，如果仅仅将产业和平作为评价劳动关系新范式的标准，那么，这个标准就定得太低了，已经低于二战后的标准。

事实上，在二战后的几十年内，一些国家和地区已经达到了较高的产业民主水平，当代劳动关系的新范式应该进一步提高产业民主的标准，事实上，如果产业民主的标准提高了，也会自动实现产业和平。通常认为，建立了产业民主程序，虽然并不意味着一定能够提高绩效，但劳动关系氛围通常会更好，能

---

① David Coats, No Going Back to the 1970s? The Case for A Revival of Industrial Democracy, Public Policy Research, 2006, 13 (4), pp. 262 – 271.

② Bernard M. Bass and V. J. Shackleton, Industrial Democracy and Participative Management: A Case for a Synthesis, The Academy of Management Review, 1979, 4 (3), pp. 393 – 404.

③ John Godard and John T. , Delaney, Reflections on the "High Performance" Paradigm's Implications for Industrial Relations as a Field, Industrial and Labor Relations Review, 2000, 53 (3), pp. 482 – 502.

够进一步提高劳动关系运行质量。集体谈判虽然能够一定程度地解决劳资冲突与对抗，提高劳动关系的和谐度，但这种“和谐”更多地意味着“无冲突”，却难以获得民主的氛围和愉快的情绪，只有真正实现了产业民主，才能大幅度提高劳动关系运行质量。

（四）产业民主能够提高绩效并推动企业创新

产业民主的另一项重要功能是其对于企业创新所具有的推动作用，产业民主能够使雇佣劳动者的创新能力得以充分发挥。员工参与能够使管理层及时了解组织变化的信息，吸引大量有关投资、创新、技能与雇佣水平的复杂信息。① 当员工参与到技术创新过程中，产业民主有利于使员工顺利地了解新技术并淘汰旧技术。② 员工参与能够为现代企业中各项技能的应用提供一种解释，促进问题解决、自我计划、交流技能等的应用。③ 一些研究证实，权力更加平等的分配能够提高参与者对决策制定的贡献，并进一步提高他们的参与能力、判断力和决策能力。毫无疑问，当权力更平等时，民主决策的机制就更容易形成。另外，提高员工与股东之间权力的平等性也有利于治理层面民主决策机制的形成。

在现代企业组织中，产业民主在给予员工自主权的同时，也有助于使员工独立地承担相应的责任。更多员工的广泛参与有利于他们对工作任务施加更多的影响，并提高自我控制程度。通过赋予员工更多的任务、职权和责任，能够大大提高企业组织的柔性，柔性有助于改善工作和生活的质量。④

产业民主与企业创新是相互促进的，产业民主在推动企业创新的同时，创新也会有力地推进产业民主。员工参与水平的提高，也会促进组织的变化，以利于更高程度的参与。当恰当的组织提供了恰好的参与手段时，有目的的员工参与就能够发生。⑤

---

① David Coats, No Going Back to the 1970s? The Case for A Revival of Industrial Democracy, Public Policy Research, 2006, 13 (4), pp. 262 – 271.

② Dayo Idowu Akintayo, Job Security, Labour-Management Relations And Perceived Workers' Productivity In Industrial Organizations: Impact Of Technological Innovation, International Business & Economics Research Journal, 2010, 9 (9), pp. 29 – 37.

③ Francis Green, Employee Involvement, Technology and Evolution in Job Skills: A Task-based Analysis, Industrial and Labor Relations Review, 2012, 65 (1) pp. 36 – 67.

④ ［荷］亨克·傅博达．创建柔性企业：如何保持竞争优势［M］．北京：人民邮电出版社，2005：14 – 15.

⑤ Eaton, Adrienne, Factors Contributing to the Survival of Employee Participation Programs in Unionized Settings, Industrial and Labor Relations Review, 1993 (47), pp. 89 – 371.

很多研究证实，公平和话语权必须与效率共同成为劳动关系的核心目标，员工不仅希望得到体面的工资和平等的待遇，也希望拥有话语权。一项对美国劳动者的调查显示，超过半数的人希望在工作决策和企业决策中发挥更大的作用。员工表示，如果能在工作中拥有更大的话语权，他们将更加享受工作，而企业也将更具竞争力。该调查还揭示了管理者与员工之间的分歧，管理者倾向于一对一的管理员工，但是一般的员工却更希望以群体来应对管理者。多数人还表示，期望有独立于管理层的组织来代表他们的利益。①

产业民主能够引导和诱发本土劳动人口的积极性，能够将劳动关系推到一个新的高度，这不仅仅能够改善管理工作，还能够提高劳动者整体在企业发展和盈利中所承担的责任。如果能够真正给予员工代表权，而不是虚假的或象征性地给予代表权，他们就能够参与战略性决策的制定，这些决策过程在过去原本是管理层和股东的责任。上述讨论还涉及更广泛的参与趋势、变革的速度以及如何扩展在董事会中的参与等问题。②

产业民主扩大了大众的参与，同时也增加了重新分配的压力，尤其是来自工人阶级的压力。③但这种压力的积极意义在于，企业会通过积极寻求各种创新机制来扩大利润空间和企业竞争力，员工通过民主程序了解了企业的经营状况和财务状况，能够对企业的战略给予更多的理解和支持，并积极地投入到技术创新和管理创新中去。员工投身于企业创新活动，既是为了完成工作任务并实现与企业一致的目标，也是为了保持和提高自己在权力与利益分配中的地位，这种由产业民主所带来的创新更为持久。

一些研究分析了西方的社会民主或政治民主与产业民主的区别，认为产业民主是现代社会民主向企业的延伸。在社会民主或政治民主中，每个普通人都有均等的投票权，民主意味着“一人一票”。这种政治授权对于每个人都是机会均等的，不再考虑是否拥有资本或财富，是否拥有土地所有权，也与受教育年限和学历水平等无关。然而，在企业中，却难以实现与社会民主或政治民主相同程度的产业民主，股东认为“一人一票”会使股东和相关财产所有者的地位和影响力丧失，管理层认为“一人一票”不仅会削弱管理权，也会降低决策效率和增加交易成本。

---

① ［美］约翰·W. 巴德. 劳动关系：寻求平衡［M］. 北京：机械工业出版社，2013：9.

② John W. Dickson, The Adoption of Industrial Democracy, Personnel Review, 1977, 6 (4), pp. 15 - 19.

③ Rodrik, D., Democracies Pay Higher Wages, The Quarterly Journal of Economics, 1999, 114 (3), pp. 707 - 738.

二、产业和平与产业民主的逻辑关系

（一）产业民主通常要以产业和平为基础

从劳动关系的运行质量看，产业民主是高于产业和平的阶段，前者要以后者为基础。产业和平是“安全”的劳动关系运行状态，产业民主则是在“安全”前提下更高质量的劳动关系。离开劳动关系的稳定发展而片面追求民主目标是不现实的，以集体谈判为主的产业和平实现机制保护了基本劳权。

产业和平通常是针对基本劳权的，集体谈判也主要涉及员工报酬、工作时间及工作条件等问题，而极少涉及员工参与权问题。巨大的社会压力促使雇佣劳动者表达的是他们的愤懑及改善经济条件的渴望，而不是对支配权和工作自由性的需求。[①] 美国瓦格纳法案的支持者认为工会和集体谈判是美国实现产业民主的途径，基本劳权保护使员工个人尊严得到了尊重。在竞争激烈的产业，员工对于工资福利及合法劳动时间等基本劳权的关注更多，而对民主参与权及更高工作自由的需求则相对较少。

一些研究将产业和平看成是产业民主的一个必要组成部分，是产业民主的初级阶段，将基本劳权保障视为是低层次的或者是初步的产业民主过程。尽管并不完美，集体谈判还是引入了一种类型的民主。[②] 集体谈判是美国实现产业民主的途径，通过集体谈判实现产业民主的实质是员工个人尊严在工作场所中和在工会中能够得到尊重。[③] 集体谈判本身就是员工参与管理的一种形式，一种特定的“合作”，事实上，工会已经“参与”了，参与的原则已经不是问题了，关键是参与的方式问题。[④] 布若威将企业看成是一个内部治理机构与内部劳动力市场的综合体，就像在政治领域中一样，员工被看成是产业公民，通过集体谈判和申诉机制，员工获得了必要的权利和保障，使企业利润不再仅仅由

---

① ［美］理查德·海曼．劳资关系：一种马克思主义的分析框架［M］．北京：中国劳动社会保障出版社，2008：18.

② Roy J. Adams，Collective Bargaining as a Minimum Employment Standard，The Economic and Labour Relations Review，2011，22（2），pp. 153 – 164.

③ Milton Derber，Collective Bargaining：The American Approach to Industrial Democracy，American Academy of Political and Social Science，1977（431），pp. 83 – 94.

④ Eccles，A. J.，Industrial Democracy and Organizational Change，Personnel Review，1977，6（1），pp. 43 – 49.

管理者单独控制，从而平衡了资本家、管理者与员工之间的利益分配关系。[①]

产业和平与产业民主是不同的劳动关系发展阶段，意味着不同的劳动关系运行质量，产业和平是产业民主的前提和基础，产业民主是更高的劳动关系发展目标，二者是不能互相替代的。虽然产业和平是政府、企业、工会及员工所共同追求的目标，但产业和平不能替代产业民主，即使是发育较为成熟的集体谈判机制也不能成为员工参与的替代机制。同样，也不能用产业民主替代产业和平，离开产业和平而片面追求产业民主是不现实的，用产业民主替代产业和平的结果通常是产业和平和产业民主的同时丧失。如果基本劳权被员工参与权所替代，基本劳权保护环节被忽视，产业冲突会反复出现，难以实现稳定持久的产业和平，反过来也会损害产业民主，使产业民主难以持续。

在集体谈判权或独立工会缺失的情况下，企业仍然可以建立员工参与机制，但经验表明，这种员工参与难以实现完美的产业民主。有的研究认为，无工会企业或工会力量较弱的企业不可能发展和支持员工参与的完整形式，[②] 在传统的集体谈判之外所建立的工会与管理方合作也很少能够持续。[③] 在广泛运用现代人力资源管理技术的无工会企业组织中，劳资合作更多地在工作场所层面进行，且更多的是任务导向型或项目导向型的合作。在这类企业组织中，治理层面的劳资合作需要更有力的外部强制力，如国家法律、法规及政策的推动。

（二）产业民主能够带来非持久的产业和平

随着非工会组织的增多及传统对抗性集体谈判关系的逐渐弱化，越来越多的企业开始尝试员工参与及劳资合作计划。基于这种背景，寇肯主张未来的集体谈判应注重开发更为合作的劳动关系，并提出了两种不同合作水平的产业民主策略。一种是低信任的伙伴关系，雇主向不大敌对的工会提供伙伴关系协议，建立限定谈判范围的正式协议，以限制工会的影响力。另一种是更为正式的伙伴关系，雇主与具有强大影响力的工会建立高水平的伙伴关系，双方的合作能够赋予工会更大的影响力，并使伙伴关系趋于正式和稳定。[④]

---

① ［美］迈克尔·布若威．制造同意：垄断资本主义劳动过程的变迁［M］．北京：商务印书馆，2008：115－120.

② ［美］托马斯·寇肯等．美国产业关系的转型［M］．北京：中国劳动社会保障出版社，2008：134.

③ Milton Derber，Collective Bargaining：The American Approach to Industrial Democracy，American Academyof Political and Social Science，1977（431），pp. 83－94.

④ Kochan T. A.，Collective Actors in Industrial Relations：What Future? Industrielle Beziehungen，2004，pp. 6－13.

在集体谈判机制或独立工会缺失的情况下，企业仍然可以通过建立员工参与机制实现一定程度的产业民主，但通常难以持久。非独立工会或企业工会是抵制集体谈判并扩大员工参与的典型组织形式，尽管通过这种方式建立的劳资合作并不十分不稳定。

独立工会与非独立工会的根本区别在于雇主能否控制工会。独立工会有完整的集体谈判权，不受雇主控制，工会拥有独立的权力，能够通过与雇主建立对抗机制来实现产业和平，但基本没有员工参与和劳资合作程序。

非独立工会则是受雇主或管理层控制的工会，通过更多的直接沟通实现了一定程度的员工参与和劳资合作，员工获得了更多的发言权及相关福利。通过非独立工会等方式实现的产业民主为工资与工作条件等的协商与沟通提供了可能，员工有了表达意见的渠道，在客观上减少了冲突与对抗。这种民主过程与集体谈判过程存在密切的关系，有的研究将其视为是集体谈判过程的辅助形式，并为现代人力资源管理及高绩效工作场所的发育奠定了基础。通过非独立工会这种组织形式来建立员工参与及劳资合作程序较为容易，有时被看成是产业民主的一种初始方式，但由于工会没有代表权或集体谈判权，这种受雇主或管理层单方控制的劳资合作与员工参与缺少制衡力量，这种民主程序通常不稳定。

由产业民主带动产业和平的制度安排通常只能获得暂时的产业和平，难以实现持久的产业和平，很多人反对用产业民主替代产业和平。在产业民主的推进过程中，工会、雇主及管理者、政府等各方都曾对产业民主持反对态度，常常反对用产业民主替代产业和平。由于担心产业民主替代产业和平所引发的各种问题，一些国家曾出现过极力反对超越产业和平的产业民主程序。美国瓦格纳法案视非独立工会为非法，严格限制企业自主设计的民主参与计划及受雇主控制的产业民主。1945 年，卢瑟领导通用汽车工人大罢工，企业答应了工人工资上涨的要求，但拒绝公开账目和工会参与企业决策的民主化要求。英国在员工参与机制构建过程中，曾遭到工会及左翼人士的极力反对。工会认为员工参与决策会削弱工会的代表权，削弱集体谈判机制及工会在劳动关系中的地位。一些左翼人士甚至认为员工参与会模糊资产阶级和无产阶级的界限，减弱无产阶级追求以财产公有为核心目标的动力。

瓦格纳法案出台之前，美国的洛克菲勒、普尔曼及其他一些钢铁企业等都曾经实行过员工代表计划，目的是防止独立工会的形成。瓦格纳法案出台后，将非独立工会视为非法，根本目的不是限制产业民主，而是限制受雇主或管理层控制的产业民主，形成二战后美国产业关系的基本模式：工会具有独立的代表权与谈判权，员工通过集体谈判机制获得高工资和高福利，但工会及员工没有干预和参与企业决策的权力，管理层保留对企业决策的控制权。

第五节　从产业和平向产业民主的转变与升级

产业和平是一种无冲突的劳动关系状态，但产业和平通常缺少合作与民主的成分，实现高级别的劳资合作需实现从产业和平向产业民主的转变与升级。一些研究表明，合作型的劳动关系需要雇主或管理层、工会与员工之间具有建立合作型联盟的意愿，需要雇主或管理层具有分享权力及共享信息的诚意，需要公开、公正、透明的规则与程序，等等。

一、集体谈判的衰落、分散及工会模式的转变

如果集体谈判权过于集中，产业民主通常难以被引入，集体谈判的分散与衰落为管理层实施员工参与计划创造了条件。进入 20 世纪 90 年代后，全球化和国内非工会组织的竞争已经对美国传统的集体谈判关系形成了严峻的挑战。① 集体谈判的削弱意味着工会谈判代表角色的削弱，并逐渐接受以管理层为主导的参与计划，扩大了工作场所层面及人力资源管理程序中的员工直接参与，员工个人对于参与结果的影响力提高了，工会也逐渐接受了直接形式的参与。在德国，传统的共决制也出现了削弱趋势，工会也在努力适应越来越灵活的直接参与方式。在英国，通过集体谈判机制的间接参与下降了，直接参与却广泛扩散。② 另外，瑞典的半自治团队经验也体现了上述变化。

随着组织易变性和虚拟性的提高，组织的调节与重置频繁，劳动关系的变化及微小调整随时发生。一些国家间隔三年以上对劳动契约进行重新谈判的惯例，已经无法适应时代的需要，西方集体谈判经历了明显的衰落与分散过程。一方面，员工的入会率和工会的影响力大幅下降。法国的入会率降到了 8%，

① William N. Cooke, Labor-Management Cooperation-New Partnerships or Going in Circles? W. E. Upjohn Institute For Employment Research Kalamazoo, Michigan, 1990.

② Gill, Colin, and Hubert, Krieger, Direct and Representative Participation in Europe: Recent Survey Evidence, International Journal of Human Resource Management, 1999, 10 (1), pp. 572 – 591.

工会在工资增长机制中的作用越来越小。[①] 美国集体谈判机制被替代的重要标志就是私营部门劳动力参与集体谈判的比例大幅下降。[②] 另一方面，集体谈判越来越被分散到工作场所层面，谈判规模缩小，也更为灵活和频繁。在以行业层面的集体谈判为特色的欧洲国家，集体谈判分散分为有组织的分散化和无组织的分散化。前者是在行业确定的规则和标准框架内，增加企业层面的集体谈判。后者是由企业层面的集体谈判替代行业层面的集体谈判。

集体谈判以经济工联主义思想为基础，工会会员“消费”工会提供的服务，并缴纳会费，即“消费模式”。长期采纳经济工联主义的结果是，工会和员工获得了集体谈判权及基本劳权，但常常缺少参与权。在美国企业中，工会获得董事会席位的情况极少出现，即使出现也通常是工会在员工工资及工作条件等方面做出让步的交换条件。相比之下，员工参与的思想基础是工作控制工会主义或员工授权工会主义，员工参与组织目标的制定与执行，而不是简单消费工会的服务，即“组织模式”。从产业和平向产业民主的转变与升级，应实现从经济工联主义向工作控制工会主义的转变，以及工会模式从消费模式向组织模式的转变。

一些欧洲国家实现了较高的产业民主水平，这与更为多元的工会功能有关，工会的功能并不仅仅局限在集体谈判，工会还具有较强的民主观念，在推动产业民主方面扮演着重要的角色。海曼将欧洲工会分为三种类型。第一种类型是主要在劳动力市场中发挥作用的利益组织，具有这种功能的工会主要源于两大阶级的利益冲突，将斗争及社会与政治动员置于优先地位，工会运动的使命就是强化阶级冲突。第二种类型的工会主要扮演了社会整合的载体的角色，将推进产业民主作为根本目标。这种类型的工会作为社会利益的代表，将提高社会福祉与社会凝聚力置于优先地位，认为劳动关系的目标不应该仅仅局限于企业及个人利益，而是应该满足社会需求。第三种类型的工会就是基于经济工联主义并担任集体谈判代表角色的组织，主要功能就是维持和改善雇佣条件，将集体谈判置于优先地位。工会的这种功能划分不是绝对的，海曼认为，所有工会的意识形态、角色及功能都是在阶级、市场及社会三者之间进行选择，工会可能会倾向于其中的一个方向，也可能是混合的。[③]

---

① ［荷］马腾·科伊内等．欧洲：工资和工资集体协商［M］．北京：中国工人出版社，2013：5－6.

② Piore, M. J and Safford, S., Changing Regimes of Workplace Governance, Shifting Axes of Social Mobilization, and the Challenge to Industrial Relations Theory, Industrial Relations, 2006, 45 (3), pp. 299－325.

③ ［美］理查德·海曼．解析欧洲工会运动：在市场、阶级和社会之间［M］．北京：中国工人出版社，2015：2－5.

上述第二种类型的工会及具有混合功能的工会，有力地推动了欧洲的产业民主。韦伯夫妇认为，工会应该成为推动产业民主的代理机构。列宁也认为，不应仅仅局限在只关心如何维护其会员的眼前利益，这种“纯粹且简单的工联主义”只有通过革命性政党的特别干预才能制止。从未来工会的发展趋势看，应该以混合功能与意识形态为主，兼顾多种功能，不仅能够保留一部分集体谈判和集体协商功能，也有利于产业民主及其他社会功能的发育。

二、人力资源管理技术的快速发展

现代企业中，人力资源管理技术的快速发展有力地推动了产业和平向产业民主的转变与升级，这一过程是通过人力资源管理程序对集体谈判程序的替代，并将员工参与及劳资合作计划与人力资源管理技术的有效融合来实现的。高绩效的工作和人力资源管理作为劳动关系中的一种创新力量已经取代了工会和集体谈判。① 员工参与同人力资源管理计划之间的依赖、互动越发紧密，相互融合发展。现代企业经营方式、组织结构及雇佣方式的变化，为产业民主的实现提供了独特的机会，在工作场所层面设计出了各种灵活的员工参与机制，但管理层及员工并未将其看成是产业民主。这些参与机制通常是与人力资源管理程序相互融合发展的，没有明确的界限，一个计划可能既是一个人力资源管理计划，也是一个员工参与计划，同时也可能是一个组织重构与雇佣方式的重整计划。

企业人力资源管理模式的构建，大都注重将员工发言权的机制纳入其中。员工参与计划与较高的组织绩效有关。② 在无工会企业中，由管理层发动的员工参与形式更加灵活，与人力资源管理的结合更为紧密，改变了传统标准化的、既定的参与程序，员工在薪酬、解雇程序等问题上有权参与方案的制定。新时期企业自主发动的产业民主，大都是在工作场所层面设计和实施的，公共政策难以控制和监管，自由度较大，充满不确定性。

随着服务型、创新型、个性化产业的迅速发展，知识、信息、创意等的贡献越来越大，劳动关系的核心问题发生了变化，员工参与对于组织目标与组织绩效、个人目标与个人绩效越来越重要，产业民主与人力资源管理的融合发展

---

① John Godard and John T. , Delaney, Reflections on the “High Performance” Paradigm's Implications for Industral Relations as a Field, Industrial and Labor Relations Review, 2000, 53 (3), pp. 482 - 502.

② Sukirno, D. S. , and Siengthai, S. , Does Participative Decision Making Affect Lecturer Performance in Higher Education? International Journal of Educational Management, 2011, 25 (5), pp. 494 - 508.

已经全面展开。人力资源管理模式假定管理方拥有设定雇佣条件的权力和自由，因此，最为短缺的是构建给予员工发言权的机制。决策制定被认为是管理者的主要责任，管理者通常让利益相关者参加董事会以进行有效的决策，尤其是针对非常规和不确定的问题，管理者会适时地与员工进行协商，以建立员工个人和组织绩效标准。① 员工参与计划与较高的组织绩效有关。

在以新知识为基础的产业，很多产业仅有较低水平的工会化水平，更高程度的决策参与需承受来自工作场所的巨大压力。反过来，如果有了民主参与的制度安排，就有利于提高主导产业的竞争力，甚至创造出新的主导产业。日本的精益生产与终身雇佣制为员工的创新性劳动创造了制度条件，员工积极参与产品创新及生产流程的监管。即使是在传统的制造业中，工艺的优劣、技术是否精湛、设计灵感与技巧等，甚至制造过程中劳动者的情绪等对产品的特性都有较大影响，这其中就包含他与雇主的关系是否融洽，工作是否得到了认可，是否有成就感和创新的动力等。员工的自我监督和团队合作等能够节约大量成本，大幅提高企业绩效和个人绩效。

在现代企业中，创新与员工民主参与机制的关系越来越密切，人力资源的投入与产出比越来越依赖于员工的创新意识与创新动力。② 为了提高绩效，雇主或管理层有更大的动力实施员工参与计划。当雇主感到企业易受外部竞争的影响时，员工参与的支持条件可能出现，雇主愿意用各种形式的直接参与来开发“高绩效的工作场所”。③ 现代市场竞争中，企业面临的不确定问题增多，管理者希望与员工进行适时的协商，以提高个人绩效和组织绩效。以项目或任务为导向的员工自主权及“工作团队”在迅速扩大，有利于开发员工更为全面的工作能力。通过对团队业绩的考核来构建员工创新能力及社会能力的评价体系，职业障碍逐渐被打破，员工的责任越来越宽泛，组织被重构和简化，员工参与有利于组织承诺及优化组织程序等。④ 对于核心员工、新生代员工及一些偏爱灵活就业方式的创新型人才而言，他们对工会的集体保护机制缺少需

① Rida Ejaz and Fareena Khalid, Employees' Participation in Decision Making (Actual vs Perceived): A Study of the Telecom Sector of Pakistan, Interdisciplinary Journal of Contemporary Research in Business, 2011, 3 (3), pp. 1551 – 1558.

② Nigam, A. K., The Impact of Strategic Human Resource Management on the Performance of Firms in India: A Study of Service Sector Firms, Journal of Indian Business Research, 2011, 1 (3), pp. 3 – 18.

③ Michael Poole et al., A Comparative Analysis of Developments in Industrial Democracy, Industrial Relations, 2001, 40 (3), pp. 490 – 525.

④ Whitfield, Keith, and Michael, Poole, Organizing Employment for High Performance: Theories, Evidence and Policy, Organization Studies, 1997, 18 (5), pp. 745 – 764.

求，更加注重个性化的工作安排及直接参与机会，希望与管理者共同制定组织及个人目标。

三、公共力量对产业民主控制权的扩大

劳动关系控制权的变化在产业民主的实现过程中起决定性作用，也决定员工的参与模式，劳动关系的多元主义研究方法将各角色的权利看成是产业民主的核心问题。如果雇主及管理层控制权过大，通常会形成两方面的后果。一方面，雇主及管理层拖延产业民主进程，或直接抵抗产业民主。基于对成本与收益的考虑，当雇主或管理层预测员工参与难以获得理想的收益时，会对员工参与持抵抗情绪，甚至对员工权力的扩大有恐惧感。另一方面，形成“以绩效为导向”的员工参与程序，员工没有获得实质的参与权和自由，相反，却承担了过多的责任和风险，与产业民主距离遥远。

在公共力量缺位的情况下，管理层就会自动掌握劳动关系的控制权。如果工会权力过大，也可能会有力地抵抗产业民主，工会常常担心产业民主会削弱集体谈判力量，或员工的直接参与降低了其对工会组织的依赖。上述问题的解决，需扩大公共力量的控制权，法律与政策就能够对权力与利益的划分、员工参与的原则与方式等施加影响。促进工作场所的发言权是一项持久的战役，需要依赖高层次的政治承诺。①

一些西方劳动关系学者认为，就目前的情况看，已经到了修正法律以促进更大范围的劳资合作及员工参与的时候了，他们主张更新劳动法，如撤销法律中与雇主控制劳工组织相关的部分、通过法律规定以建立一定规模的工人委员会以及在企业中对全体员工进行授权等，他们认为通过这些法律的规范能够使员工参与的常规形式与结构得以快速扩散。寇肯认为，美国具有追随德国模式的可能性，他认为应该进行劳动法的改革，以适应和支持企业和员工去尝试新的参与方式，包括建立员工或劳工—管理者委员会，以促进正式代表的成长，并参与更高层次的管理决策。他认为，尽管存在一些不利的政治和经济因素，但一些形式的产业民主为什么仍然能够得以维持，这可以用制度化的程序进行解释。在特定的历史和文化时期，通过制度化的安排仍然能够建立有特色的员工民主参与机制及参与类型。

---

① David Coats, No Going Back to the 1970s? The Case for A Revival of Industrial Democracy, Public Policy Research, 2006, 13 (4), pp. 262 - 271.

四、关于产业民主的稳定性问题

（一）产业民主通常缺少稳定性

从产业和平向产业民主的转变与升级是一个艰难的过程，各种障碍同时并存，转变过程常常反复，充满不确定性。即使已经成功地制订了员工参与计划的企业，在执行过程中也常常失败，稳定性问题是产业民主的大问题。

从雇主或管理层方面看，与产业和平相比，雇主或管理层在追求产业民主目标时常常压力不大、动力不足。参与过程是在企业组织内部进行的，不易于公共部门的监管，员工也缺少监管权。管理层对实施产业民主的成本及效果不确定的预期，导致参与计划的设计及执行过程偏离了民主的本质。产业民主的实施效果常常取决于管理者的态度，如果员工对管理者有很高的信任度，管理者对于权力分享持积极的态度，员工就能够对参与及劳资合作抱有信心。

英国1978年出版的政府白皮书，强调逐步进化的、自愿的、富有柔性的参与方式，这更能体现产业民主的精神，白皮书的主张得到了很多人的欢迎。但不幸的是，一些企业家对此建议表示愤怒，并加以批评指责，他们过分夸大对工人负责制的恐惧，仅仅提出一些国家在产业民主过程中所经历的矛盾和问题，相比之下，这种态度在美国和欧洲其他国家几乎不存在。① 帕内尔认为，管理者对于员工参与决策制定（PDM）是否有兴趣，取决于组织文化、他对参与效率的信任、他对参与决策的实际承诺以及员工参与对他自身权力的影响。②

寇肯分析了在传统对抗性的谈判关系逐渐萎缩的背景下，一些企业组织所开发的劳资合作关系的稳定性问题。他认为虽然经济危机的周期需要越来越多的员工与管理者之间的合作关系，但历史经验表明，这种合作关系是难以长久维持的，寇肯认为这些劳资合作关系仍然是传统的工会与管理者关系中的一小部分。针对当前企业所实行的劳资合作关系的不稳定问题，他主张对这些劳资

---

① Bernard M. Bass and V. J. Shackleton, Industrial Democracy and Participative Management: A Case for a Synthesis, The Academy of Management Review, 1979, 4 (3), pp. 393 - 404.

② Parnell, J. A. , and Crandall, W. R. , Rethinking Participative Decision Making: A Refinement of The Propensity for Participative Decision Making Scale, Personnel Review, 2001, 30 (5), pp. 523 - 535.

合作关系的波动进行检验，判断这些波动是历史的重演还是例外情况。①

由于员工参与权被雇主或管理层控制，参与程序就有可能被运用得较为随意。如果雇主或管理层预测员工的参与对企业创新有利，就会鼓励和支持员工参与。如果他们预测员工的参与不能为企业带来满意的经济利益，参与权就可能随时被收回。雇主或管理层在给予员工参与权时的矛盾心态使产业和平向产业民主的转变与升级过程极其不稳定，雇主或管理层经常在放权和收权之间来回徘徊。在越来越普遍的绩效管理过程中，员工通过参与所取得的创新成果常常被雇主或管理层所利用或占有，员工的创新型劳动得不到应有的回报和鼓励，参与的积极性被削弱，绩效降低。为了提高绩效，雇主或管理层又可能重新给予员工参与权，如此不停地循环往复。

20 世纪 80 年代以来，随着政府干预的减弱、集体谈判的下降及组织柔性的提高，雇主或管理层对于产业民主的控制权力进一步扩大，产业民主出现了一些新的不稳定问题。对于雇主或管理层而言，来自员工、工会及政府方面的压力都大幅减少了，如工资增长及裁员方面的压力等。劳动力市场高水平的规制减少了政府的参与，② 减少了雇主对工会的义务，③ 客观上减少了对员工利益的保护，产业冲突增加了。东欧和拉丁美洲在民主化过程中，劳动保护下降了。④ 在制订员工参与计划时，一些企业还常常通过给予员工股权来替代养老金计划或工资上涨计划，员工认为他们对企业并没有真正地参与和控制，参与的积极性难以提高，产业和平问题的重现，使得参与计划也变得不稳定。

雇主和管理层对产业民主态度的摇摆，除了担心权力和利益被分享之外，还担心员工缺少参与的责任感。通过分享企业控制权来赋予员工权力的同时也提出了这样一个问题，即员工运用权力所必须担负的职责，这是一个不能回避的核心问题。1974 年英国劳工联合会议报告主张员工代表与管理者应该具有同等的权力，是平等的伙伴，有权力将自己的参与权与责任分离，共同决策并不意味着员工代表对他们所参与的决策要承担任何责任。该报告提议，集体谈判还没有给予员工对工作状况充分的控制权，工会的权力和控制应该扩展到员

① Kochan, T. A., Collective Actors in Industrial Relations: What Future? Industrielle Beziehungen, 2004, pp. 6 – 13.

② Deyo, F. C. and Agartan, K., Markets, Workers and Economic Reforms: Reconstructing East Asian Labor Systems, Journal of International Affairs, 2003, 57 (1), pp. 55 – 79.

③ Cook, M. L., Toward Flexible Industrial Relations? Neo-Liberalism, Democracy, and Labor Reform in Latin America, Industrial Relations, 1998, 37 (3), pp. 311 – 336.

④ Kurtz, M. J., The Dilemmas of Democracy in the Open Economy: Lessons from Latin America, World Politics, 2004, 56 (2), pp. 262 – 302.

工代表的会议室，与管理者共同控制政策、决策制定、计划以及企业中所有与工作有关的事物。然而，埃克尔斯认为这是空想，既不合逻辑也不公平，权力与责任难以分离，公平的行为发生在权力与责任相匹配的群体中。没有权力的责任是替罪羊，对于不承担责任的权力，社会会习惯性地将它置于被控制的地位，除非该权力是专制和无法抗拒的。权力必须与责任相匹配，这是企业管理者长期采用的一般规则，有策略的专业管理者不会在严重背离这一准则的情况下去从事经营管理。他主张，企业和工会应该选择一种延伸产业民主的自愿协议，即“不承担责任就没有代表权”应该成为口号。工会应该接受由扩大了的权力所带来的扩大了的责任，并且在代理结构中将二者融合。①

除了对员工责任感的担心之外，雇主和管理层还担心员工和工会参与技能的缺乏，工会与员工代表的技能及偏好特点常常使有效的参与难以形成，如果工会与员工代表缺乏参与的专业技能，或信息占有不全等，参与失败是必然的结果。克莱格、韦伯、科尔等人认为，员工直接参与管理，要么会削弱专业的管理技能并损害企业效率，要么就会使参与失败。② 如果员工和工会对民主参与没有信心，或者仅仅过度重视自身的利益与地位，就会忽视参与技能的培养和训练。

对于雇主及管理层而言，产业民主有时会直接增加企业成本，降低利润空间及企业的创新空间，因为员工扩大了的权力通常伴随着收入的提高，而员工参与的直接目的也不仅仅是为了提高组织绩效和企业利益，员工参与的目的是满足他们对社会和经济安全的需要。③ 产业民主给雇主及管理层带来了更多的经济、社会及政治等方面的压力，增加了他们对产业民主的抵抗情绪。产业民主扩大了大众的参与，同时也提高了重新分配的压力，尤其是来自工人阶级的压力。④ 当产业民主与企业利益及发展发生冲突时，雇主及管理层通常就会抵制产业民主程序，使产业民主难以持续。

普通员工通常难以直接参与治理层面的重大决策，而是由员工代表和工会代表来参与决策过程。企业中的员工参与，难以像政治参与一样，一人一票，

---

① Eccles, A. J., Industrial Democracy and Organizational Change, Personnel Review, 1977, 6 (1), pp. 43 – 49.

② Peter Acker, Collective Bargaining as Industrial Democracy: Hugh Clegg and the Political Foundations of British Industrial Relations Pluralism, British Journal of Industrial Relations, 2007, 45 (1), pp. 77 – 101.

③ Charles, D., King et al., Models of Industrial Democracy, Consultation, Co-determination and Workers' Management, New York: The Hague, 1978, p. 16.

④ Rodrik, D., Democracies Pay Higher Wages, The Quarterly Journal of Economics, 1999, 114 (3), pp. 707 – 738.

不可能像政治民主一样是无条件的。在议会选举和地方选举中拥有投票权并不依赖于是否是某个政党的正式成员，是一个选民就足够了。但在公司治理层面，普通员工通常没有均等的投票权，他们的权力和责任只能体现在员工代表的选举过程中。有人认为，如果员工没有参加相关的参与组织，他将被剥夺投票权，这是一种虚假的自由。另外，所选出的代表在日后的决策参与过程中，可能会受管理层的控制和诱导，从而远离普通员工的利益和主张。各角色之间的利益冲突常常将产业民主政治化，不仅难以实现劳动关系的稳定和谐，甚至还会引发社会、政治冲突和动荡。

工会的谈判代表角色与管理者角色、员工的劳动者角色与参与者角色之间存在着矛盾和冲突。工会领导人一方面是工会官员，具有谈判代表的角色，另一方面又可能具有管理者角色。产业民主的扩展使工会领导人从谈判官员转向管理者，谈判权逐渐削弱，管理权逐渐增大。工会在代表角色与管理者角色之间的矛盾与冲突日益加深，增加了工会组织内部及企业组织内部的紧张。工会领导人既要了解员工的集体需求，以利于在集体谈判中行使职责，又要懂得经营管理技术，以便于更好地参与管理。他们熟悉和了解治理层面及工作场所层面的决策过程需要较长时间，既要与各级管理者相协调，同时还要与员工进行沟通和协调。从总的趋势看，未来的工会需要参与企业组织中三个层面的劳资合作程序，尽管在各层面参与的范围、深度及方式差异很大，但未来的工会一定要具备综合化的功能。

（二）关于如何提高产业民主的稳定性

产业民主的不稳定性通常是指雇主及管理层与员工及工会组织的合作关系难以达到和保持合作协议中各方所认可的水平，员工参与力度、参与方式及参与效果难以维持恒定的状态，雇主及管理层对员工及工会的参与效果的评价较为随意，员工及工会怀疑雇主及管理层在产业民主过程中的初衷和诚意。

产业民主的不稳定问题来源于员工与雇主或管理层之间权力、利益与责任的重新分配过程，及在该过程中所出现的抵制、怀疑、摇摆态度、参与意愿低等问题。这些问题不仅会造成低水平的合作，损害效率及组织内的劳动关系，还会进一步加剧产业民主的不稳定性。关于如何提高产业民主的稳定性问题，可考虑以下几个方面。

1．有效纠正雇主及管理层的理念与态度

X 理论对于雇主在劳资合作中的抵制或摇摆态度做出了解释，该理论假定员工只关心通过可感知的回报所得到的低层次的生理与安全需要，不会真正关心企业的发展，雇主通常将员工参与看成是对他自身权力的一种威胁，自然会抵制员工参与企业决策。雇主或管理层将产业民主看成是一种控制冲突的形式，高管权力与员工参与权呈负相关，管理层与普通员工群体之间是零和博弈，员工扩大了的代表权是从雇主或管理层的权力中强行取得的，权力越具有对抗性，就越发伴随着显而易见的冲突。该结果支持产业民主研究中的冲突研究方法。① 在现实中，X 理论能够解释很多企业的劳资合作难以成功的原因。②许多研究也证实，雇主或管理层对员工参与持消极态度。决策制定是管理生活的重要方面，作出有效的决策，管理者通常要与股东协商，他们自然不情愿员工参与决策过程。③

雇主或管理者的抵制态度，极易使员工参与过程偏离产业民主的目标和初衷，使参与流于形式，不仅基层员工缺乏实质的参与权，甚至基层管理者也难以实现真正参与。很多企业所能够实现的参与主要集中在工作场所层面，在治理层面的参与极其缺乏。因此，优良的员工参与计划要能够解决以下问题：最底层员工无法参与到高层决策中去；基层和中层管理者被排除在参与程序之外，与参与程序脱离，潜力被埋葬；缺乏正式的组织通道使员工能够向上司述说苦情和建议。他们讨论的内容更多地与当前的工作场所有关，而不是组织范围内的事务；忽视员工的参与而关注于各种参与式管理，其风险是，关键性的和战略性的重要决策被雇主或管理层单方面制定，底层的参与将逐渐被限制在微小的事务上，等等。④

纠正雇主及管理层的理念与态度，需要改变 X 理论的假设。例如采纳和接受 Y 理论的假设，该理论假设员工能够自我引导和自我控制，雇主赞成员工参与决策，因为他们认为员工参与对于监管权力和组织效率有正面贡献。⑤通盘考虑 X 理论和 Y 理论的假设和结论，我们可以解释为什么在市场、法律、政策及文化传统等外部条件相同的条件下，不同的企业对于员工参与持截然不

---

① Ad W. M. Teulings, The Comparative Analysis of Systems of Industrial Democracy in Europe, International Journal of Sociology and Social Policy, 1987, pp. 32 – 52.

②⑤ Russ, T. L., Theory X/Y Assumptions as Predictors of Managers' Propensity for Participative Decision Making, Management Decision, 2011, 49 (5), pp. 823 – 836.

③ Rida Ejaz and Fareena Khalid, Employees' Participation in Decision Making (Actual vs Perceived): A Study of the Telecom Sector of Pakistan, Interdisciplinary Journal of Contemporary Research in Business, 2011, 3 (3), pp. 1551 – 1558.

④ Bernard M. Bass and V. J. Shackleton, Industrial Democracy and Participative Management: A Case for a Synthesis, The Academy of Management Review, 1979, 4 (3), pp. 393 – 404.

同的态度，有的企业全力支持员工参与产业民主，有的企业则激烈抵制，这都源于雇主和管理层在理念和态度上的差异。

2. 有效解决员工参与权与责任的对称问题

员工参与权与责任的对称问题是产业民主的一个主要矛盾，员工参与管理在制度设计上的最大难点就是如何使权力与责任相匹配，因为只有在权力与责任相匹配的组织中，才能存在公平的行为。与管理层不同的是，员工代表在治理层面行使参与权时，常常不必承担责任，即便是想赋予其责任，也往往难以操作和执行，企业决策者常常会不自觉地排斥这种与责任不匹配的参与权和参与过程。相对而言，在工作场所层面的员工参与权与员工个人及团队的责任之间更容易建立紧密的关系。从根本上说，除了制度安排本身难以实现权力与责任的匹配以外，员工责任感的培养也是非常重要的。通常来讲，责任感的缺失与培养责任感的机会的缺失有关。虽然工作场所是距离员工最近的组织，比更大的群体更容易激发员工的责任感，但由于员工参与权不稳定及参与过程常常流于形式而使员工逐渐失去参与的积极性。因此，能够有效地将参与权与员工责任密切联系在一起的参与计划，就有较大的可能性实现稳定的产业民主。

提高与员工参与权相匹配的责任感，一个重要前提是为员工提供充足、准确的信息，并向员工明确参与的真实性和持久性，取得员工的信任。要取得员工的信任，主要途径有两个。一是明确参与的真实性和持久性，并让他们确信参与能够给他们带来的真实的权力与利益。如果员工认为参与过程是迫于政府压力的形式主义，怀疑参与的真实性和持久性，那么他们就不会承担参与的责任。只有当工人们愿意在经历风险过程中获得一部分利益及为企业管理建造一支技术团队时，产业民主才会出现。[①] 二是为员工参与提供确切的、充足的信息。员工有渠道获得充分的信息是取得员工信任的关键。员工只有通过对这些信息的选择，才有可能有效地参与，加强信息公开方面的立法是公共政策设计的一个重点。另外，心理上的所有权有利于使员工产生组织承诺、利他精神及知识分享行为，员工对组织的心理体验控制权应该得到有效的扩展。[②]

---

① Walter Gordon Merritt, Employee Representation as a Step toward Industrial Democracy, Annals of the American Academy of Political and Social Science, 1920, (90), pp. 39 – 44.

② Tzu-Shian Han et al., Employee Participation in Decision Making, Psychological Ownership and Knowledge Sharing: Mediating Role of Organizational Commitment in Taiwanese High-tech Organizations, International Journal of Human Resource Management, 2010, 21 (12), pp. 2218 – 2233.

要实现稳定的产业民主，尽管需要权力与责任的匹配，但不能过度强调权力与责任的绝对匹配。如果过度强调工作场所层面的、与责任和绩效紧密挂钩的员工参与，极有可能侵害产业民主。研究表明，自20世纪90年代中期以来，尽管一直重视雇主对员工的授权，但员工的自主权却降低了。尽管雇主给员工下放了权力，但绩效管理让员工感到越来越多地受到监督和控制。尤其是当雇主表示，我不管你如何做的工作，但你必须完成，否则就自己承担后果。尽管不是雇主的意图，但绩效管理变成强制性的了。真诚地给予员工控制权是能够提高工作满意度和绩效的。①

克莱斯勒有限公司的做法提供了一个尝试同时实行参与式管理和产业民主的案例。1976年该公司促成了工会代表参与管理讨论，允许他们参与管理决策。该公司开始试验创建一种交流途径，将公司计划和问题通知给员工，其中就有一个包括员工在内的扩展培训项目。在工厂层面，员工已经能够专心讨论与公司未来发展有关的问题，如生产、健康及工作安全等，员工参与使其在公司董事会中的席位扩展到了两个。有报告显示，许多员工最初表示怀疑和反对，声称管理层对参与问题不够严肃，他们认为这种改革只是由于政府要求才建立的，但是员工的士气还是提高了，企业劳动关系也大大地改变了。②

① David Coats, No Going Back to the 1970s? The Case for A Revival of Industrial Democracy, Public Policy Research, 2006, 13 (4), pp. 262 – 271.

② Bernard M. Bass and V. J. Shackleton, Industrial Democracy and Participative Management: A Case for a Synthesis, The Academy of Management Review, 1979, 4 (3), pp. 393 – 404.

第五章　劳资伙伴关系是最为紧密的劳资合作

劳资伙伴关系（labor management partnership）与劳资合作并没有本质的区别，本书将劳资伙伴关系看成是一种权力、责任与利益捆绑程度更为紧密的、深度的劳资合作。很多研究并不对二者加以明确的区分，有的研究称为劳资合作关系，有的研究称为劳资伙伴关系，也有的研究称为劳资合作伙伴关系，但基本含义相差无几。

对劳资合作的研究，需探究劳动关系及人力资源管理中劳资合作的运作特点、劳资合作的功能、劳资合作及员工参与的机制、工会的参与功能、参与组织的运作问题等。而有关劳资伙伴关系的研究，则更加突出劳资之间的心理与行为的研究，侧重于组织行为的分析。

第一节　劳资伙伴关系是最为紧密的劳资合作

一、劳资伙伴关系是一种最为紧密的劳资合作

从大量的研究成果看，劳资伙伴关系大多集中在相对成熟、相对稳定和相对紧密的劳资合作关系中。相比之下，劳资合作所指的范围相当大，无论是深度的还是肤浅的合作、紧密的还是松散的合作、稳定的还是不稳定的合作等，都可以称为是劳资合作。只要有了一些劳资合作关系或员工参与过程，即便是偶然的、短期的、浅层次的合作或员工参与，都可以被称为是劳资合作。

从产生的原因看，劳资伙伴关系与劳资合作是一样的，都是以企业组织内部劳动关系的和谐稳定为前提，目的是通过组织重构实现权力与利益新的平衡，并进一步谋求更高的组织绩效和个人绩效。只有实现了产业和平，才有条件构建劳资合作或劳资伙伴关系，否则，无论是什么水平的和哪个层级的劳资

合作均无法建立。对于追求产业民主的企业组织来说，构建劳资伙伴关系还能够通过员工及工会组织的深度参与实现真正的民主化管理。

工作场所层面、集体谈判层面和公司治理层面的劳资合作，是从劳资合作的层次和级别来划分的，从这个逐渐提高的合作级别来看，合作关系是越来越紧密了。公司治理层面的劳资合作由于涉及了重大决策权的分享，员工代表和工会代表分享了企业重大决策权，参与了重大决策过程，劳资双方在权力、利益与责任上形成了更深入、更紧密的捆绑关系。由于治理层面的劳资合作集中表达了对重大决策权的分享问题，较少涉及其他层面和其他形式的劳资合作问题，因此，治理层面的劳资合作是真正的产业民主。

劳资伙伴关系的建立，通常需要治理层面的劳资合作，治理层面的劳资合作是劳资伙伴关系的有力保障，有助于更紧密的劳资伙伴关系的建立，甚至治理层面的员工参与权和参与过程本身就是劳资伙伴关系的重要组成部分。与治理层面的劳资合作相比，劳资伙伴关系不仅包含治理层面重大决策权的分享及重大决策过程的参与，也包含工作场所层面的劳资合作与员工参与。

从劳资伙伴关系的建立原因和条件看，与劳资合作没有本质的区别，差别仅在于合作关系紧密程度及员工参与深度的差别。按照多元主义观点，劳动关系中既存在利益的分享，也存在利益的冲突，劳动关系存在于劳动力市场不平衡的权利关系之中。通过组建独立工会，员工能够形成自己的看法并获得集体行动的能力，但从雇主的角度看，利益冲突是不能自动解决的。在这种条件下，有意义的伙伴关系被认为有可能建立，因为雇主面对的是强大的对手，具有与工会进行合作的动机，以对雇佣关系的诸多方面进行共同控制。①

寇肯认为劳资伙伴关系本身也有浅层次和深层次之分，浅层次的伙伴关系就是我们所说的较为松散的劳资合作关系，深层次的伙伴关系就是我们所说的权力与利益捆绑紧密的、真正的伙伴关系。浅层次的劳资伙伴关系是一种低信任的伙伴关系，深层次的伙伴关系是一种高度信任的伙伴关系。通常情况下，低信任的伙伴关系中，雇主向不大敌对的工会提供伙伴关系协议，包容工会的权力和影响力，建立限定谈判范围的正式协议。深层次的伙伴关系通常是在工会已经具有了强大影响力的前提下建立的，在这种伙伴关系中，双方致力于各种深度的合作，工会领导人在这种伙伴关系中具有更大的影响力，并以此补充工会传统影响力的不足。寇肯认为，劳资伙伴关系的建立通常始于相对非正式

① Vidu Badigannavar and John Kelly, Labour-management Partnership in the Non-union Retail Sector, Int. J. of Human Resource Management, 2005, 16 (8), pp. 1529 - 1544.

的伙伴关系，经过一段时间以后，就会演变成更为正式的伙伴关系安排。他主张，未来的集体谈判在于建设更为合作的劳资关系。①

事实上，与劳资合作一样，很多研究将劳资伙伴关系看成是广义的范畴，将劳资之间在治理层面、集体谈判层面及工作场所等所有层面的劳资合作都视为伙伴关系。如果我们忽略集体谈判层面的劳资合作，劳资伙伴关系实际上主要涉及治理层面和工资治理层面两个层面，该领域的研究成果也更多关注这两个层面。治理层面的劳资伙伴关系的组织形式通常有联合决策委员会（joint union-management cooperation committee）、员工代表（representative）、发言权（employee voice）等；工作场所层面的伙伴关系的组织形式有质量圈、产品改进小组、自我管理小组、不同层级不同部门之间的交叉参与等。现代企业组织中劳资伙伴关系的构建更重视开放式的沟通②以及安全和宽松环境的营造。

总的来看，如果一个企业所构建的劳资合作关系主要发生在工作场所层面，没有治理层面的员工及工会参与，员工的深度“卷入”较少，劳资合作过程被雇主和管理层随意控制，没有形成稳定的制度化安排，劳资合作关系不够紧密，劳资合作关系也不够稳定，那么，这些劳资合作实践都不能称为劳资伙伴关系。尽管一些研究将这些松散、不稳定的合作关系也称为劳资伙伴关系，但从这些研究的本意看，其所指的伙伴关系就是这些工作场所层面的、松散的劳资合作关系。一些研究从利益融合的角度看待伙伴关系，着眼于从各方所具有的共同目标和共同利益的角度来定义劳资伙伴关系，认为劳资伙伴关系的建立就是企业组织内各主体相互合作及利益的相互融合过程。③

英国 1978 年出版的政府白皮书，强调企业和企业之间协商而形成的柔性和自愿参与计划，同时，也提出了一个鼓励劳动关系中的双方进行认真协商的、强制性的、合法的、可依靠的方案。该白皮书建议在雇佣 500 人以上的公司中，在管理者和员工之间展开“积极伙伴关系”计划，强制在工会代表中讨论对员工有重大影响的决策，主张成立联合代表委员会，有权要求董事会讨论产业策略。政府也认为员工应该在企业董事会中享有代表权，有意通过立法并运用不同的政策建立一个双重的委员会结构。如果工会和管理者不同意由员工负责的安排，可以设想在超过 2000 人的企业政策委员会中赋予员工法定代

① Kochan, T. A., Collective Actors in Industrial Relations: What Future? Industrielle Beziehungen, 2004, pp. 6 - 13.

② Deery, S. J., Iverson R. D., Labor-management Cooperation: Antecedents and Impact on Organizational Performance, Industrial and Labor Relations Review, 2005, 58 (4), pp. 588 - 609.

③ Guest, D. E., Peccei R., Partnership at Work: Mutuality and the Balance of Advantage, British Journal of Industrial Relations, 2001, 39 (2), pp. 207 - 236.

表权。联合代表委员会最初希望能够有权要求员工为是否愿意进入董事会进行投票表决，有了3～4年的经验后，委员会就会有经验行使依法投票权。① 自1987年起，爱尔兰在经济和社会的公共部门，通过在国家层面成功地推行“伙伴关系”协定，大幅度扩展了工会的作用，并继而扩展到了包括社区和志愿者组织等更为广泛的社会事务。对于工会而言，引入伙伴关系方式是为了防御政府的新自由主义政策并巩固工会的合法性。

二、劳资伙伴关系主要体现在企业治理层面

劳资伙伴关系与治理层面的组织与权力结构变化关系密切，很多劳资伙伴关系的研究成果将研究重点聚焦于企业组织内部的劳动关系治理层面，探索治理层面劳资双方的权力、利益与责任的重新分配及互动关系。

无论在理论研究领域还是在实践领域，劳资伙伴关系都是最典型的劳资之间权力、责任与利益的捆绑关系，也是最紧密的劳资合作关系。劳资伙伴关系在治理层面上实现了组织内部劳动关系的实质性变化，雇佣劳动者由被动参与转变为主动参与，改变了由管理层与工会所共同主导的伙伴关系格局。真正的劳资伙伴关系实践是由管理层、工会和员工三方共同控制的，员工不再仅仅是被动的“参与”决策过程，而是深度“卷入”决策过程。罗奇和吉尔里认为，劳资伙伴关系就是一种员工的深度卷入模式。②

劳资伙伴关系协调一致行为的构建需要以下几个步骤：企业组织中的决策者确认双方是否存在角色与功能上的互补关系；双方共同寻找一致性的特质与目标；明确双方能够在哪些权力、责任与利益的衔接点上设计捆绑关系；确定对权力、利益与责任进行重新分配的基本原则，包括权力、利益与责任的共享与交换；双方确立共同的行动目标及行为准则；对权力、利益与责任的捆绑程度或紧密程度进行设计，越紧密就意味着越接近于理想的伙伴关系。

在如何实现一般水平的劳资合作关系向劳资伙伴关系转变的问题上，不仅应避免设计低质量、低水平的劳资合作关系及员工参与计划，还要克服劳资合作关系的不稳定问题。新时期，除了传统的阻碍深度劳资合作的因素外，还出

① Bernard, M. Bass and V. J. Shackleton, Industrial Democracy and Participative Management: A Case for a Synthesis, The Academy of Management Review, 1979, 4 (3), pp. 393-404.

② Roche, W. K., Geary, J. F., "Collaborative Production" and the Irish Boom: Work Organization, Partnership and Direct Involvement in Irish Workplaces, General Information, 2000, 31 (1), pp. 1-36.

现了一些新的阻碍因素，这些因素提高了伙伴关系建立与维持的难度。这些新的因素有：企业组织的虚拟化和易变性；非标准雇佣方式和非标准员工的增多；组织内员工的分化等，这些变化都会提高一般意义上的劳资合作关系向伙伴关系转变的难度。

劳资伙伴关系的构建和维持需要外部制度与环境的支持和保障，制度与环境因素会影响劳资伙伴关系中各行为主体的参与意愿和参与深度，使伙伴关系中各主体的力量对比发生改变，改变劳资伙伴关系中权力与利益捆绑的紧密程度，并进而改变劳资伙伴关系的合作氛围与合作结构。因此，良好的法律法规等公共政策的设计与执行，将会有力地促进企业组织内部劳资伙伴关系的形成。

第二节　劳资伙伴关系突出了劳资双方的合作行为

一、劳资伙伴关系更突出劳资双方的合作行为

劳资伙伴关系与一般意义上的劳资合作的另一区别是，劳资伙伴关系更加突出劳资双方的合作行为或一致性行为，如果我们所关注的问题集中在劳资双方的合作行为或协调一致的行为，深度的劳资合作就被视为是一种劳资伙伴关系。从劳资伙伴关系的理论研究成果看，该领域的研究更注重劳资双方心理、行为、责任及组织等方面的变化和特点。劳资伙伴关系所涉及的行为主体包括雇主、股东、管理者、员工、工会、公共部门、咨询顾问等。此外，当代企业组织中劳资伙伴关系的构建，也有了股东及政府部门等行为主体的参与。[①]

劳资伙伴关系中，企业组织中各行为主体为了共同的利益和目标而形成了协调一致的组织行为。研究表明，协调一致的组织行动有助于提高组织的绩效水平，并实现劳资双方利益的最大化。[②] 很多研究关注伙伴关系中劳资双方行为特征的变化。一方面，在劳资伙伴关系中，管理层的心理与行为都发生了巨大变化，由独裁或掌握绝对控制权的主体变成了分权体系中的一个主体，相应地，管理层的管理行为也发生了变化。另一方面，员工和工会组织的心理与行

---

① Deakin, S., Koukiadaki A., Governance Processes, Labor-management Partnership and Employee Voice in the Construction of Heathrow Terminal 5, Industrial Law Journal, 2009, 38 (4), pp. 365 - 389.

② Guest, D. E., Peccei R. Partnership at Work: Mutuality and The Balance of Advantage, British Journal of Industrial Relations, 2001, 39 (2), pp. 207 - 236.

为也发生了巨大变化，由被动的参与心理与行为转变为积极主动的参与心理和行为，员工和工会的管理职责与管理行为更为完整和独立。

在组织内部，管理层和工会都具有协调劳资双方利益的功能，工会在集体谈判功能逐渐下降的同时，其协调劳资双方利益分歧的功能得到了有效的发挥。当雇佣劳动者参与各层面的组织决策时，工会的沟通与协调功能有利于劳资双方权力与利益的共享及重新分配，能够更有效地消除分歧与冲突。另外，在伙伴关系中，员工和工会的影响力与其心理及行为有着密切的关系。如果员工与工会的影响力低，通常会对伙伴关系持消极态度，参与的积极性不高，员工个人产出与绩效也低。同时，如果员工和工会不能积极参与，其在伙伴关系中的影响力通常也会较低。员工和工会参与的力度，主要取决于组织中形成了怎样的伙伴关系协议，以及他们能够在多大程度上接近于伙伴关系协议所给予的权力，如果员工和工会能够获得伙伴关系协议中的全部权力，员工和工会的影响力通常会较大。

二、劳资伙伴关系合作行为的实证研究

迪瑞和艾弗森关注劳资伙伴关系中员工参与的形式、参与的强度及组织承诺等方面的心理和管理行为的变化。他们的研究发现，基于组织微观层面的研究通常更加关注员工激励、参与的形式与强度、组织归属感及组织承诺等心理与行为变量。① 在企业组织内部的劳资合作关系中，激励仍然是核心问题，激励是一个重要的中介变量，是连接员工参与和群体依附等前因变量与员工满意度、合作强度及问题解决等结果变量的桥梁。②

在劳资伙伴关系心理与行为的研究中，对伙伴关系中各行为主体合作意愿的分析非常重要，也是很多研究关注的问题。如果各方之间建立了积极的合作意愿，就会使伙伴关系更为紧密，合作强度更高，劳资伙伴关系就会稳定和持久。相反，如果合作意愿较为消极，各方的主动性不高，则难以建立紧密的伙伴关系，伙伴关系难以稳定和持久，权力、责任与利益的捆绑通常也不会紧密，难以大幅度提高组织绩效和个人绩效。

一些研究将劳资伙伴关系中的行为主体作为主要研究对象，分析在组织的

---

① Deery, S. J., Iverson R D., Labor-management Cooperation: Antecedents and Impact on Organizational performance, Industrial and Labor Relations Review, 2005, 58 (4), pp. 588 – 609.

② Bendersky, C., Organizational Dispute Resolution Systems: A Complementarities Model, Academy of Management Review, 2003, 28 (4), pp. 643 – 656.

合作环境与氛围中各主体的心理与行为及合作机制的形成与运作特点。马斯特斯等以劳资双方合作氛围作为中介变量分析了各种相关要素对劳资伙伴关系的影响机制。[①]库克在其劳资合作模型中研究管理层权力、工会权力及合作结构之间的相互关系，并进而分析和判断其对合作强度和劳动关系等变量的影响。[②]

一些研究将劳资伙伴关系的构成要素或主体之间的关系看成是复杂的网络交互关系，而不再是简单的线性关系，各要素或主体位于交互式网络关系中的节点位置，并进而提出了网络交互式劳资伙伴关系模型。网络交互式劳资伙伴关系模型关注劳资伙伴关系参与主体间的力量互动及对比关系，分析劳资伙伴关系参与主体的权利结构及其在组织中的行为互动过程。

一些研究运用组织行为学理论分析激励机制对于劳资伙伴关系的作用，认为激励对于伙伴关系中的劳方或员工一方的心理与行为的改变具有重要作用，对于员工满意度、合作强度或伙伴关系的紧密程度具有关键作用。本德斯基的研究将激励看成是组织中连接前因变量和结果变量的桥梁，并将参与的决策、群体依附等看成是前因变量，将员工满意度、合作强度及问题的解决等看成是结果变量。[③] 相比之下，马斯特斯等的模型则既考虑了组织行为变量（如沟通、共同决策等），也兼顾了劳动关系变量（如合作协议、劳动关系氛围等）。他们以劳动关系氛围为中介变量，人口统计学特征与组织氛围为控制变量，研究劳资合作协议或劳资伙伴关系对产出变量（劳动关系产出和组织绩效产出）的影响。[④]马斯特斯等对劳资伙伴关系的构成要素、影响劳资伙伴关系运行的变量及劳资伙伴关系与组织绩效的关系等进行了实证研究，分析了劳资伙伴关系对组织绩效的影响，如劳资合作协议、劳资互动关系、劳动关系氛围等对劳资关系产出及组织绩效产出的递进式影响等。[⑤]库克的实证研究表明，劳资伙伴关系确实会对组织绩效和组织内部劳动关系水平产生正向的、积极的影响，并进而分析了员工参与项目和基于团队的激励模式对组织绩效的

---

①④⑤ Masters, M. F., Albright R. R., Eplion D. What Did Partnerships Do? Evidence From the Federal Sector, Industrial and Labor Relations Review, 2006, 59 (3), pp. 367 – 385.

② Cooke, W. N., Factors Influencing the Effect of Joint Union-management Programs on Employee-supervisor Relations, Industrial and Labor Relations Review, 1990, 43 (5), pp. 587 – 603.

③ Bendersky, C., Organizational Dispute Resolution Systems: A Complementarities Model, Academy of Management Review, 2003, 28 (4), pp. 643 – 656.

影响。①

三、劳资伙伴关系的形成过程与阶段划分

当传统的集体谈判及浅层次的劳资合作关系不能解决组织内部严重的冲突及恶化的财务状况时，组织中各主体就有可能达成建立劳资伙伴关系的共识，并致力于推动伙伴关系建设。一些研究探讨了伙伴关系的形成与发展过程，及在每一阶段各参与主体的心理与行为特征。在劳资伙伴关系中，员工获得了更多的与企业经营和发展有关的信息，对组织内部事务也越来越了解。例如，一些企业在危机时期通过伙伴关系的构建成功实施了降薪方案，降薪方案在得到了员工的理解和支持后较容易通过和实行，员工士气甚至不降反升，不仅能够在危机时期保持竞争力，而且维护了劳动关系的稳定性。

博兰德和坎贝尔用分阶段的方式对劳资伙伴关系从建立、形成到维持等全过程进行了描述。他们将该过程分为以下几个阶段：共同的承诺（shared commitment for change）、顾问的选择（selection of consultants）、建立对话机制（forging a dialogue）、参与人员的培训（educating the participants）、开发突破性项目（developing breakthrough projects）、收益分享计划（gainsharing program）以及劳资合作协议（cooperative labor agreements）。②

鲁宾等将劳资伙伴关系的形成过程分为五个阶段：推动阶段（impetus stage）、启动阶段（initiation stage）、实施阶段（implementation stage）、整合阶段（integration stage）及制度化阶段（institutionalization stage）。③ 他们的统计分析表明，成功建立了劳资伙伴关系的企业有超过80%可以用他们提出的五阶段模型来解释，对劳资伙伴关系的定量研究是该研究的特色和贡献。

在劳资伙伴关系的构建与运行过程中，协调劳资双方的利益分歧最为重要。格斯特和佩切伊的研究证实，组织能够有效弥合劳资双方的利益分歧，利

① Cooke, W. N., Factors Influencing the Effect of Joint Union-management Programs on Employee-supervisor relations, Industrial and Labor Relations Review, 1990, 43 (5), pp. 587 - 603. Cooke, W. N., Employee Participation Programs, Group-Based Incentives, and Company Performance: A Union-Nonunion Comparison, Industrial and Labor Relations Review, 1994, 47 (4), pp. 594 - 609.

② Bohlander, G. W., Campbell M H. Forging a Labor-management Partnership: the Magma Copper experience, Labor Studies Journal, 1994, 18 (4), pp. 3 - 20.

③ Rubin, B., Rubin R. Municipal Service Delivery, Collective Bargaining, and Labor-management Partnerships, Journal of Collective Negotiations in the Public Sector, 2003, 30 (2), pp. 91 - 112.

益分歧的弥合有利于提高员工对组织的承诺水平。① 普罗夫尼克和蔡森的研究发现，劳资伙伴关系中，劳资双方的互相妥协行为与合作计划的开展有利于提高劳动关系质量，并提高组织中各行为主体对劳动关系质量改善的感知。②

当前的趋势是，企业常常将人力资源管理中激励机制与劳资伙伴关系融合在一起，激励机制以构建基于劳资双方共同目标与利益的劳资伙伴关系为目标，劳资伙伴关系中运用了大量的激励机制，权力、责任与利益高度统一，劳资双方之间的权力与利益捆绑更为紧密，已经难以区分哪一部分是人力资源管理，哪一部分是劳资伙伴关系。

第三节 劳资伙伴关系中工会组织与政府的作用

一、工会在劳资伙伴关系中的作用依然重要

在劳资伙伴关系的分析中，有的研究针对的是劳资双方，有的研究针对的是企业组织内各个行为主体。针对劳资双方所做的分析，有的研究忽视工会在伙伴关系中的作用，认为工会在伙伴关系中发挥的作用较小，这些研究通常指的是无工会企业中的伙伴关系，伙伴关系的构建与现代人力资源管理技术紧密结合。有的研究将工会和员工视为一个整体，将他们看成是伙伴关系中的劳方，以研究劳方与资方（包括管理层）之间的合作关系。

一些运用组织行为学理论从事劳资伙伴关系研究的学者，在研究假设中承认工会的功能与作用。伊顿和鲁宾斯坦等的研究证实，工会在企业内部劳资伙伴关系的形成与运行过程中发挥了重要作用。③ 另外，一些支持传统集体谈判及工会的人还担心工会深度参与管理决策会严重地削弱工会，工会组织及工会领导人会被雇主及管理者的目标所左右，难以行使独立的参与权，难以完全代表员工的利益。

工会在伙伴关系中的作用，在公司治理层面、集体谈判层面和工作场所层面都有体现。在治理层面，工会作为劳方的重要代表能够分享决策权，包

① Guest, D. E., Peccei R. Partnership at work: Mutuality and the Balance of Advantage, British Journal of Industrial Relations, 2001, 39 (2), pp. 207 - 236.

② Plovnick, M. S., Chaison G N. Relationships between Concession Bargaining and Labor-Management Cooperation, Academy of Management Journal, 1985, 28 (3), pp. 697 - 704.

③ Eaton, A. E., Rubinstein S. A., Kochan T A., Balancing Acts: Dynamics of A Union Coalition in A Labor Management Partnership, Industrial Relations, 2008, 47 (1), pp. 10 - 35.

括重要的知情权、发言权、投票权等。在工作场所层面，通常的情况是，工会在集体谈判权逐渐削弱以后，扩大了在工作场所层面的管理功能，如工作场所劳资合作或伙伴关系的构建、员工培训、激励与绩效管理、人际关系等。

在实行劳资伙伴关系的企业中，不仅需要员工具备参与的技能，更需要工会代表及工会领导人具备高水平的参与技能。与实行低水平劳资合作计划的企业组织相比，在实行劳资伙伴关系的企业组织中，工会代表及工会领导人参与企业治理层面和工作场所层面决策的机会更多，对其参与技能的要求和标准更高。工会代表及工会领导人要具备高水平的企业经营管理知识、经验和技能，这是传统的主要从事谈判和领导工人运动的工会领导人难以具备的。在工作场所层面，工会领导人要熟悉现代人力资源管理程序，尤其是要在团队决策、协调及运营中发挥重要作用。巴德的研究也证实，劳资合作关系需要工会开发新的技能，如有效引导伙伴关系计划、领导决策团队等。①

在集体谈判层面，尽管工会仍然主要行使代表权和集体谈判权，但在具体的谈判程序中增添了很多权力与利益的交换与互动程序，构建了越来越多的互利互惠机制，工会在各层级的集体谈判中都发挥了重要作用。寇肯等多次分析企业内部不同层次的集体谈判中雇主、员工与工会建立的互利互惠机制及工会功能的转变。② 当代工会在劳资伙伴关系中的作用，不仅使工资增长机制更加灵活，使企业组织更适应激烈竞争的市场，也使劳资双方的权力与利益捆绑得更为紧密。

在欧洲，人们认可工会在伙伴关系中的重要作用，无工会企业组织所构建的伙伴关系通常难以取得理想的效果，伙伴关系的效果常常被夸大，如员工和工会的实质参与权较小、参与权过度服务于雇主的目标、参与过程极不稳定等。非工会组织的雇主所开创的“伙伴关系”常常是理想主义的、家长式的、浮夸的，员工影响力与现实的“伙伴关系”安排之间存在较大的裂痕和差距。③

寇肯在观察美国工会参与企业决策的问题时发现，工会的深入参与并没有

---

① ［美］约翰·W. 巴德. 劳动关系：寻求平衡［M］. 北京，机械工业出版社，2013：342.

② Kochan，T. A.，Adler P S，Mckersie R B，et al.，The Potential and Precariousness of Partnership：the Case of the Kaiser Permanente Labor Management Partnership，Industrial Relations，2008，47（1），pp. 36 –65. Kochan，T. A.，Introduction to a Symposium on the Kaiser Permanente Labor Management Partnership，Industrial Relations，2008，47（1），pp. 1 –9.

③ Turnbull，Peter；Wass，Victoria，Job Insecurity and Labour Market Lemons：the（mis）Management of Redundancey in Steel Making，Coal Mining and Port Transport，Journal of Management Studies，1997，34（1），pp. 27 –51.

削弱工会，这否定了一些人的观点，即认为员工和工会的参与必然会造成工会的削弱，并最终使工会出局。20 世纪 70 年代和 80 年代，市场中的非工会化企业组织对工会化企业组织形成了巨大的竞争压力，为了应对这些压力，一些工会化企业和工会对工作进行重新组织，以提高工会在决策过程中的参与水平。80 年代末和 90 年代初，一些企业的“参与式”模式不断深化。典型的参与式计划包括含有团队的新工作组织、灵活报酬、工会和员工参与程序、员工拓展培训和职业发展。从参与方式来看，包含非正式的、持续的谈判，一些工会代表深入参与业务和战略决策，甚至出现了相当深入的参与决策程序。例如，在土星公司，传统的管理官僚序列已经不复存在，工会代表成为管理层的“合作伙伴”。在施乐公司，管理者同服装与纺织业工人联合会（ACTWU）公开讨论投资决策。工会通常都会参与关键的决策程序，例如一些钢铁企业和航空企业的工会都获得了任命董事会成员的机会。寇肯也发现，企业还运用了股票期权（ESOPs）等参与方式。①

高兰的研究发现，在参与计划中把工会排除在外的做法并不能真正削弱管理者霸权，所创建的其他参与机构和参与组织都很难具备代表员工利益的功能，相应的劳资合作计划难以改变劳动关系的本质。一些参与机构也未能在伙伴关系中充分发挥作用，如产生于 20 世纪 70 年代末的员工委员会作为一个代表性的参与机构，并没能显著地削弱管理者特权，员工的参与权被利用，工会在伙伴关系中没有发挥应有的作用。许多英国和美国的非工会企业，都曾建立过不同类型的制度安排，如公司委员会，为员工提供一个能够表达看法的通道。但研究表明，当雇主和员工代表在一些重大事情上出现分歧时，这一为员工提供发言权等权力的制度性解决方案就会引发激烈的争论。②

在伙伴关系构建的过程中，工会组织的地位与作用常常得不到应有的支持，甚至遭受相关组织和机构的抵抗。例如，英国参与协会（IPA）、英国工业联合会（CBI）、英国人力资源协会（CIPD）、英国贸工部（DTI）等都曾对工会在伙伴关系中的作用持消极抵抗态度。英国参与协会和英国贸工部都曾经较为推崇非工会企业组织所建立的伙伴关系，英国贸工部曾经采集的伙伴关系研究案例不仅包括工会化企业，也包括非工会化企业。英国参与协会认为伙伴关系原则适用于员工代表，但没有明确工会在伙伴关系原则中应具有怎样的权力和应采取怎样的参与形式。

---

① ［美］托马斯·寇肯等．美国产业关系的转型［M］．北京：中国劳动社会保障出版社，2008：前言．

② Paul J. Gollan, High Involvement Management and Human Resource Sustainability: The Challenges and Opportunities, Asia Pacific Journal of Human Resources, 2005, 43 (1), pp. 18 – 33.

在西方，伙伴关系中员工的参与权被管理者控制、相关参与机构虚置以及工会常常被排除在伙伴关系原则之外等问题普遍存在。在一定的历史条件下，这些问题的存在也有其积极意义，客观上促进了独立工会的产生，使集体劳动关系更加完善。在欧洲，一些企业建立了独立工会和更加完善的集体谈判机制。在美国，著名的瓦格纳法案就严格限制非独立工会及被雇主控制的员工参与形式，并促成了独立工会和严格的集体谈判机制的形成。一些伙伴关系的案例研究发现，在伙伴关系及企业劳动关系发生冲突时，解决途径依然依赖最传统的方式，即雇主和工会的力量对比，要么是被具有绝对控制力的雇主权力解决了，要么就是被强大的工会力量解决了，员工委员会、企业委员会等参与组织较少发挥作用。

一些研究证实，在非工会企业中建立的伙伴关系，其员工的产出明显低于工会化的企业。巴底干纳瓦尔等选取了被英国参与协会视为是非工会劳资伙伴关系的“最优实践”案例企业为研究对象，考察了实施伙伴关系的非工会企业员工的产出，并与工会化企业的代表性样本企业进行了比较。通过比较研究发现，在这些实施伙伴关系的非工会企业中，员工在工作场所及决策过程中明显处于不利地位，几乎没有出现劳资伙伴关系拥护者所声称的互惠迹象。①

与英国劳工联合会议（TUC）的主张一致，英国工党不仅支持劳资伙伴关系，而且支持工会在伙伴关系中发挥作用，工党 1999 年颁布的雇佣关系法案就是一部高度重视工会的法律。英国贸工部于 1999 年创立工作基金伙伴关系（partnership at work fund），目前已经给 160 个项目提供了 500 万英镑基金。很多参与的企业承认工会，只有少数企业是非工会组织，基金的拨款情况清楚地表明，英国贸工部要同时面对工会形式和非工会形式的伙伴关系。②

二、社会伙伴关系是由政府来推动的劳资合作

劳资伙伴关系通常是指在企业组织内部建立的劳资合作关系，除了劳资双方作为主要行为主体之外，其他的参与组织也就只有工会了，工会通常代表员工一方行使代表权和参与权。此外，能够推动劳资伙伴关系的组织还有政府及公共部门。法律法规等公共政策对于劳资伙伴关系的建立至关重要，

---

① Vidu Badigannavar and John Kelly, Labour-management Partnership in the Non-union Retail Sector, Int. J. of Human Resource Management, 2005 (13), pp. 1529 - 1544.

② Und, Roger, The British merger movement: The Importance of the “Aggressive” Unions, Industrial Relations Journal, 1999, 30 (5), pp. 464 - 481.

有时甚至起决定作用，尤其是对于一些管理权过大及管理层对伙伴关系持消极态度的企业来说更是如此。另外，由于劳资伙伴关系是一个多层级的组织结构，如果没有上级主管部门通过法律法规的正规形式进行授权，地方政府部门及企业管理层可能会由于缺少独立发起和维持伙伴关系的权力，使得他们无力全程支撑伙伴关系的组织运作。多宾斯等认为，如果法律法规对劳资伙伴关系的创新性实践缺少支持，在企业组织内部通常难以建立持续的劳资伙伴关系。①

如果政府及公共部门通过出台各种规定和措施来强制或鼓励劳资伙伴关系的构建与运行，劳资伙伴关系的构建和运行就有可能超出企业组织的范围，这种超出企业组织范围的涵盖全社会的伙伴关系通常也被称为社会伙伴关系。伊达乌认为社会伙伴关系是通过特定的组织结构使劳资伙伴关系、雇佣关系和劳动关系中的某些一致性特质得到了衔接。② 有学者认为，劳资伙伴关系的范围毕竟有限，社会伙伴关系才应该是当代社会追求的最终目标。

从本质上说，社会伙伴关系与劳资伙伴关系没有本质的区别，社会伙伴关系是更规范、更有保障、更制度化的稳定的劳资伙伴关系体系。例如，凯莉强调社会伙伴关系由以下三个核心组成部分组成：工会在任务、时间、薪酬或人员配置水平等方面具有了更大的灵活性，能够在一个或几个方面对雇主做出让步；工会对组织战略决策享有知情权和咨询权；雇主对员工的工作或就业保障做出承诺。③

在欧美很多国家，为了维护企业竞争力和劳动力市场的稳定，通过国家立法或行业协会等强制推动企业内部建立劳资伙伴关系，并进而协调不同社会团体间的利益关系，这种劳资伙伴关系也称作社会伙伴关系。艾兹赫德认为社会伙伴关系就是通过国家政策的制定来促进不同主体或机构之间进行利益整合的过程。④

20 世纪 90 年代末，英国政府支持英国劳工联合会议制定伙伴关系建设的

---

① Dobbins, T. Dundon, T., The Chimera of Sustainable Labour-Management Partnership, British Journal of Management, 2017, 28 (3), pp. 519 – 533.

② Idowu S. O., Encyclopedia of Corporate Social Responsibility, Berlin, Germany: Springer-Verlag Berlin Heidelberg, 2013, pp. 2235 – 2238.

③ Kelly J., Social Partnership Agreements in Britain: Labor Cooperation and Compliance, Industrial Relations A Journal of Economy & Society, 2010, 43 (1), pp. 267 – 292.

④ Adshead M., Multi-level Governance and Social Partnership: Two Sides of the Same Coin? Journal of Beijing Administrative College, 2007 (4), pp. 108 – 112.

指导性原则，① 这已经成为国家推动社会伙伴关系的经典案例。在英国政府的支持下，英国劳工联合会议提出了著名的劳资伙伴关系六原则，这六项原则概括了劳资伙伴关系的精髓：（1）将员工的工作生活质量作为重点；（2）雇主对雇佣安全作出承诺；（3）企业管理公开透明；（4）承认合理（合法）的利益差距；（5）对企业成功及共同利益共同承担责任；（6）互惠原则。约翰斯通、阿克斯、沃特林及斯诺克等认为，上述六项原则的最终目的是为了挖掘员工的工作动机、献身精神和创新能力，使员工能够通过更加有趣的工作来增加公司的价值。②

美国总统克林顿曾经签署第 12871 号总统令，把行业社会伙伴关系建设作为联邦政府的一项长期指导政策，这已经成为从国家层面推动社会伙伴关系建设的另一个经典案例。该政策有力地推动了包括公共部门在内的行业内部伙伴关系的广泛构建，缓解了社会各利益主体间的冲突与矛盾。

---

① Evans C., Harvey G., and Turnbull P., When Partnerships Don't Match-up: An Evaluation of Labor-Management Partnerships in the Automotive Components and Civil Aviation Industries, Human Resource Management Journal, 2012, 22 (1), pp. 60 – 75.

② Johnstone, S., Ackers P, and Wilkinson A., The British Partnership Phenomenon: A Ten Year Review, Human Resource Management Journal, 2009, 19 (3), pp. 260 – 279. Watling, D., and Snook J., Works Council and Trade Unions: Complementary or Competitive? The Case of SAG Co, Industrial Relations Journal, 2003, 34 (3), pp. 260 – 270.

第六章　劳资合作的拓扑心理分析

国外有关劳动关系的研究文献相当丰富，运用了经济学、管理学、法学、政治学、社会学、心理学、统计学等多个学科领域的理论与方法。劳动关系的理论研究具有多学科交叉的特点，尽管劳动关系和各门类社会科学之间的关系尚不清晰和不确定，但人们对一些交叉领域问题的兴趣和争论却有助于将劳动关系研究推向更高的水平。

勒温的拓扑心理分析既是理论研究，也是经验研究，既不同于以往纯粹思辨式的理论分析，也不同于纯粹的经验主义研究，而是将二者完美地结合起来，对相关问题进行了充分的定量分析和实验研究，属于多学科的交叉研究领域。勒温的拓扑心理分析与心理学、社会学、经济学及管理学等学科关系密切，这些社会科学的发展都得益于拓扑学的发展。在心理场论的基础上，勒温在团体动力学研究方面取得了突破性的研究成果，这些成果对于企业组织内部劳动关系氛围、劳资合作关系及员工参与过程等问题都有很强的解释力和理论价值。

第一节　勒温的拓扑心理分析

拓扑学是几何学的一个分支，用非数量关系来描述空间关系，只考虑空间关系的次序，不考虑大小、面积、距离及方向等。拓扑心理学（topological psychology）由德国心理学家库尔特·勒温创立，通常被视为是格式塔心理学派的一个分支，继承了格式塔心理学的一些研究成果，也修改了格式塔心理学的一些假定和结论。勒温是实验社会心理学的开创者，他的团体动力学研究对社会心理学做出了巨大贡献。

拓扑心理学借助于动力场理论，运用拓扑学和向量学的描述方式，研究个体在特定环境下的心理与行为特征。勒温运用拓扑学和向量学的方法分析心理事件在心理生活空间的移动，如运用图形来描述个体的目标及达到目标的途径，并运用向量分析方法来描述心理事件的方向及动力关系，弥补了拓扑学缺乏方向分析的不足。

一、个体行为是个体状态和环境状态的函数

在基本概念的创新方面，勒温提出一系列不同于传统格式塔心理学所常用的新概念，并作出了独到的解释。这些新概念在他的拓扑心理分析中占据了重要地位，为拓扑心理分析体系的构建奠定了基础。不同于传统格式塔心理学家考夫卡提出的行为环境概念，勒温提出了“心理环境”的概念。行为环境是指个体当时所意识到的环境，而心理环境则不限于个体“看见了”和“了解的”环境，它还包括个体当时虽没有意识到、但却“有影响的”事实。勒温认为，考夫卡的行为环境还不足以说明行为的全部事实。例如，在庭院里玩耍的幼儿的举止会随着母亲在家或外出而不同，但人们不能假设母亲这个事实连续处于儿童的意识里。①

“心理生活空间”是勒温拓扑心理分析最重要的概念，常用于分析和描述心理场的思想。勒温认为，科学心理学必须考虑整个情境，即个体和环境两者的状态，这就需要设法用一个共同的术语把个体和环境描述为同一情境的两个部分。但是在心理学中，尚没有这样一个能够包含这两者的术语，而“情境”一词通常是指环境而言，所以勒温提出“心理生活空间”这个术语，用来表示确定的个体在某一时刻行为的全部事实。心理生活空间的每一组分都等同于一个区域，心理生活空间的每一个对象，例如个体所存在之处、所运动之处或进行位移所通过之处、同时可区别出若干位置或组分的事务以及较大整体中的组分事务等，都必须被描述为一个区域，甚至个体本身及整个生活空间，也必须被描述为一个区域。个体所处的区域，对于他的行为有重要影响，在这个区域里产生一种行为，在那个区域里则可能产生另一种行为。心理区域具有一定的边界，边界是多种多样的，两个区域之间的过渡地带，称为边界地带。从一个区域运动到另一个区域称为位移，例如通过谈话去接近另一个个体就是一种社会位移，位移在心理生活空间中要有相应的道路。勒温的“心理生活空间”概念，考虑各因素之间的关系、场的层次的变化，面向社会实际

① ［德］库尔特·勒温．拓扑心理学原理［M］．北京：北京大学出版社，2011：序，2.

问题，试图以心理学知识来解释社会实际问题，为社会心理学开辟了一条新的途径。①

勒温否定了传统的刺激—反应公式 B = f（E），提出了 B = f（P，E）的公式。勒温认为行为（B）等于人（P）和环境（E）的函数，P 是个体的状态，E 是环境的状态。他认为个体行为应该表示为人和环境的函数，人和环境都是自变量，行为取决于人和环境两个因素的变化情况，而不是只取决于环境一个因素的变化。他认为，行为是随人和环境的变化而变化的，也就是说，行为取决于个体状态和环境状态两个方面。这种以数学的逻辑思维方式分析个体行为和环境的关系，被认为是心理学及社会科学研究的新思路。该公式中的环境（E）不是纯客观的环境，也不是考夫卡所说的行为环境，而是勒温提出的心理环境，心理环境由具有现实基础的准事实构成，而不再仅仅局限于意识到的环境。

勒温认为心理生活空间虽无法准确测量，但有其自身的结构、维度、边界和区域，因此，心理生活空间存在移位、连通和障碍等问题。勒温的心理生活空间概念为他从事对人的行为动力、动机、需要及人格的研究奠定了基础，并为格式塔心理学研究开辟了新的思路。勒温的研究超出了传统格式塔心理学对于知觉的研究范围，将人和环境统称为心理生活空间，他认为，心理生活空间包含所有显性的环境及隐含的环境。这里的心理生活空间不是指人的一切事实，而是某一时间区间内特定的人及其行为的相关事实，因此，勒温的心理环境与考夫卡的行为环境完全不同。

勒温对于心理生活空间的拓扑分析、对于行为动力的分析、对于动力场向量的分析等，都是拓扑心理学的重要标签，具有创新性。他认为心理场域内存在着身体运动之外的真正运动，将本该属于物质世界的心理过程分化出来，并成为一种可以单独分析和描述的独立世界。心理生活空间与物质世界借助于价值实现了沟通，并在物质、心理及价值之间建立起了清晰的结构。

二、领袖实验与民主型组织氛围

1939 年，勒温发表了“社会空间实验”一文，首次提出团体动力学（group dynamics）概念。勒温对个体行为和团体行为进行了界定，他将个体及其所处的环境称为心理场，将团体及其所处的环境称为社会场，并由此奠定了

① ［德］库尔特·勒温．拓扑心理学原理［M］．北京：北京大学出版社，2011：序，5－10.

他的社会心理学基础，勒温的社会心理学也称为团体动力学。

从心理场论的视角看，通常用移动、向量、力场、紧张及目标等概念来描述团体的变化，这些变化则通常被认为是团体的根本特征。勒温认为对团体的研究不应该停留在描述层面，应该重视研究团体生活的潜在因素和力量，分析推动和阻碍团体行为变化的各种力量，研究团体行为的变化及这些变化是如何发生的，这就是勒温团体动力学的本质特征。具体来说，团体动力学研究团体中各种力的交互作用以及影响团体行为的权力对比、潜在动力、影响、变化、抵制、压力、压制、内聚力、吸引、排斥、稳定、不稳定及平衡等。勒温出版了专著《解决社会冲突》和《社会科学中的场论》，这是他团体动力学理论的系统化研究成果。

勒温在社会心理学方面取得了巨大成就，其中之一就是他对于不同社会氛围中工作效果及攻击行为的研究，这就是著名的领袖实验，该实验开创了社会心理学研究的新领域。勒温和他的同事们将一些男孩作为被测试对象，他们将男孩分成三组，每组五人，并为每一组男孩都分配了领导风格截然不同的成人作为领导。三组的领导风格分别为独裁型、放任型和民主型，这表明，三组男孩所处的社会及组织氛围完全不同。试验结果表明，在独裁型领导下的组织中，孩子们的工作效果最差，多数儿童均表现出了不同程度的攻击性，除了一些个别的代人受过的孩子之外。相比之下，在民主型的组中，男孩们工作效果最好，他们之间更多的是友谊，敌意较少。

勒温认为，社会心理学应该用于分析和解决社会实际问题，致力于将他的研究扩展到军事和经济领域。为此，他提出了行动研究法，还成立了社会心理学研究会及团体动力学研究中心。在随后的几十年间，团体动力学得到了迅速发展，并迅速扩展到企业、学校、公共部门等各个领域。

团体动力学对于组织内部氛围及管理方式的研究取得了显著的成果，这一成果不仅局限于理论上的突破，也被广泛应用于社会实践。团体动力学强调组织内部民主氛围对于工作效率及和谐关系构建的重要性，强调民主化管理对于团体内成员参与决策、构建组织内合作关系及营造合作氛围的重要意义。在实践层面，团体动力学逐渐发展成为一套管理技术，如角色表现等，“行动研究”和“敏感性训练”得到了推广，对于完善团体的功能以及团体对个体和社会的作用具有重要的实际意义。目前，团体动力学已经被广泛应用于人际关系培训、领导能力培训、企业、学校、军队和政府部门的管理实践等。

团体动力学始于二战后的美国，当时已具备了这一新学科出现的社会环境，各种具有不同功能的社团快速成长。一些团体曾一度被看作是调节企业和劳资冲突的关键，如工会就是具有这一功能的代表性团体。此外，与团体相关的领域也开始发育，如社会管理工作、社团福利工作、集体心理治疗等。团体动力学认为，团体对于社会的完善具有重要作用，科学方法可以改善团体的质量。在提出团体动力学概念后，勒温又陆续提出了社会空间、团体目标以及团体气氛等重要概念。

三、团体决策与个体行为的改变

团体决策理论是勒温团体动力学的核心理论，他认为团体动力学实现了对多种社会科学的整合，而团体决策理论在其中起到了极其重要的作用。勒温的团体决策理论把决策作为动机与行动之间的中介，关注心理认知的动力属性与意义，是对动机理论的新发展，并为社会认知理论奠定了基础。传统观点认为，行为是动机的直接结果，忽视了行为者的主体意识性。

勒温把团体作为心理学的一种有机整体，来分析团体与个体行为的潜在动力关系，分析团体对个体行为的影响及团体中各成员间的相互依存关系等。勒温认为心理生活空间不仅包含个体状态，也包含环境状态，使团体这一概念与个体的概念得以衔接，顺利实现了从研究个体的生活空间向团体行为与动力的过渡。勒温早期对个体行为的动力研究为他后来的团体动力学或社会心理学研究奠定了基础。

勒温赋予团体以鲜明的心理学意义，认为团体行为是在团体中的个体与社会环境相互作用过程中形成的，并在个体与团体的关系及力量对比方面提出了非常有价值的观点。他认为，虽然团体的行动要由构成团体的个体来执行，但团体具有很强的整体性，个体的心理和行为对其所属的团体具有很强的依赖性和依附性。个体的人格被他所属的团体塑造起来，团体的力量能够支配或控制个体的力量，个体的标准和价值观很难超越团体的标准和价值观。如果团体的标准和价值观没有改变，个体就难以改变自己的标准和价值观。相反，一旦团体的标准和价值观发生了变化，那么个体的抵抗力量也难以持久。勒温认为，要改变个体的态度或行为，首先要改变其所属的团体，这要比直接改变个体容易得多。这表明了一种规律，即通过团体决策来改变个体比单独逐个改变个体更有功效。

关于团体与个体的关系及团体内部个体之间的相互依存关系，是勒温团体动力学的核心。勒温认为团体是一种具有心理学意义的动力整体，与个体行为一样，团体行为的本质是所有发生事实的相互依存，团体不是个体的简单集合，团体的动力不等于个体的动力，个体的相似性或差异性不能决定团体的本质，团体的特征不是由单个个体的特征所决定，而是取决于团体内个体之间的相互依存关系。团体作为一个动力整体，团体中任何一个个体变化都会引起其他个体的变化。

对于团体的变化问题，勒温提出了准稳态平衡理论。勒温认为，如果从心理学意义上分析团体的变化，那么，变化总是从非变化开始，并以一种非变化结束，他称之为准稳定平衡，这是一种心理学意义上的稳态。勒温认为所有的团体生活都只能是一种准稳态平衡，社会变化通常遵循“解冻—流动—重冻”的模式，其运作过程如同一条河流，即使其速度与方向不变，但河流中的所有元素都在不停地变化。

勒温的研究突出了团体决策对于改变准稳定平衡的作用，认为团体决策不仅是动机与行为之间的中介，也是团体维持原有的准稳定平衡或打破该平衡的重要力量。团体中个体的变化难以引起团体的变化，只有通过团体决策的力量来打破团体原有的稳态和社会习惯才能实现。勒温认为，社会习惯是团体本身所具有的一种抵制变化的内在力量，隐藏于个体与团体的标准关系中，维系着团体生活的固有状态。团体决策是维持或改变原有的价值观和标准的动力，并会自动促成个体变化心理与行为的改变。团体决策是引发和促进所有社会变化的动力，贯穿于“解冻—流动—重冻”的全过程。勒温说，“团体决策把动机与行动联系起来，同时具有解冻的效力。”

四、心理边界、心理位移与心理交往

既然个体的状态和环境的状态是不能分割的，那么，对于个体区域和环境区域的划分就是一个关键的问题。确定一个心理区域属于个体还是属于环境，或者说，个体与环境边界的确定，应该从心理场的动力角度加以分析。勒温认为，凡是个体能够在其中位移的一切事物，都应该被视为环境，无论是个体是朝向该事物还是背离该事物的位移。勒温认为目标和概念应该归属于环境区域，反对将目标和概念归于个体区域的观点。

心理区域的边界是指区域内的一些点，不存在完全位于该区域内的围绕，即通常情况下，个体不离开区域就不能围绕的那些点就是边界点。如果某一个体通过一种特定的沟通方式接近另一个体，如谈话、相互发送信息等，都是心理上的位移，尽管没有身体上的位移。一个人加入一个团体或离开一个团体，是一种典型的心理位移，如加入工会、刚刚进入一个企业或进入同一企业的另一个部门等，同样，脱离这些组织也是一种心理位移。

上述位移的边界基本都是清晰的，但也有一些心理位移是不清晰的、难以描述的，如两个区域之间的逐渐过渡；如在交流过程中，两个人的关系发生了改变，从客户变成了朋友、从领导和下属变成了朋友、或从陌生人逐渐变成了合作伙伴，等等。在这些逐渐过渡的位移中，个体经过了多少边界和中间区域，通常是模糊的、不确定的，更多的是依靠心理感知。如果边界是模糊的、复杂的，人们通常会将边界视为是多维的边界地带。例如，不同阶层之间的边界，通常就相对模糊，并且具有逐渐过渡的特点。在大多数社会及心理事件中，缺乏对边界及边界地带的认知是通病，也是个体及组织难以实现位移的根本原因。

边界分明性的程度，对于社会团体的内部结构，尤其是以它的同质性和团体内的过程来看，具有重要意义。美国和德国社会生活之间的差异就一个例子。美国社会生活的重要特征之一，就是在社会方面许多有关区域形成的边界要比德国分明，在日常生活的小事上、在国家的、政治的、职业的和社会的结构上，都能够看到这一点，如职业专门化、明确规定政府职责以及在教育问题上的明确规定等。①

在心理生活空间之内，不仅个体本身能够到处运动，而且许多准物理的、准社会的和准概念的物体也能够运动，一切区域都能够逐渐地或突然地在生活空间内取得新的位置。不仅个体会运动，社会团体也可能会发生运动，并且社会团体的运动可能会扩大个体的力域。例如，通常的情况是，某一个体自己没有运动，但他被一种社会运动带到了另一个位置，该位置也许与他自己的目标一致，也许与他自己的目标越来越远，他被越来越远地推离他的目标。

如果边界或边界地带对心理位移产生了阻力，那么这种边界或边界地带就称为障碍。目标、期望及思维等的确定性或不确定性的程度，都是一种动力事实，决定着个体在环境中的位移。如果这类位移受阻于一道不可逾越的障碍，那么，在朝向这个目标的方向上，就可能存在着一种趋势，这种趋势就是一种心理场的动力。一个边界对于不同的位移，其阻力或障碍的强度是不同的，边界上不同点的阻力也不尽相同，对于不同方向的位移而言，边界的动力属性是不同的。

勒温认为，研究心理位移及边界的动力属性，还应分析交往问题，通常来说，高度交往就意味着边界的阻力较弱。一个心理区域与另一个心理区域的交

---

① ［德］库尔特·勒温．拓扑心理学原理［M］．北京：北京大学出版社，2011：序，124.

往程度，实质就是这个区域对另一个区域的影响程度。交往程度取决于主动交往的个体的状态、被动交往的个体的状态、交往的类型、交往区域的属性，等等。被动交往的个体的接受程度越高，就表明交往程度越高。交往的类型和方向与权力域有关，权力域是个体影响的范围或心理学意义上的力域。在交往过程中，选择最优的交往类型和障碍较弱的位移是至关重要的。

分析位移问题还应考虑情境的流动性问题，个体所处的情境不是静止的，而是动态的，富有变化的。在其他条件相同的情况下，一种情境的流动性越高，通常意味着稳定性越低，则这种情境发生变化所需要的力就小。情境的流动性对于所有的过程都起着重要作用，流动性是情境的一种基本动力属性，个体所归属的团体的稳定性及流动性千差万别，并且在不同时期也不尽相同。

第二节　民主型组织氛围的重要性

如果将勒温领袖实验的结论及团体决策理论应用于企业的劳资合作问题，我们可以得出结论：（1）民主型的雇主及管理者对于合作型劳动关系的构建极其重要，这为我们选择什么类型的管理者提供了理论依据，管理者的选拔仍然是企业的大事，管理者的个人特质对于能否构建劳资合作关系至关重要；（2）合作型的劳动关系一旦建立，就会自动提高个人绩效和组织绩效，并提高员工参与的积极性；（3）合作型的劳动关系及民主型组织氛围具有相对的稳定性，能够较容易传承下去，个别员工难以改变。

一、民主型劳动关系的功能与意义已被充分论证

综合分析勒温的领袖实验，民主型雇主和民主型管理者对于构建劳资合作关系极其重要，企业应该优先选择和选拔民主型管理者。掌握管理权的民主型管理者能够成功地营造民主型及合作型组织氛围，而民主型及合作型组织在提高效率、激发员工参与、优化劳动关系及员工关系等方面的功能已显而易见。勒温的领袖实验表明，在民主型领导者所管理的组织中，有两个明显的优势：一方面，组织内部成员的工作效率高，工作积极性及参与积极性都较高，工作效果好；另一方面，组织成员具有合作精神，互助、友爱、极少有敌意。

事实上，在具有民主氛围的组织中，具有很高工作效率及合作精神的员工反过来又会进一步巩固组织的民主氛围，并给予民主型领导以不同程度的认可

和鼓励，从而强化领导与成员之间的信任关系，领导更信任成员，成员也更信任领导，如此形成良性循环。勒温领袖实验所得出的结论已经被应用于经济、军事、教育及政府部门，并且完全可以用于解释企业组织中劳资合作关系的构建问题。

关于民主型劳动关系的功能和意义，已经被勒温的领袖实验充分证实了。这是从人的本性出发所作的研究，是以毫无社会经验的儿童为研究对象，并且是在最简单的组织中进行的。这一研究的结论可以被扩展到任何组织中，也可以被扩展到成人世界。因此，民主型企业组织对于提高绩效、激发员工利他行为及优化劳动关系氛围的功能与意义无须过多投入研究力量加以重复论证。二战后，西方很多研究成果都对此进行了较为充分的理论及实证研究，欧美国家已有大量的研究成果，证实了其积极作用，无论在提高工作效率及绩效方面，还是在优化劳动关系氛围方面，民主型的劳动关系及组织氛围均具有积极的、正向的意义。

上述研究结论在劳动关系、人力资源管理及组织行为学等领域的研究也都得到了相似的结论。合作型的信任关系能够支持组织的多重能力，这种类型的信任关系具有独特的价值（基于分享的目标）和标准（基于相互依存的管理程序）。[①] 另外，勒温领袖实验的结论与组织公民行为（organizational citizenship behaviors）理论也是一致的，勒温领袖实验表明，民主型的领导及民主型的组织有利于激发组织公民行为。组织公民行为理论的重点是这些行为的构成及其功能，勒温领袖实验的重点是这些行为的形成需要什么环境和条件。

组织公民行为是指企业组织内的员工自觉和自愿完成的，与组织内部标准的报酬体系和激励体系无关的，但却有利于提高组织绩效和优化劳动关系氛围的行为。组织公民行为理论认为，组织公民行为主要由 5 个维度构成：利他行为、尽职行为、运动家精神、谦恭有礼和公民道德。利他行为是指员工愿意占用自己的时间主动帮助同事完成工作任务或是防止同事在工作上可能发生的错误；尽职行为是指员工的表现超过组织的基本要求标准，能够以更高质量和更快的速度完成工作，对自己的工作有规划；运动家精神是指员工在工作环境不佳的情况下，仍然保持积极正面的工作态度，忠于职守，不抱怨，甚至宁愿牺牲个人的利益；谦恭有礼是指员工用尊敬和友善的态度对待上司和同事；公民道德是指员工主动关心并愿意参与组织的各种活动，关心组织发展。

---

① Adler, Paul and Heckscher, Charles, The Collaborative, Ambidextrous Enterprise, Universia Business Review, Cuarto Trimestre, 2013 (40), pp. 34 – 51.

在5个维度的基础上，组织公民行为又被归纳并扩展为7个维度，具体包括助人行为（helping behavior）、运动员精神（sportsmanship）、组织忠诚（organizational loyalty）、组织遵从（organizational compliance）、个人首创性（individual initiative）、公民道德（civic virtue）和自我发展（self development）。[①] 组织公民行为7个维度的划分与勒温领袖实验的结果基本一致，勒温的结果大体上也基本体现在工作效率与利他精神或利他行为两大方面。组织公民行为理论认为，随着时间的推移，组织公民行为会逐渐积累，形成积极的团队气氛和使人更加愉快工作的环境，增强组织适应环境变化的能力，创造组织的社会资本，最终提高员工的工作效率和企业组织绩效。

也许我们会反问，一些研究表明，某些企业所设计和执行的劳资合作机制及程序，并没有明显提高绩效，也没有优化组织氛围或促使劳动关系更和谐。这个问题是否可以这样来解释，劳资合作机制具有提高绩效和劳动关系质量的功能，但并不意味着一定能够为每一个特定的企业组织提高绩效和优化劳动关系，这种功能只是一般意义上的，该功能能否有效发挥作用还取决于企业多方面的情况。就如同一种药品，具有治愈某种疾病的功能，但不能保证能够治愈所有患有该病症的患者。

二、民主型企业组织氛围会扩展到全社会

民主型的组织氛围会超越组织范围，最终扩散到全社会，并且这种民主型的组织越多，叠加效应越明显，就极易形成民主型和创新型社会。事实上，勒温的研究也完全可以扩展到组织外部，扩展到家庭和全社会。企业组织中的民主氛围，不仅培养了员工在组织内部的利他行为和创新行为，也同样会激发员工个体在企业组织外部的利他行为和创新行为。员工在工作单位心情舒畅、有爱心、工作积极性高、关心同事、关心领导及组织的发展等，他在家庭和社会中也通常会表现出相似的状态。

企业组织中每个员工都有家庭成员、亲属、朋友、客户、合作伙伴及各种社会关系，如果一个员工本人有着较高水平的利他行为和创新行为，他就会对周边的人产生积极的影响，这种良好的人际关系和氛围甚至会传导到陌生人，如他所接触的各类服务人员等。这些良性互动关系长期积累的结果，就是整个

---

① Podsakoff, Philip M. and MacKenzie, Scott B., Organizational Citizenship Behaviors: A Critical Review of the Theoretical and Empirical Literature and Suggestions for Future Research, Journal of Management, 2000, 26 (3), pp. 513 - 563.

社会都将是和谐的、民主的、友爱的、富有活力和创新能力的，社会中的对抗和敌意会越来越少，也容易摆脱僵化和腐败。

从上述分析我们可以推知，一个民主型社会的构建可以从企业组织这个微观层面入手，从劳资合作体系及民主型管理方式入手。从近期目标看，劳资合作体系及民主型管理方式主要是为了提高企业绩效和劳动关系运行质量，但从长期看，在组织内部率先培养了富有利他精神和创新精神的人，如果富有利他精神和创新精神的人越来越多，就会形成良好的社会氛围，并推动全社会各类制度体系的完善。

任何事情的重要性都不能与培养高素质的人相比，通过民主型企业组织的塑造来培养和塑造富有利他精神和创新精神的人，是构建民主型社会和创新型社会的捷径。组织公民行为理论告诉我们什么是组织公民行为及其构成，而勒温的领袖实验则告诉我们如何培养和形成这些弥足珍贵的组织公民行为。

三、规范的和不规范的劳资合作关系

规范的劳资合作机制的设计是非常重要的，也是劳动关系及人力资源管理研究的重要问题，如权力与责任的重新分配、员工及工会的参与机制和参与程序、员工代表和工会代表的选举等，这些方面均需要规范的制度设计与安排，既需要组织外部法律法规与政策的规范，更需要企业组织内部被各方一致认可的规范的程序与机制设计。

规范的劳资合作机制固然重要，但由于劳资合作本身就是一种规范的程序和不规范的程序组成的集合体，既需要规范的制度化安排，也需要大量不规范的、随意的、被默认的、无法明确表述的关系或规则，这些不规范的关系或规则有时可能在劳资合作关系中占据重要地位，甚至会占据主导地位，并决定一个企业劳资合作水平的高低。

一个企业，如果劳资合作水平很高，在其劳资合作程序及相关机制被公开以后，仍然难以被其他企业所效仿，即便是完全模仿了该企业的劳资合作机制与程序，但对于提高绩效及改善劳动关系氛围仍然效果不明显，那么，就可以推断，被模仿的企业很可能存在大量的难以明确描述的非规范的劳资合作关系，因为这些非规范的合作关系是隐性的、随意的、难以模仿的。

事实上，上述非规范的劳资合作关系和劳资合作机制对雇主或管理者有很强的依赖性，带有明显的领导个人的特质和符号，与他们个人的领导风格关系密切。在规范的合作机制与合作程序相同、所从事的行业相同、员工素质也基本相同的情况下，不同的管理者会营造出截然不同的合作关系和组织氛围，合作效果也大相径庭。所以，我们不要过度重视规范的合作机制与合作程序的构建而忽视了企业领导人的选拔，民主型的领导人对于企业劳资合作关系的构建及提高劳资合作质量往往起着决定作用。

如果企业组织内部非规范的劳资合作关系缺失，即便是已经有了高水平的规范性的劳资合作程序，通常也难以获得高质量的劳资合作关系。无论企业组织内的制度安排多么富有民主性，如果管理者的领导风格不够民主，缺少亲和力，员工参与的积极性也不会很高，也不会获得理想的参与效果，个人绩效和组织绩效也难以提高。另外，尽管一些企业尚未形成一套完整的、规范的合作机制与合作程序，但由于雇主及管理者是民主的或具有高超的管理能力，仍然能够在企业组织内部创建高质量的劳资合作关系，并且这种合作关系是独有的、难以模仿和复制的。

鉴于以上分析，用规范的劳资合作机制与合作程序去描述一个企业的劳资合作质量是不完全的，因为劳资合作本身就是一个模糊的范畴，也是一种难以量化的模糊的实践。用劳资合作氛围或劳资合作关系来表述可能会更好，氛围和关系本身就是模糊的概念，其中包含着大量非规范的、隐性的、随意的关系。

第三节　员工个体特性在参与中的重要性

一、勒温重视对个体特性与需要的研究

勒温认为，在公式 B = f（P，E）中，P 和 E 不是独立变量，E 会随着个体状态的变化而变化，也就是随着人的需要的改变而改变。如果确定了 P 和 E 中的一个变量，并不能推知生活空间的心理与行为过程及结果。心理及行为不仅仅取决于个体的状态，或仅仅取决于环境的状态，而是取决于个体特性和环境特性两个方面，取决于两者的变化及其互动关系。勒温反对传统理论将个体处理为整体，忽视个体的心理状态、需要及社会关系等方面的差异的研究方法。勒温认为，人的行为不是个体对环境的机械反应，而是带有鲜明的个体特性，不仅包括个体最原始的身体行为，还包括个体的情绪、心理状态、思维过程及社会关系等。勒温认为，这些事实过程必须被整合成为一定条件下个体的

具体情境，而不应该被描述为孤立的事实。这表明，任何脱离环境状态所做的心理与行为分析都是不充分的，同样，任何脱离个体特性的过于简化和抽象的心理与行为分析也是不可靠的。

上述公式表明，人的行为不是对环境的机械反映，个体对于环境的反应和态度与个体的需要密切相关。环境的结构、环境中某些事实及环境中各区域力量的大小及方向等，都在一定程度上取决于个体需要的满足程度。勒温从人的需要出发来分析人对于不同环境的不同反应，人的需要决定了人对于不同环境下的事物的不同反应和不同态度。如果环境中的事物有助于满足人的需要，人就会愿意接近该环境下的事物，这些事物就会吸引他，这些事物对他就具有引值（正的原子值）。反之，人就会排斥或拒绝该环境下的事物，这些事物对他就具有拒值（负的原子值）。

勒温认为，个体并不是同质的统一体，而是高度分化的物体，个体可以被分为不同的区域，不同区域的状态的变化是相互独立的。个体的需要也应该被分成不同的部分或组分，对于个体而言，需要可分成局部的需要和总体的需要。如果满足了个体某一局部的需要，也不意味着在同等程度和同样方向上改变了整体的需要。另外，勒温将需要划分为两个层次：基本需要和准需要。基本需要是基本生理层面的需要；准需要是更高层次的需要，如信件写完了需要投邮筒、临近毕业需要撰写论文等，准需要是勒温研究的主要对象。勒温对于意志和需要的研究，改变了格式塔心理学过多偏重于知觉研究的状况。

二、员工个体特性与需要决定劳资合作意愿及效果

由勒温的研究可以推知，在劳资合作机制、方案与程序的设计上，应尽可能考虑员工的个体特质，忽视员工个体特质的劳资合作程序在执行过程中会遭遇阻碍，或者流于形式，合作效果不理想。对于不同类型的企业组织，所涉及的劳资合作机制、方案与程序应该是完全不同的，在同一企业内部的不同部门，也应采取不同的机制和方案，甚至在同一部门内部，针对不同特质的员工也应该有灵活的、差异化的程序和方案。这些问题涉及劳资合作及员工参与机制和程序的灵活性和适应性问题，灵活性和适应性高的劳资合作及员工参与机制要以足够重视员工个体特性及差异性为基础和前提。

对于创新型企业组织和一些企业的研发部门，创造性的工作是员工的工作特点，重复性和机械性的工作较少。这些员工多为企业的核心员工，他们通常

有很高的资历、学历及技能水平等，在企业中的地位较高。核心员工个人大多有更高的目标和理想，不会过多关注普通员工所关注的问题。他们对集体劳动关系的需求较少，与雇主及管理层的沟通更为直接，甚至他们本身就是管理层中的一员，本身就是决策者之一。对于这些核心员工，在劳资合作及参与机制的设计上，应加大他们在企业重大决策过程中的参与，尤其是与创新有关的决策过程，重点在于尊重他们的思路、设想与建议，精神上的认可与尊重往往比薪酬的增加更重要。

对于一些大规模制造业和服务业的普通员工，他们大多从事枯燥的、重复性的工作，工作的相似性较高，差异性较小，工资较低，对创新的要求较低。这些员工对集体劳动关系的需求较高，更多的是期待更高的薪水和更少的工作时间。他们对较高层次参与的需求也相对较低，更关心工作场所层面的组织氛围及参与程序。

在工作相似度较高的事实背后，应该注意的是他们个人特质及其家庭的差异是巨大的。例如，有的员工有更高的目标，很强的进取精神，居安思危，他们希望在基层获得更多的培训机会和职位晋升机会；一些年轻员工赡养父母和养育子女的压力较大，他们希望能够提高薪水和福利待遇；而另外一些员工，则更满足于现状，在培训、薪水和职位晋升等方面没有较高的要求和目标，他们可能更追求灵活的工作时间、工作方式、愉快的情绪及快乐的工作环境等，一些年龄较大的员工及养育子女压力较小的员工也具有这一特点。

针对上述各种类型的员工，尽管他们在治理层面的参与机会和参与需求较少，但在劳资合作及参与机制的设计上，应顾及他们的个体差异，如个人的追求和气质类型、年龄结构、家庭情况的差异等。由于工作场所层面的劳资合作与人力资源管理程序已经密切融合，合作程序应加强对一部分员工在培训和晋升机会方面的激励，加强对一部分员工在薪酬方面的激励，以及加强对另外一些员工在工作时间及工作灵活性等方面的激励等。

通过以上分析，我们可以得出结论：企业的劳资合作及员工参与方案和程序最好能够细化，无论在哪个层面，都要针对不同特质的员工制定几种类型的劳资合作计划。因为一套僵化的合作及参与方案很可能会将一部分员工排斥在外，一些参与程序难以激发一部分员工参与的积极性，同样，一些与参与相关的激励措施对一部分员工也难以起到什么作用。但如果换成另外一种合作及参与机制，这些员工又可能非常感兴趣，能够激发他们的参与意愿和参与的积极性。

三、员工个体与劳资合作环境之间的互动关系

勒温的团体决策理论表明，企业组织内的普通员工难以改变组织氛围及相关规则，员工个人难以对抗和改变企业组织的氛围、基本价值观及标准等，如果一个企业缺少民主化的氛围，劳资合作及员工参与水平较低，单个员工的力量是难以改变这种局面的。在企业组织中，尽管员工是流动的，不断有员工离开和新人加入，或者员工的个体不断变化，组织的特征通常会保持不变。但同时，组织所特有的价值观和标准却能够对员工产生巨大影响，员工的个别力量难以抗拒组织内部规则及理念的变化。

勒温的准稳态平衡理论及“解冻—流动—重冻”模式对企业劳资合作及员工参与问题也具有很强的解释力，我们可以将企业的劳资合作机制及员工参与程序视为组织环境，员工个人与该环境之间的互动关系对于劳资合作及员工参与效果具有重要影响。如果二者有着良性互动，合作及参与的效果通常会更好。良性互动关系的建立与保持对于劳资合作的组织环境有较强的依赖性，同时，环境的质量又取决于团体决策，勒温认为团体决策是组织变化的动力，并贯穿于“解冻—流动—重冻”的全过程。

团体决策的形成，主要取决于企业管理者或决策者，他们的决策决定着劳资合作环境的质量和特点。在参与范围广且参与力度大的高质量的组织环境中，员工与环境之间的良性互动关系会占据主要地位，员工个体能够对这种良好的合作环境做出积极的回应。尽管员工个体之间存在巨大的差异，但从总体上看，在高质量的劳资合作环境中，员工整体的参与意愿、参与的积极性及参与的力度将普遍较高。一旦组织中高质量的劳资合作环境形成了，在主要决策者没有改变团体决策的情况下，员工的流动、员工个人的消极态度及抵抗行为等都不足以改变这个环境，劳资合作环境能够保持动态的均衡。

在员工个人与劳资合作程序及参与环境之间的互动关系中，管理层或决策者掌握了更大的主动权和优先权，事实上，能够改变组织特征或劳资合作环境的仍然是决策者。如果这种权力能够更多地用来平衡组织的目标和员工个人的目标、兼顾组织的需求和员工个人的需求，那么这种管理权就能够在组织内部营造民主型和合作型的氛围，员工个人就能够对企业的需求和目标做出积极的回应，员工参与的意愿和积极性就会较高。反之，如果管理方将劳资合作关系作为减小员工集体抵抗力量并强化员工个人对特定组织目标承诺的思想工具，那么员工就会拒绝合作和参与，并会形成更强的心理防线，对于日后企业推出

的合作及参与计划更加抗拒，因此，在组织中建立信任关系对于劳资合作极其重要。合作型的信任关系能够支持组织的多重能力，这种类型的信任关系具有独特的价值（基于分享的目标）和标准（基于相互依存的管理程序）。[①]

除了重视企业领导者和管理者选拔这个环节，限制雇主或管理方对劳动关系的优先权并寻求劳资双方的共同控制或联合控制将成为一种趋势。联合控制的核心问题是避免流于形式的合作及参与，否则将会严重损害员工参与的积极性。如果针对管理控制和管理优先权向联合控制的转变这一难题，要通过平衡双方的差异性目标并突出员工的目标来研究和实施这种转变过程。

第四节　劳资合作中的心理交往、心理边界与位移

一、劳资合作前后劳资双方的心理交往的变化

企业组织中的劳资合作，主要涉及雇主或管理层与员工两大群体之间的交往，同时也涉及个体之间的交往。雇主及管理层通常是劳资合作的发起方，可以视为是交往的主动方。在劳资合作计划启动之前，雇主及管理层已经与员工实现了高度交往，员工基本接受了雇主及管理层所设计的管理规则及理念，因为在通常情况下，拒绝接受一个企业的管理规则及理念就意味着此人难以成为该企业的员工，即便是已经成为该企业的员工，通常迟早也会离开。

在劳资合作计划启动之前，雇主及管理层与员工之间已经实现了高度的交往，这是因为员工在企业组织情境中心理边界的阻力较弱，雇主及管理层的心理区域与员工的心理区域极易实现高度的交往，前者对后者的影响程度相当高。换一个角度看，在劳资合作计划启动之前，雇主及管理层的优势地位甚至霸权地位是相当显著的，能够较容易地与员工产生高度的交往，员工个体是难以与雇主及管理层实现高度交往的，员工的心理区域难以深刻地影响雇主及管理层的心理区域。在一些情况下，核心员工个人可能会有一些参与权和谈判权，但普通员工基本都是接受雇主及管理层行政式安排。这种行政命令式的安排与科斯的企业理论所描述的特点一致，即企业组织是一种非市场的机制或资源配置方式，雇主及管理者运用行政命令配置资源，包括物质资源和人力

---

① Adler, Paul and Heckscher, Charles, The Collaborative, Ambidextrous Enterprise, Universia Business Review, Cuarto Trimestre, 2013 (40), pp. 34 –51.

资源。

勒温认为，交往的程度与交往中被动一方的状态关系密切，被动交往的个体的接受程度越高，通常就能实现较高程度的交往。通常来说，在创新程度较低的大规模制造业和服务业中，普通员工极易接受雇主及管理层的影响，在这种类型组织情境中，员工个体对雇主及管理层的交往程度普遍偏低。在这些产业中，如果有强大的工会力量存在，员工难以接受的交往类型通常集中在工资待遇及工作时间等最基本的劳动标准问题上，并且只有当这些问题积累到足以以集体抗议的形式爆发时，在工会的领导下，员工的集体行动才能够对雇主及管理层产生影响。雇主及管理层接受员工集体诉求的程度，能够表明员工集体对雇主及管理层的交往程度，如果雇主及管理层较容易接受了员工及工会提出的要求，表明员工及工会对雇主及管理层实现了高度的交往。相比之下，在创新型产业及企业组织中，员工个体对雇主及管理层的交往程度通常较高，尤其是核心员工，他们对雇主及管理层的交往程度更高，如很多高新技术企业就是如此。

在劳资合作计划启动之后，雇主或管理层与员工之间的交往改变了，雇主及管理层通过主动让渡一部分权力来提高员工的主动性和影响力。无论员工在治理层面和工作场所层面获得了多少参与权，参与的深度和广度如何，只要在参与权扩大的情况下，员工与雇主及管理层在交往的主动性方面都会有改善。获得了参与权的员工，就有了一定的知情权和发言权，有机会提出建议和看法，这或多或少都会对雇主及管理层产生影响，并进而影响企业的决策及管理规则，员工对雇主及管理层的交往程度大大提高。事实上，在雇主及管理层设计并执行劳资合作计划的时候，就意味着其在组织情境中的心理边界的阻力已经减小了。

二、劳资合作使劳资双方的心理边界更为模糊

企业所设计和推行的劳资合作计划，大体上是一个对员工下放权力的过程，但这只是一个模糊的过程。通常情况下，下放哪些权力是难以明确规定的，劳资合作计划中也只能大概给予列举，不可能完整、具体的规定出来。劳资合作本身就是一个难以明确界定的过程，这其中不仅涉及权力的重新分配，还包括心理的、情感的、理念的、目标及策略的等诸多方面的变化。这些方面的变化更是难以进行清晰的界定，这使得雇主及管理层与员工交往的内容与类型进一步扩展，同样，员工与雇主及管理层交往也复杂起来，清晰的界定更为

困难。

在劳资合作过程中，劳资双方的心理边界不再清晰，更多地表现为宽泛的、多维的心理边界地带。劳资双方互相越过对方的心理边界地带是个逐渐过渡的位移，这种位移是一个渐进的、缓慢的、复杂的过程。当雇主及管理层对应该下放的权力界定越不清晰，劳资双方的心理边界地带就越宽泛，相互间越过边界地带的过程就越缓慢、越复杂。

劳资双方的心理边界地带之所以宽泛和多维，还有一个更重要的原因，就是雇主及管理层在下放权力的过程中，仍然掌握该过程及劳动关系的控制权，权力的下放常常是不稳定的、缺少计划的、具有尝试性质的，权力下放不久就可能会收回权力，然后再下放权力，如此循环往复。这种循环往复的次数越多，相互间的不信任就会快速积累，心理边界地带就越发宽泛，维度就越多，并且就越难以逾越。未来构建劳资合作关系的一个关键问题是选择和确立适合的交往和信任类型及方式，以形成所期望的紧密程度，但通常来讲，越是紧密的交往与信任关系，就越依赖更狭窄、更清晰的心理边界地带。劳资双方心理边界地带是否宽泛和清晰，主要依赖于雇主及管理层一方的理念与认知。获得员工更高水平的信任与承诺，不仅意味着员工一方的心理边界变得更窄、更清晰，员工的积极参与反过来又会提高雇主及管理层对于员工的信任和承诺，使得雇主及管理层一方的心理边界也同样变得更窄、更清晰，员工在参与过程中的意见与建议也能够更多地被雇主及管理层所吸收和采纳，如此形成良性循环。

在劳资合作过程中，劳资双方越过心理边界地带需要经历很多局部的边界和中间区域，不仅不同的劳资合作计划存在巨大差异，即使在同一企业组织内部，不同阶段、不同内容和不同目标的劳资合作过程也完全不同，劳资双方越过心理边界地带的过程也完全不同。在缺乏经验的企业组织中，劳资双方对于边界地带的认知通常是模糊的、不确定的，只能在摸索中增强心理感知。

在一些实行劳资合作的组织和一部分劳资合作程序中，劳资双方如果能够很快获得对于心理边界及边界地带的认知，并能够迅速确定最优越过地点及障碍较弱的位移方案，劳资双方就能够实现理想中的心理位移，劳资合作就极易取得成功。相反，如果劳资双方在较长时间内仍然不能对此有明确的认知，那么该企业的劳资合作计划就必定会以失败而告终。

一个有意思的问题是，拓扑心理学认为，一个单个的个体也可以被视为是一个心理区域，有的个体易于接近，其心理边界的阻力较小，有的个体难以接近，其心理边界阻力较大。同一个体心理边界的不同点，具有不同强度的阻力，因此，接近某一个体，找到合适的边界点和道路是关键。如果将上述分析用于推知企业组织中的劳资合作，我们可以将员工个体视为是一个心理区域，有的员工是易于接近的区域，对这种类型的员工来说，一些劳资合作计划极易展开，推行速度快，效果也可能会更好。由于员工个体的技能水平、在企业组织中的角色与地位、个人的目标、性格、气质、心理等诸多方面都存在巨大的差异，他们对于同一劳资合作方案具有不同的接受程度和水平，因此，劳资合作过程会使得员工在组织中的角色和地位发生变化。

三、劳资合作过程中员工的心理位移问题分析

在劳资合作过程中，员工要实现角色的转换，从被动接受雇主及管理层的行政命令到与主管们共同商议工作计划，或从基本不参与任何决策到不同程度地参与组织各层面的决策，这种角色转换实质上是一种心理位移。要想成功实现理想中的心理位移，员工需跨越心理边界地带上的一系列障碍。这些障碍包括：员工要了解企业在市场中的地位，如核心竞争力在哪里、企业面临的困难及企业面临的发展机遇在哪里等；员工本人在企业中的角色及需掌握的参与技术，如怎样行使发言权、如何针对企业发展中存在的问题提出有价值的建议、员工代表如何在治理层面行使参与权、普通员工如何与员工代表进行沟通、普通员工如何与工会代表进行沟通以及如何在工作场所层面进行沟通和参与，等等。员工要能够重新认识和处理与雇主及管理层的关系，从领导与被领导的关系转变为领导与合作的双重关系；要能够重新处理与同事之间的关系，从传统的分工协作关系转变为团队成员之间的分工与合作关系。

在工作场所层面，参与机制已经与人力资源管理程序相融合，员工及所在团队在一定程度上要独立承担责、权、利，员工个人以及所在的团队具有了一定程度的自负盈亏性质，员工及团队获得了更大的自主权和自由度，同时也要独立承担更多的责任和风险。员工及所在团队与雇主及管理层具有了一定的合作关系，有些类似于客户与客户的关系，这种新的关系，需要雇主及管理层与员工都实现心理位移及角色转换，跨越层层障碍，适应新的角色。

我们可以将员工及所在的团队视为是一个心理区域，每个区域心理边界的阻力都不尽相同，有的区域更难以接近，边界阻力较大，与雇主及管理层的沟通较为困难。有的区域则相反，能够灵活地运用权力并独立地承担责任，并进而快速实现位移。对于同一员工及所在团队所形成的心理区域，其边界地带上不同点的阻力不同，因此，工作场所层面的员工参与及绩效考核任务应该尽可能选准合适的边界点，使障碍最小。

劳资合作过程不仅与劳资双方的主观条件有关，如理念、意识、心理、习惯等，也与当时的组织情境有关。如果一个企业的组织情境是流动的，易于变化的，双方就更容易接受变革，劳资双方就更容易打破原有的权力与利益格局，沟通障碍小，双方能够较容易地越过对方的心理边界地带而实现位移。相反，僵化的和过于稳定的组织情境通常难以改变现状，难以建立起全新的劳资合作关系。

企业组织情境高流动性的主要表现是，劳资双方能够较容易地提高相互投资水平，包括金钱的、情感的、理念的等各方面的投资，改善组织内部的劳动关系氛围，并进而开展高水平的劳资合作。同样，在高流动性的组织情境中，劳动关系及劳资合作也极易变差，因为在这种类型的组织情境中，责、权、利关系易于变化，如果管理层不能很好地掌控一些变化过程，劳动关系氛围及劳动关系质量就会变得更糟。这表明，组织情境的高流动性要么极易建立劳资合作程序，要么极易降低原有的劳资合作水平。当一个组织已经构建了成熟的劳资合作机制与员工参与程序，应力求降低组织情境的流动性，提高其稳定性。

勒温认为，情境的流动性不是脱离于个体而独立存在的，与个体的状态密切相关。例如，在个体状态不稳定的同时，我们会发现该个体所处的情境也是不稳定的、流动的。再如，个体对于情境的认知如果是不确定的，对他来说，通常意味着情境的流动性较高。对于同一情境下的不同区域，它们之间边界的减弱或消失能够导致该情景下全域范围内流动性的提高。如果将这种分析用于分析企业组织中的劳资合作，我们就能够更加清醒地认识到组织环境对于劳资合作及员工参与效果的重要性。企业的劳资合作及员工参与计划在执行之前，应重视员工对劳资合作及员工参与的认知过程，甚至应该将这种认知过程纳入劳资合作计划或程序中。

第七章　劳权与柔性的平衡及中国企业劳动关系的创新

在完成了从行政化向市场化的转变之后，中国企业劳动关系未经过集体谈判机制的充分发育就进入了全球化时代，劳动关系创新的压力要远比西方大得多。这是因为，我们要同时完成基本劳权保护、劳动者民主参与权的保障和培育企业组织柔性的三重任务，目前，这三个任务都还只是刚刚开始。对比而言，西方则是分阶段进行的。二战后至今，西方的基本劳权保护已经有了较为牢固的制度基础，通过成熟的集体谈判机制和工会功能完成了基本劳权保护，在此基础上，要完成扩大劳动者的民主参与权并进一步提高企业组织的柔性两个任务，难度要小得多。

柔性（flexible）通常是指企业组织的灵活性，组织能够通过灵活的调整战略、灵活的增减生产经营成本、灵活的调节组织结构、灵活的处理劳动关系等来适应剧烈变化的市场环境。柔性的组织具有很强的易变性，获得更高的柔性是当代企业组织提高创新能力所必须要做的。

就员工民主参与或劳资合作机制而言，劳资合作及员工参与水平在各国之间差距较大，欧洲和日本企业在劳资合作及员工参与方面有了较早的尝试，这与欧洲较早的产业民主过程及日本企业的终身雇佣制关系密切。相比之下，二战后，美国较严格的集体谈判及更独立的工会职能，拖延了劳资合作及员工参与的发育。与美国相似的是，中国企业在劳资合作及员工参与机制方面起步较晚，目前还处于探索阶段。

中国等改革国家企业劳动关系的演变，既呈现出了与西方相反的过程，又呈现出了与其相似的过程。相反的过程表现为，西方较为成熟完善的集体谈判机制走向衰落，而中国劳动者的集体力量则正在经历一个从无到有的过程，集体劳动关系处理机制正处于探索和发育期，企业管理层对劳动关系的控制权越来越大，企业组织的柔性越来越高。相似的过程表现为，政府对劳动关系的直接干预在撤出，中国基本结束了政府对企业劳动关系的行政式管理方式，西方则表现为政府对工会和劳动者集体力量支持力度的降低。

第一节　高质量的劳动关系能够兼顾劳权与柔性

一、劳权与柔性的矛盾与平衡

在劳动关系中，劳权与柔性通常是矛盾的，劳权保护与企业组织柔性存在矛盾关系。劳权与柔性的矛盾问题一直是劳动关系研究的核心问题，也是企业管理层、工会、政府等各利益相关者不断探索的问题。从基本逻辑关系及劳动关系发展的历史脉络看，劳权与柔性之间存在着一定程度的排斥和矛盾关系，保护劳权常常要以损失柔性为代价，而保护柔性也常常伴随着劳权不同程度的削弱。劳权的过度保护机制通常会削弱组织柔性，反之，在富有柔性的组织中，雇主或管理者往往权力过大，通常缺少完备的劳权保护机制。

但同时，劳权保护与柔性是相互支持的。例如，没有基本的劳权保护机制，劳动关系难以和谐稳定，组织的柔性难以获得，更难以维持。如果出现了严重的劳资冲突和对抗，组织的柔性也就不存在了。如果劳动关系运行质量低下，劳动关系氛围差，即便是没有发生严重的冲突，组织的柔性也难以为企业带来创新能力。

劳权与柔性既是相互矛盾又是相互支持的，企业就是要在劳权与柔性之间寻找平衡。柔性的缺失将会使企业丧失活力和创造力，劳权保护缺失将会使企业难以为继。关于劳权保护与柔性之间关系的处理，实际上仍然属于企业劳动关系的传统问题，即企业要在合法性危机和利润率危机之间寻找平衡。

关于劳权与柔性之间关系的问题，可以用劳动契约关系来解释。通常来讲，如果契约关系更为紧密，对劳资双方的限制越多，组织的柔性就低。反之，如果契约关系松散，双方受到的限制较少，组织的柔性就高。企业就是一组契约，是资方、管理方与劳方之间的契约关系。劳动关系实质上就是用以解决劳动者与企业之间在自由市场自然形成的劳动契约所不能涵盖的部分，如果劳动契约能够涵盖与劳动有关系的所有问题，就不需要劳动关系处理机制了。劳动关系处理机制实质上是对这一自然契约的弥补机制，是一种弥补性的契约。如果这些弥补的契约能够给予组织更大的自由度，对组织的限制较少，组织的柔性就大。

二、劳权与柔性依赖于不同的处理机制

通常来讲，保护劳权与获得柔性通常依赖于不同的处理机制。劳权保护运用的是个别劳权保护和集体劳权保护机制，是外力对企业劳动关系的干预，以提高劳动关系中雇佣劳动者的权利；而柔性的获得则通常是企业组织自发的，企业天然的具有提高柔性的内在动力和机制，外部力量更多的是起到规范作用。

全球劳动关系的第一次重大转型发生于二战后40年代至50年代集体劳动关系的建立阶段，也就是从个别劳权保护转向了集体劳权保护，运用集体谈判机制实现对传统“劳工三权”的保护。以美国为代表的发达国家看到了保护劳权对于国家产业长期可持续发展的重要意义，重视运用公共政策的强制力来保障集体谈判机制的顺利运行，以获得宏观层面的国家产业竞争力，如美国著名的罗斯福新政。其基本策略是通过对劳权的强制性保护措施来实现劳动关系的稳定，纠正自由市场机制在保护劳权方面的失灵问题。

美国1933年出台的国家产业复苏法案（National Industrial Recovery Act）明确规定员工具有通过代表进行组织和集体谈判的权力，雇主无权干涉、限制或胁迫。基本劳权保护已不仅仅是被倡导和鼓励，而是通过国家政权被联邦政府所保护。在1935年出台的国家劳动关系法案（National Labor Relations Act）中，详细的保护条款更系统、更明确，并直接导致工会会员数量的空前增长。学者们甚至反对政府为维护劳动关系稳定而限制员工权力，如罢工权等。

随着集体劳权保护机制越来越完备，雇主及管理层的权力和自由度被限制了，企业组织的灵活性或柔性也越来越弱，企业的调节能力降低了，难以通过灵活的增减成本及灵活的用工方式来适应市场。固定的几年一次的工资集体谈判更适合传统的企业组织，新型企业组织通常难以适应。

20世纪80年代以来，随着集体谈判机制的衰落，企业组织的柔性扩大了，组织适应外部市场环境变化的能力提高了，雇主及管理层扩大了的权力和自由度提高了组织的易变性和灵活性，有关组织柔性的问题在现代企业组织及人力资源管理研究中开始流行。无论是工会企业还是非工会企业，组织的柔性都提高了，但非工会企业组织的柔性通常更高，富有柔性的企业通常具有较强的创新能力和竞争能力。

为给予雇主及管理层更大的自主权和自由度，20世纪80年代以来，一些国家对此进行了较大力度的保护和支持，采用了强势的雇主战略，工会化率大

幅下降，并成为自由经济政策的重要特征。例如，尽管美国劳动关系法律缺少变化，但在里根执政时期，对已经存在的条款提出了一些新用法，使劳动合同的具体内容发生了一些有利于雇主和企业的变化，一个特别重要的例子就是对罢工者的永久性替代，从法律上禁止公共部门员工罢工，允许企业解雇和替代罢工者。在这种导向之下，社会逐渐接受了雇主和管理层对于有组织的雇佣劳动者采取的强势态度。在 1982 年的矿业罢工中，一个私人部门的雇主就采取了这种强硬态度，使用了永久性的替代员工，取消了企业中的工会代表。20 世纪 90 年代以来，越来越多的西方国家已经成功地在其劳动关系法案中引入了阻止罢工及限制罢工权的条款，限制罢工行动，如要求罢工前进行投票表决等。

撒切尔的改革也包括了对管理柔性和私人安排模式的保护，通过权力的再平衡，削弱了工会和集体谈判在经济和社会中的作用。政府和劳动法越来支持非独立工会及由雇主控制的集体协议，支持企业的私人安排，削弱工会运用法定认可程序的能力，对员工加入工会采取不鼓励的态度。

学者们看到了集体谈判机制在保护劳权的同时却大大降低了雇主的权力和自由度，也就是降低了企业组织的柔性。如很多学者认为瓦格纳法案（the Wagner Act）促成了空前的工会主义，不仅降低了企业的柔性，甚至认为完全剥夺了企业组织的柔性，有的学者和企业家甚至将该法案看成是彻头彻尾的傻制度。但由于当时的产业结构是以大规模制造业为主，市场对企业组织的灵活性及易变性要求不高，劳权的强制性保护对企业柔性带来的损失尚不显著。由于传统市场竞争并不复杂，对企业柔性的需求不高，因此，尽管保护劳权的公共政策会限制雇主的权利和自由度，但对企业组织柔性的影响并不十分明显。所以，在传统市场经济中，劳权保护是公共政策唯一的任务。

在现代市场及现代企业制度中，柔性对于企业更为重要，也成为劳动关系最难以控制的领域。由于劳动关系与人力资源管理技术已经融合，劳动关系更多地在企业组织内部及工作场所等微观层面得到体现，宏观层面的公共政策难以有效监管和规范，劳动关系更加细化、灵活、复杂、多变，公共政策难以掌控，公共部门感到束手无策。这种情况下，管理层的权力及创新空间被放大，企业组织的柔性与自由度空前提高，管理层运用易于调节的员工数量、岗位设置、工作时间安排及雇佣方式等适应了现代市场经济对组织多变性的要求。

现代企业中，组织的柔性更多地依赖于管理层的独立决策，过度追求柔性的结果很可能就是侵犯劳权。研究者、企业家、工会和政府等都看到了企业过度追求柔性的不利后果，无论在理论层面还是实践层面，目前都还未提出能够稳定地兼顾劳权与柔性的最优模式。

第二节　劳权与柔性缺一不可的时代

一、现代市场竞争要求劳权与柔性兼备

当代全球化的市场竞争要求企业劳动关系必须同时具备劳权保护和富有柔性的双重功能，是一个劳权与柔性缺一不可的时代，任何一方的缺失都将使企业丧失竞争优势。如果劳权保护长期缺失，企业难以实现劳动关系的和谐稳定，难以获得高质量的劳动关系，也难以维持长久的创新能力和竞争能力。如果柔性缺失，企业对于市场变化的应变能力差，同样难以保持创新能力和竞争能力。现代市场对组织柔性及创新能力提出了更高的要求，丧失柔性的企业是无法在现代市场中保持竞争力的。

在现代市场竞争中，劳权与柔性是企业组织参与市场竞争的标配，二者缺一不可，这是现代市场对企业组织提出的更高要求。缺少劳权保护机制的企业组织，即使独有柔性，企业组织也是不稳定的，难以维持持久的竞争力。劳权保障完整的企业，如果缺少柔性，就难以灵活地适应市场的快速变化，同样难以获得竞争优势。

劳权缺失会增大企业劳动关系及组织运行的风险，同样，企业柔性的扩大也会加剧企业的风险。生产市场的全球化影响工作场所的劳动关系，员工适应了灵活性越来越高的企业组织，员工的动机和承诺对企业绩效越来越重要。在雇佣关系中，管理层的权力虽然提高了，但由于减员等问题，使之在雇佣关系中经历了越来越大的不稳定性，这已经成为企业活动的一个特征。①

相比之下，在过去较为传统的市场竞争环境中，只具备劳权保护和柔性保护两种机制中的一个，企业也可能会保持一定的竞争优势。或者，两种保护机制都不大完善的企业，也有可能会获得竞争优势，甚至两种机制均缺失的一些传统产业也能够维持一定的利润水平及相对稳定的劳动关系。但在当前及未来更为激烈的全球市场竞争中，只具备低水平的劳权保护机制和柔性保护机制的企业是难以生存和发展的，除了一些尚未卷入全球市场竞争的地区的企业，尚

---

① Thomas, Robyn; Dunkerley, David, Careering Downwards? Middle Managers' Experiences in the Downsized Organization, British Journal of Management, 1999, 10 (2), pp. 157 – 169.

能够维持短暂的局部市场竞争力。

观察全球劳动关系的发展史，我们发现，劳动关系的重大转型都与柔性及劳权保护问题密切相关。如果劳动关系运行质量低下是由于劳权的过度缺失导致的，就有可能在某一特定历史时期通过新的制度安排来提高劳权保护力度，如法律和政策的改变。如果企业盈利能力不足或绩效下滑，管理层就会重视提高组织柔性，公共政策也可能在某一时期出现重大变化，通过保护柔性来提高企业的灵活性和创新能力。

当前，劳权与柔性孰轻孰重的问题仍然是企业、政府及学术研究的重点。近 40 年来，企业自发的创新较为充分，尤其是与人力资源管理技术相关的创新相当显著。目前较为一致的看法是各国劳动关系都呈现出多元化的趋势，一部分企业、产业和地区更偏重于劳权保护，另一些企业、产业和地区则更偏重于柔性。在一些国家和地区，致力于提高长远竞争力和创新能力的企业，则注重同时保护劳权和柔性。

二、企业组织柔性的提高

20 世纪 80 年代后，市场经济体制几乎能够在全球范围内发挥作用，非市场力量尤其是政府力量在劳动力资源配置中的作用大幅降低，市场机制成为配置劳动力资源的主要机制。劳动力的供给方和需求方能够自由直接地进行相互选择，受非市场因素影响和制约的机会越来越较少。

在上述背景下，资本和劳动力均获得了充分的市场交易权，雇主和管理层权力及雇佣劳动者自由度扩大了，为企业组织柔性的获得奠定了基础。多元化的雇佣关系、多元化的用工方式、多元化的员工类型及多元化的劳动关系处理机制，又给予管理层越来越大的管理空间，为管理权控制提供了更大的便利，并由此进一步提高了组织的柔性。

20 世纪 80 年代后，由于市场需求的快速变化，迫使产业在完成规模化之后还必须增强灵活性和个性化，同时，产业与产业之间的连接与互动更为紧密，协同劳动已经超出了一个企业、一个行业及一个产业的范围，以区域或超区域等为特点的产业集群大量出现，超出区域范围的跨国性的产业集群具有全球竞争力，并推动企业微观组织变得越来越富有弹性。一个能够为客户量身定做产品及服务的产业是具有市场竞争力的，而传统僵化的、统一模式的产品及服务越来越不适应市场的需求，缺少弹性的规模化已经越来越使一部分产业失去了竞争力。无论是设计环节、制造环节、营销环节还是人力资源管理环节等，都在以不同的方式提高弹性。

管理者权力的扩大，为提高组织柔性提供了可能，企业劳动关系也获得了前所未有的柔性。从西方国家劳动关系的变化情况看，与40年前的情况正好相反，工会变得弱化了，管理层权力变得越来越强大，劳动关系系统适应组织内部和外部市场变化的能力空前提高。同时，在标准雇佣方式中，集体谈判机制在不同国家有不同程度的衰落，且运行方式发生了较大变化，更富有柔性。集体谈判的惯例与结构都越来越适应变化着的环境，在不同规模的企业及特定的经济情境之下，弹性条款开始引入，使企业能够灵活地适应压力的变化，例如在弹性雇佣形式等方面的适应性在提高。在全球范围内，集体谈判机制的演化快速，在不同国家和地区表现出越来越大的差异性，越来越具有国别和地区特色。

企业组织柔性的提高，派生了许多新的生产与营销方式，员工也越来越熟悉这些新型的工作方式，参与方式也越来越适应组织的变化。考虑生产技术、服务外包、工作组织以及产品市场等，员工参与越来越适应企业对市场需求的反应。灵活的专业化也加强了工作团队的“负责任的自治”。这样，尽管经济和意识形态环境普遍不够好，仍然有可能引入一些新的参与机制，或者加强一些现有的参与机制。①

现代企业组织富有柔性，具有易变性，相应地，企业劳动关系也总是处于不断的变化之中，微小的调整随时发生，具有越来越大的柔性和弹性，也更易变形。劳动关系内部各方力量频繁变动以适应环境的变化，劳动关系主动地适应外部环境的能力大大增强。未来企业劳动关系的开放程度将进一步提高，与外部环境之间存在更畅通的信息与知识传递渠道，创新速度更快，企业的组织边界和劳动关系的边界将趋于模糊，甚至成为无边界系统，劳动关系将随着企业组织虚拟程度的提高而越来越高，劳动关系的虚拟化将在区域及国际社会等各层面建立信任和网络关系。

现代劳动关系的易变性为其内部权利结构非均衡问题的解决增加了难度，这是现代企业劳动关系与传统企业劳动关系的不同之处。柔性和易变性会影响劳动关系的质量和稳定性，雇主及管理层对劳动关系的控制权更大，员工的雇佣保障更低。同时，来自劳动关系外部的吸引力增大，流动性提高，员工的流动性越来越高，高流动性反过来又会进一步降低劳动关系的稳定性。

---

① Michael Poole et al. , A Comparative Analysis of Developments in Industrial Democracy, Industrial Relations, 2001, 40 (3), pp. 490 – 525.

激励与绩效技术使管理层与员工的关系既类似于组织内部的行政命令关系，又类似于组织与客户之间的市场交易关系。员工业绩与绩效工资挂钩，完成业绩者可获得绩效工资或奖励；管理层更像是一个发包者，通过层层下达指标来发包业绩指标。劳动关系内部各方之间的关系有些类似于企业之间的业务发包或外包关系，而不再仅仅是科斯定理所描述的企业内部采用行政命令来配置资源的机制，还包含准市场交易机制。劳动关系的虚拟性使部分管理者和员工似乎是居于组织的边缘，虽为组织内部的成员，但归属感降低了，并且越来越多地受到来自组织外部力量的影响和制约。

自由化和市场化的过程，使得劳动契约在形成过程中，雇佣劳动者获得劳动力市场信息越来越便利，传递渠道越来越畅通。虽然信息不完全问题依旧存在，但解决信息不完全的方法越来越成熟，提高了雇佣劳动者的流动性，较大程度上解决了员工在劳动力市场中由于信息占有劣势而使流动性降低或遭受侵权的问题，雇佣劳动的独立性得到了更充分的表现。劳动力要素充分的市场交易还为全球化排除了诸多障碍。近 40 年来，全球劳动力市场的充分发育是市场经济体制充分发育的一个缩影，在发达的劳动力市场中，劳动者的权利越来越充分，各国的劳动法规在保护劳权方面越发完善，被雇佣者权利保护的依据越来越制度化、规范化。劳动力独立的市场交易权使雇佣劳动的形式大大扩展，企业组织或的柔性的成本更低，雇佣劳动获得了各种形式的柔性。

首先，雇佣劳动已不再仅仅限于制造业的手工劳动、机器大工业的流水线作业、服务业的程序化服务等，管理工作已经成为一种较为普遍的雇佣劳动。管理工作成为雇佣劳动的主要表现就是职业经理人的出现，经营管理者成为一种典型的被雇佣者。由于管理工作的特殊性，高层管理者的雇佣问题是一个理论和实践都较为重大的问题。管理工作分层、分类更细化，高层次的管理工作及重要的工作岗位远远不同于普通的雇佣劳动，对企业发展战略的重要作用及对出资者的制衡作用至关重要，但无论其地位和作用如何重要，都还保留着被雇佣者及雇佣劳动的主要特征。

其次，创新型的劳动越来越成为一种普遍的雇佣劳动，创意、设计、研发甚至管理方案的设计等都是典型的雇佣劳动。与管理劳动相似的是，创新型的劳动对企业及出资者意义重大，我们甚至可以将管理劳动也视为是一种创新型的劳动。创新型的劳动成为雇佣劳动，其难度在于员工的工作能力难以准确衡量、工作过程难以监督、工作结果评估困难，等等。但其意义在于：使得创新型的劳动与出资者的责任成功分离，使投资与经营管理的分离更为彻底；使得创新型劳动的分类更为细化，分工更为明确，专业特征更为突出；改变了人们思想意识中雇佣劳动的卑微感，雇佣劳动获得了前所未有的尊重。

最后，雇佣劳动获得了各种形式的柔性。其好处是：一方面，企业可以根据需要随时调整雇佣劳动量，如扩充和减少员工数量、增减工作时间、调整工作时段和工作地点，也可以根据需要调整工作岗位，等等。另一方面，员工可以在家庭劳动与雇佣劳动之间进行协调和兼顾，员工有了更大的自由空间，尤其为妇女的弹性就业创造了前所未有的机会，雇员租赁、三方雇佣或劳务派遣等方式发展快速。

三、企业组织的虚拟化

企业仍然是配置劳动力资源的主要组织形式，但组织越来越虚拟化，并减弱了劳动关系的稳定性。

20 世纪 80 年代后，与企业这种配置资源的组织形式相关的许多方面都发生了重大变化。（1）企业组织形式本身发生了重大变化，组织形式趋于多样化，跨国企业、虚拟企业、超组织等形式发展变化快速，劳动力资源配置的具体运行方式越来越多样化和复杂化。（2）企业劳动关系表现形式多样，复杂程度提高，甚至出现了企业劳动关系的虚拟化。劳动关系的虚拟化是指企业劳动关系不再仅仅表现为传统企业中雇主和员工的关系，而是劳动关系中双方的身份虚拟化，即身份不明显，难以简单地分辨，如三角或多角化的劳动关系越来越多。在这种劳动关系中，各方之间的权利、责任和义务不易清楚地界定，监管难度加大。即使是发达国家，对虚拟劳动关系的监管无论是从组织体系、政策措施、还是协调机制等各方面，都还相当不成熟，发展中国家也处在探索过程之中。例如，虚拟劳动关系中，传统工会组织的作用越来越有限，使企业劳动关系的监督与制衡组织出现真空，但目前尚未找出一种能够替代工会组织的组织形式，使虚拟劳动关系的运作更加成熟，公共政策的失灵与真空问题也较为突出。（3）企业内部管理权的独立性越来越突出，管理权在组织内部资源配置中的作用越来越大，甚至超过了出资者的权利。

20 世纪 90 年代后，自由主义思潮全面流行并渗透到了经济与管理的所有领域。企业通过寻求外部市场的力量发展各种非典型雇佣关系，其实也是新古典的自由主义在劳动关系领域的反映。其中存在的最大问题是，企业将一部分管理环节外化给了市场，但市场机制还未完善到能够有效地接管劳动关系的管理职能，法律法规还未能跟得上实践的发展速度，政府的干预也出现了真空。有些发展中国家利用非典型雇佣方式解决无保障员工的就业问题，以缓解社会保障体系不健全所带来的社会问题。研究表明，如果服务期更长的话，员工愿意进行人力资本投资，尤其是对企业特定需要的类型的投资。

新型雇佣方式所具有的准契约和低投资特点，使得员工的业绩不理想、工作低效率、较少参与帮助同事等工作职责之外的活动，有较高的离职倾向，对组织极少有心理承诺等。研究认为新型雇佣关系虽然获得了弹性，但却丧失了高绩效、承诺型的员工。① 在新型雇佣关系或非典型雇佣关系中，较弱的组织认同感会直接削弱员工参与度，员工的组织融入程度较低。员工参与等提供高工作场所雇佣关系质量的措施在非典型雇佣关系中的效果会大打折扣。

非典型雇佣关系及其特有的雇佣柔性虽然明显提高了组织适应复杂多变的市场竞争环境的能力，但同时也在影响正式雇佣关系或传统雇佣关系的稳定性。如派遣用工方式制约了管理者对相关组织流程和人员的控制能力。由于派遣用工需将部分管理环节移到组织外部，这就形成了本组织对外部组织的依赖，外部组织与内部组织在知识、信息的占有及组织惯例等方面都存在差异或矛盾，甚至有可能使某些专门知识泄露到组织外部，从而导致其关键性组织资源的丧失，组织的稳定性受到威胁。② 另外，由于虚拟企业、超组织等新型企业组织的演化速度加快，组织边界模糊，隐性知识的传播较为便利，雇员对"关系型"企业的了解越来越多，劳动关系的稳定性减弱。

企业劳动关系的自由化趋势有些类似于发达国家的虚拟经济，虚拟经济的过度创新与监管体系的构建未能同步。在劳动关系的处理中，传统的集体谈判机制被削弱，但新的机制未建立起来，企业劳动关系的监控机制处于缺位状态，运行风险较大。劳动关系的过度创新减弱了雇佣关系的稳定性，企业和雇员之间长期的相互投资较少，相互承诺降低，忠诚度降低，影响企业持续的创新能力。当前，由于劳动关系自由化程度的差异，使得各国在新型雇佣方式或非典型雇佣方式的发育速度和发展规模等方面存在较大的差异，在美国、西欧等劳动关系自有化程度较高的国家和地区，非典型雇佣方式的发育水平较高。另外，由于社会保障及社会福利水平的差异，也使得国家和地区间在非典型雇佣方式的发育程度上出现了差异。通常来说，社会保障或社会福利水平较高的国家和地区，在非典型用工方面存在更多的限制，门槛较高。在北欧和日本等社会福利较高的国家和地区，派遣用工在行业准入、配置范围或执行标准等方

① Feldmann, H., The Quality of Industrial Relations and Labor Market Performance, Labor, 2006 (3), pp. 559 – 579.

② Hill, Charles W. L. Matusik, Sharon F, The Utilization of Contingent Work, Knowledge Creation, and Competitive Advantage, Academy of Management Review, 1998, 23 (4), pp. 680 – 697.

面存在诸多的限制性措施。[1]

四、企业劳动关系的隐蔽性

企业劳动关系柔性的扩大、多元化的雇佣方式、更大的用工弹性和复杂用工关系，能够方便地使企业将真实的劳动关系隐藏起来，从而削弱和逃避相关法规的约束力，如逃避税收和对非典型员工的社会保障责任、不执行最低工资标准或支付比同行业更低的工资、减少对员工的劳动保护支出、随意解雇员工等。

通常情况下，隐蔽的劳动关系是以侵犯雇员的权益和利益、节约雇主的成本为目的的。非典型雇佣方式之所以比标准雇佣方式更容易隐蔽真实的劳动关系，是因为弹性用工或者复杂的多角关系能够方便地掩盖某些权利和义务，很多具体问题难以被清晰地识别出来。由于非典型雇佣方式的复杂性及工会组织的制约力下降，当前各国的劳动法规尚未对非典型雇佣关系做出详细的、标准化的规定，即使雇主与员工签订了表面上看似合法的劳动合同，但仍旧存在很多隐藏真实权利和义务的空间，在这种隐蔽的劳动关系中，雇主通常占有信息优势和决策优势，通常是隐蔽劳动关系的受益者，因而也通常是主动隐蔽真实劳动关系的发起者。

在非全日制用工方式中，员工的工资通常是计件、计时或其他方式确定的，由于难以与全日制员工的工作进行对照，通常可能存在低工资、低待遇的问题，很可能无法运用当地的最低工资标准来衡量高低，但雇主是最清楚工资成本与企业利润的具体情况的。这种在表面上看不出违反劳动合同法或者最低工资法等工资水平的确定，是非典型雇佣方式隐蔽真实劳动关系最普遍的表现，尤其在低技能的行业及工种当中表现得最为明显。低技能行业及工种由于就业压力大，无须过多的职业技能培训，求职者数量大，在劳动法规不完善及工会组织力量薄弱的国家和地区，以低工资形式侵害雇员权益的问题普遍存在，也是隐蔽劳动关系的最常见的表现形式。

在临时用工方式中，由于员工与雇主签订的是固定期限的劳动合同，工作期间的权益保障等问题会因为合同的结束而被忽视，临时雇员在争取权益等方面的动力和信心不如全日制员工，社会公共力量的监督与控制也较为随意，力

---

① Kalleberg, A. L., Non-standard Employment Relations: Part-time, Temporary and Contract Work. Annual Review of Sociology, 2000 (26), pp. 341 – 365.

度不大，员工难以享受集体谈判所赋予的权力和利益。由于临时员工不能真正成为企业组织中的一员，各种形式的雇用歧视广泛存在。由于临时员工与正式员工之间存在隔离和分层问题，临时员工获得的信息是极其不完全的，员工的自我保护缺少参照和依据。在某些劳动法规不完善的国家和地区，临时用工方式不签订劳动合同的现象普遍存在，雇员企业愿意在这些地区投资的一个动力就是临时用工方式摆脱了无固定期限合同的责任和义务，不仅辞退员工的成本降低了，同时也节约了大量的社会保障支出。

在劳务派遣方式及员工租赁方式中，由于多雇主的特点使得雇主的真实身份容易被隐藏，劳动合同中体现的只是虚假的劳动关系，真实的劳动关系被虚假地表述。一个企业的员工可能来自不同的中介组织提供的来自不同国家和地区的雇员，在中介组织、用人单位及雇员三方所签订的劳动合同中，所描述的雇员权益通常是模糊的，难以有效识别和比较的，为侵害雇员利益提供了空间。“三角”雇佣关系的通常表现形式是承包经营和特许经营。在这两种经营方式中，虽然承包方和被特许经营方具有独立的经营权利，如使用特许的商标等，但工作环节要接受发包方和特许经营者的监督和控制，员工的工作过程、技能培训与运用等方面要符合发包方和特许经营企业的要求，因此，员工通常要接受两个企业的监督和控制，真实劳动关系难以有效表述。

劳动关系隐蔽性的增强是现代企业节约交易成本压力下的结果。全球化的竞争，使企业要在全球范围内比较成本的高低，仅仅在局部市场保持低成本的企业并不能保证能够在全球市场获得竞争优势，这迫使企业不断地寻求节约成本的方式。现代企业节约交易成本的创新能力越来越强，通过企业内部的管理创新来节约交易成本是现代企业的重要特征，企业在组织内部及组织与组织之间节省交易成本的方式越来越多。在内部，主要通过弹性化的管理方式降低管理成本，人力资源管理的演变最为快速。在组织之间，通过组织形式的变化来实现低成本的合作变得越来越普遍。如通过组织的虚拟化方式使组织之间的界线变得模糊，信息与知识的交流成本降低，组织的学习能力和学习成本大大降低；通过三方雇佣、外包、劳务派遣等方式实现了组织之间降低管理成本的合作，这些都提高了劳动关系的隐蔽性。

通过观察企业管理的发展趋势，我们可以判断，企业是在逐步降低管理成本，缩减管理程序，使管理更趋于简单化。这就意味着，是企业外部的市场机制接替了企业内部的部分管理程序，这部分管理程序主要是人力资源管理程序。人力资源管理程序之所以能够外部化，一方面是人力资源管理技术创新的结果，另一方面是人力资源管理职能独立化的结果。企业通过将部分人力资源管理环节外包给专业的公司，降低了本企业的管理成本，使管理层有更多的精力和资源控制更关键的领域，即劳动关系领域。企业将部分人力资源管理程序外部化实质上是赋予了市场机制以新的功能，市场机制功能的扩展为管理层将管理权限扩大到劳动关系领域提供了可能。

第三节　在劳权与柔性的平衡中实现中国企业劳动关系创新

一、企业劳动关系创新寻求劳权与柔性的平衡

在全球化背景下，企业组织的竞争环境日益严峻，为适应激烈的全球竞争，企业管理层有足够的动力去争取更为独立的决策权以提高决策效率和组织适应全球市场的能力。在政府及公共政策放松管制的情况下，管理层获得了充分的权力和自由来尝试管理创新，以提高企业绩效，组织的柔性空前提高。该过程是雇主或管理层自主发动的创新过程，这种自发性和柔性都削弱了劳动关系的稳定性。

管理层的权力及企业组织的灵活性需要外部环境的支持，即要保证劳动力市场的自由度和灵活性，法律法规等公共政策也要维护这种灵活性。如果公共政策过度维护工会力量及集体谈判，就会削弱劳动力市场的灵活性，劳动力市场就会难以适应生产与要素市场的灵活性。反过来，日益提高的劳动力市场的灵活性只有在通过提高管理者权限的情况下才能实现。这就意味着，在保持灵活性与柔性问题上，宏观层面的劳动力市场及公共政策与微观层面的企业组织是相互依赖的。

在一些劳权保护机制尤其是集体谈判机制缺失的国家，劳权保护机制的公共政策正在形成，这不可避免地会削弱企业的柔性，管理层感到权力与自由度大大降低，表现出极端的不适应，甚至使某些产业的竞争力大大削弱。这种不适应要远比美国瓦格纳法案出台后的情形要严重得多，劳权保护与柔性保护之间的矛盾比二战后的西方更为尖锐。在这些市场机制发育较晚的国家，非工会企业居多，工会化程度低，劳权保护机制不完善，雇主及管理层权力较大，企业自由度和柔性较大，企业长期依赖灵活性来调节成本，并长期拥有低成本优势。各种劳权保护的公共政策的逐步完善，无疑会削弱企业组织柔性并进而降低竞争力，很多企业被淘汰。

当前的市场环境及企业组织的变化已完全不同于二战前后的西方，那时的

西方经济主要集中于几种大的产业，基本劳动标准与劳权的规定与保护对某一产业中的所有企业大体是相同的。由于企业人力资源管理技术及工作场所的创新在企业绩效中的作用较小，因此，公共政策削弱企业柔性的作用主要表现在对雇主权力的削弱和控制上，对企业应变能力的影响远比现代企业要小得多。美国于 1926 年出台的铁路劳工法案（Railway Labor Act）中明确规定将协商和集体谈判运用于劳动契约中，该法案是第一个承认集体谈判的联邦法规。

现代企业组织较高的柔性和虚拟性（virtual）对公共政策提出了更高的要求，类似发达国家二战后的简单的保护基本劳权的公共政策是难以适应现代企业的。现代企业内部劳动关系总是处于不断的变化之中，微小的调整随时会发生，内部各方力量经常变动以适应环境的变化，组织处于经常的变动之中，而不再仅仅表现为时隔数年的一次巨大变革或转型，因此，劳动关系的系统是动态的，静止的时间极其短暂。某一种劳动关系处理机制再也不可能以一成不变的模式被长期使用，不断进行着调节与修正，组织更富弹性，也更易变形。组织的易变性会影响产业关系的质量和稳定性，员工的雇佣保障更低，系统外部的吸引力增大，流动性提高。由于现代企业组织的开放性更高，劳动关系甚至可以被看成是一个虚拟的系统。系统与外部环境之间存在更畅通的信息与知识传递渠道，创新速度更快，系统的边界趋于模糊，甚至出现了无边界系统，现代产业关系系统的虚拟程度越来越高。

在现代组织中，部分管理者和员工更好像是站在组织的边缘，个体既是组织内的成员，同时也直接面向组织外部。现代产业关系系统的虚拟性在运用非典型雇佣方式的企业中表现得更为明显，非标准员工本身就是站在组织的边缘，同时做几份工的员工、三角雇佣关系中的员工或劳务派遣员工等甚至不知道自己确切地属于哪个组织。

二、基本劳权、扩展的劳权与柔性保护的三重任务

当前，中国企业劳动关系的创新需完成基本劳权保护、扩展的劳权保护及组织柔性三重任务。

中国在改革开放之前，在公有经济中已经通过行政手段实现了产业和平，无论是国有企业的员工还是集体企业的员工，都有着充分的民主权益保障。20 世纪 80 年代开始的去行政化改革及市场机制的引入，暴露了与市场机制相适应的基本劳权保护、扩展的劳权保护与企业组织柔性的三重缺失，劳动关系运行质量低下，劳资合作、员工及工会组织的民主参与水平较低，企业组织灵活

适应市场环境的能力也处于较低水平。

劳权保护机制的缺失是劳动关系最传统的问题，是劳动关系本身所固有的、不可能永久解决、只能部分解决的问题。无论质量多高的劳动关系，都不可能设有劳权保护的完美的解决方案。21 世纪，即便是出现了很多新问题和新特征，劳权缺失和劳权保护仍然是劳动关系的重要问题，一旦劳权保护出现重大漏洞，要么会降低企业组织内的民主管理水平，压抑员工的积极性和创造性，要么会发生劳动关系的剧烈震荡。

劳权保障的缺失，意味着产业和平与产业民主实现机制在企业组织中均缺失。国内企业组织中产业和平与产业民主实现机制的同时缺失主要表现在两方面：一是员工基本劳权保障机制缺失，集体劳动关系处理机制尚未建立，管理权对劳动关系的全面控制成为普遍特征，工会功能不完整，主要依靠劳动关系的个别处理机制解决普遍性的劳动争议与纠纷，效率低下。二是员工的民主参与机制还未建立，员工的民主参与权较小，参与意识及参与技能未能得到有效的培育。由雇主及管理层主动发动的参与计划与民主参与程序较少，公共政策较为滞后，这一点与美国较为相似。但不同的是，美国的集体谈判机制充分发育，而中国企业则是双重缺失。

鉴于国内仍处于基本劳权保护机制的形成阶段，国内企业劳动关系研究也相应集中在基本劳权保护方面，这与集体劳动关系的缺失及基本劳权保护机制不健全有关。学者们普遍认为，中国在 20 世纪 80 年代后，通过打破传统的终身制、行政命令式的劳动关系逐步建立了市场契约式的劳动关系。在国家的强有力推动下，中国经历了一个用劳动合同制取代行政式劳动关系的改革过程，且日益强调集体合同制度在劳动关系中的作用。

一些研究关注当前中国劳动关系转型过程中日益增多的劳资纠纷问题。日益增多的侵犯员工权益问题，主要源于产权多元、人力资源管理制度缺乏、管理权在雇佣关系中的扩张、非充分的社会安全、劳动力供给过剩及虚置的工会力量等。在工会的代表权及员工集体力量还没有形成之前，地方政府对劳动关系的行政干预仍然会很强，劳动关系的处理也会更多地依赖于仲裁机制和劳动法规的完善。

在工会功能未能转型及三方协商机制尚未完善的条件下，企业一直在尝试通过人力资源管理管理技术或工作场所的创新来“替代”或“补充”集体谈判机制。替代策略与补充策略被同时使用，客观上抑制和延缓了企业对集体劳动关系的需求，一定程度上减轻了公共政策的创新压力和动力，公共政策对基本劳权保护不力的状态得以持续，市场机制之外的公共力量对劳动者的救助与保护极其有限。

基本劳权保护缺失的一个核心问题是工会组织的转型问题。新的市场环境下，简单地赋予工会组织以代表权可能会引发诸多不稳定因素，如被操纵的选举等等。中国文化中对与工会主义相关的冲突文化的排斥、对西方工会中出现的官僚主义等问题的担心都使公共部门对工会的转型存在诸多担心和顾虑。但一些研究表明，工会转型速度过慢不仅直接影响三方协商机制的构建过程，而且极有可能在员工中形成各种形式的非正规组织。如果非正规组织发育过快，一方面，可能会促进三方协商机制的发育，另一方面，也极易成为不稳定因素，如工人形成各种形式的自我组织，在一些地区及一些产业中，对这些组织的监管是较为困难的。为了防止非正规组织的过度发育，工会代表权和集体谈判权的构建仍然是当务之急，有利于通过协调劳动关系来实现社会的稳定。

新时期，发达国家新型雇佣方式对中国的“溢出”效应使得标准雇佣与非典型雇佣方式在中国同时快速发展，企业雇佣方式由单一形态走向多元。另外，随着西方集体谈判机制的衰落，劳动关系处理机制也走向了多元，中国企业劳动关系也处于多元化的进程中。尽管各国原有的主导雇佣方式及劳动关系处理机制存在很大的差别，但目前都基本走向了多元，各国的雇佣结构与类型越发相似和趋同。20 世纪 80 年代之前，多数市场经济国家以标准雇佣方式居多，而中国则是以行政式雇佣方式为主。由于中国市场机制的构建与全球化进程同步，西方市场经济国家对中国的“溢出效应”及全球雇佣关系多元化的“趋同”效应，使标准雇佣方式与非标准雇佣方式在中国同时快速发展，中国企业劳动关系也走向了多元化，企业组织的柔性也相应提高了。

在市场化的改革中，出现了两种有代表性的企业。一种是一些仍然具有垄断和行政管理特征的国有企业。这类企业通常是传统组织，缺少柔性，行政权力与管理权相融合，且管理层权力过大，高额的垄断利润能够支持这种行政式劳动关系的运行。垄断地位和利润使得国有企业对柔性缺少需求，劳动关系也较为简单，工资水平高，劳资冲突较少。另一种是私营企业，这类企业数量庞大，大多数为非工会企业组织。这些企业快速学习和模仿了西方企业的人力资源管理技术，并迅速获得了一定的组织柔性，但这种柔性是在缺少集体谈判机制和员工民主参与机制的基础上获得的。在没有经过集体谈判机制和工会组织的充分发育前提下所获得的企业柔性，最突出的特点就是不规范，缺少制衡和监管。在缺少员工民主参与权的前提下，企业所获得的柔性是不完整的，其柔性或灵活性过度依赖于雇主及管理层的智慧和能力，员工的创新能力未能有效发掘，未能为企业创新发挥作用。

20世纪80年代以来，国内私营企业劳动关系处理机制的形成与人力资源管理的发育与运用密切相连。企业将部分人力资源管理程序外部化，简化了人力资源管理程序，企业劳动关系越来越被直线经理所控制，企业所获得的柔性也越来越服从直线经理的意愿。其结果是，首先是工会领导人逐渐丧失了权力，随后人力资源管理专业人员也逐渐丧失了权力，对劳动关系拥有越来越大控制权的是直线经理。那些不易在合约中规定的责任与义务被逐步推到企业外部，在公共力量干预不力的情况下，企业的柔性与员工的权力和利益常常是矛盾的，但公共政策却难以有效规范。

由于人力资源管理程序与劳动关系之间联系紧密，外部市场对人力资源问题的处理必然也与劳动关系存在密切的联系。在外部约束力量不足的情况下，企业的柔性提高了员工的工作责任和难度。以培训与开发为例，在新型雇佣方式中，特别提倡员工自己承担培训与开发的责任，为自身知识技能的维持与开发负责，这同时也是新型培训组织的特点。这表明，培训与开发的责任越来越独立于企业之外，提高人力资源质量的环节越来越多地依靠企业之外的力量来完成。但这并不意味着在新型雇佣方式中企业就绝对不承担培训与开发的责任，以同一企业内部实行多种雇佣方式为例，核心员工非常重视企业能否为其提供培训与开发的费用和机会，并将其视为比薪水还重要，但培训与开发的管理责任也越来越由受训者本人来承担。为吸引和留住核心员工，企业可能会倾向于传统雇佣方式；而对于非核心员工，则可能采取非典型雇佣方式，双方之间的忠诚与承诺减少了，积极性和创造性也难以最大限度地发挥。企业就是通过这种部分保留、部分外移的方式在劳动关系的效益与成本之间寻找平衡。

一些学者关注非典型雇佣方式的超常发展和不规范发展问题，认为中国企业的劳动关系是在高风险下运行的。一些企业的劳动关系还未达到基本的运作规范就开始发展弹性雇佣、三方雇佣、外包、派遣劳务等方式，甚至出现对弹性用工制度的过度滥用，在很多地区，新型雇佣方式的监管处于缺位状态，严重影响劳动关系的稳定。

将员工进行分层是本书研究的突出特色，现代企业劳动关系的主要特点就是员工的分层与分化，只有进行这种划分才能实现同时获得劳权与柔性的目的。在制度的决定与形成程序中，关键问题是制定具有不同功能的制度与规则。对于核心员工，劳动关系制度设计的重点应该是保护扩展了的劳权，以保护他们的创新积极性，从而保护企业柔性。对于普通员工及多数非典型员工，制度设计的重点是保护基本劳权，以减少对个别劳动关系的依赖，降低劳动纠纷与劳动争议所带来的高额成本。

员工可分为核心员工与普通员工、标准员工与非标准员工等。除雇主、工会及政府组织外，少数核心员工或重要员工也越来越成为现代企业劳动关系系统中的重要主体，包括高级管理者及技术人员，他们通常为具有创新能力的人才。在现代企业中，这类人员在制度与规则的形成过程中起重要作用，不仅在个人与企业劳动契约形成的过程中具有较强的谈判能力，而且在劳动关系制度的形成过程中具有关键的参与权，无论在工会化的组织中还是在非工会化的组织中，因为创新能力在现代企业中已被充分地识别，企业对创新型人才的依赖越发明显。由于现代企业的虚拟性和边界模糊的特点，这些人员掌握了系统内部和系统外部的大量信息，与企业或雇主的关系依赖于个别劳动关系，对集体劳动关系的需求不显著，但他们对劳动关系制度的形成与执行有越来越重要的影响。

在制度的决定与形成程序中，对劳动关系系统中的主体进行了重新划分。邓洛普与寇肯的模型一致地将雇主、工会及政府视为是系统中的三大主体。本研究将政府置于系统之外，并将少数核心员工或重要员工作为系统中的一个重要主体。政府是公共部门的代表，对于每一个企业或系统而言，其功能都是相同的，除了少量国有企业或国有控股企业，政府通常不直接参与企业内部劳动关系的协调。由政府牵头形成的制度安排对各产业及各企业的规范与制约只有较小的差异，重点是保护基本劳权，因此，在本研究中，将政府及公共政策等置于系统的外部。

全球化背景下，全球化的国际分工体系逐渐形成，国际分工越来精细和严密，雇佣劳动的种类大大扩展，不再仅仅是制造加工和服务，上到复杂高端的设计、营销等，下到普通简单的服务、勤杂等工作都全部成为雇佣劳动。管理工作也成为一种雇佣劳动，管理者也成为被雇佣者，而不再是资本主义初期由资本所有者亲自管理的时代。管理劳动的独立化和职业化越来越明显。由于雇佣劳动的种类空前的丰富，人力资源管理及劳动关系的难度都分别增加了，单一的标准雇佣方式已经不能适应如此种类众多的雇佣劳动的需要，某些不同产业、行业及工种的雇佣劳动在全球化及现代市场中，难以运用标准雇佣方式或单一的雇佣方式。

在非典型雇佣关系或新型雇佣方式中，主要涉及数量不等的非标准员工，如临时员工、随传员工等。现代企业通常采用多元化的雇佣方式，标准员工和非标准员工同时存在于一个企业组织中，分别采用不同的劳动关系模式。非标准员工很少参与工会组织，不属于集体劳动关系范围。对非标准员工，企业也难以普遍地采用人力资源管理技术与工作场所创新等手段。非典型雇佣方式赋予企业组织更大的柔性和适应能力，但非标准员工与标准员工处于隔离的状态之下，在不同的制度与规则下工作。由于非标准员工数量在日益扩张，尤其在非工会组织中的扩张速度更快，需要更加完善的公共政策体系，但当前各国的法律法规与政策都不够完整和高效。

与西方劳动关系制度或规则的形成与决定程序不同的是，本书为将劳动关系制度做清晰的功能划分提供了可能，如主要用于保护基本劳权的制度，还是主要用于保障柔性的制度。在保障柔性的制度中，可以进一步区分为给予管理层充分自主权的放任式政策，还是激励管理层充分给予员工扩展的劳权的激励式政策，在不同的产业中，政策应灵活而有差异。在现代劳动关系中，管理层与核心员工已经成为制定企业内部劳动关系制度的主体，当然这是在公共政策的基本框架下更细化的制度安排，更能体现企业组织本身的个性和特色，与扩展的劳权及企业柔性有更密切的关系。核心员工的创新能力越来越重要，在劳动关系制度的决定与形成程序中越来越有发言权。在工会化的企业中，如果工会具有代表权，就能够解决普通员工的“集体行动难题”，在制度的形成阶段具有谈判权。在非工会化企业中，则少有工会的参与，不存在三方协商机制，主要由管理层与核心员工共同制订人力资源管理中的激励、绩效等目标，但管理层通常掌握控制权，一般指定由部门经理牵头完成工作场所的创新流程。

三、公共政策对基本劳权、扩展的劳权及柔性的保护

当前中国要同时完成基本劳权保护、扩展的劳权保护和柔性保护这三个过程，这三个过程之间存在着一定程度的纠结。公共政策对劳权保护加强，可能会削弱企业柔性及竞争力；劳权保护和管制放松，劳动纠纷与争议可能会上升，员工及工会的民主参与机制也难以建立。

一方面，当劳权保障的政策与法律开始实施，就会对一批企业产生影响，管理层会通过各种方式表达劳权保护措施对企业发展的不利影响。管理层通常认为企业利润空间的缩小是由基本劳动标准提高所导致的劳动成本上升、企业负担加重带来的，即所谓的“负担论”。同时，在高通胀背景下，劳动者感受的实际收入并未得到多大的提高，甚至是负增长。这就意味着，资本与劳动的收益都降低了。但从基本因果关系看，如果在公共政策的强制力量作用下，劳动标准提高了，就会自动淘汰某些微利的低端产业，或迫使企业提高自主创新能力，即所谓的“逼迫”产业升级，这原本是符合公共

部门及学术界的基本预期的。但实际情况却是，资本与劳动的收益都难以达到理想水平，资本所有者感到投资实业前途渺茫，劳动者感到劳动收入在要素分配中仍然处于弱势地位，管理层感到职业经理人难做，其结果是资本、劳动及企业家才能都同时大量过剩，不仅未能顺利实现产业升级，却“逼迫”某些产业陷入衰退。

另一方面，如果延续公共政策供给不足的状态，虽然能够持续地给予管理层创新的权力和空间，但基本劳权保护的缺失难以保障劳动关系的稳定。中国企业目前运用人力资源管理技术或工作场所的创新来“替代”或“补充”集体劳动关系的缺失，其效果都不大理想。替代效应或互补效应并不能真正掩盖集体劳动关系的缺失。由于集体劳动关系的长期缺失及对个别劳动关系的长期依赖，劳动争议大量出现，解决成本过高。劳动争议纠纷已经成为民事案件中增长幅度最快、影响程度最深的案件类型。另外，基本劳权保护的缺失使得扩展的劳权也无法得到保证，尤其是核心员工与企业之间的相互投资不足，劳动者创新的动力不足，企业所获得的柔性并不能真正地提高企业绩效。

未来劳动关系公共政策的策略调整还体现在对于企业组织柔性及劳动关系易变性的有效控制上，如对于劳务派遣的有效控制。劳务派遣因其灵活性和较低的用工成本越来越成为广泛流行的雇佣方式，但在实际运作中产生的问题较多，如实际用人单位能够较容易地转移劳动风险、劳务派遣单位能够赚取不该赚取的经营利润、劳动者的权益难以保障等。目前，劳务派遣是最难规范、也最容易出现侵权、争议和纠纷的雇佣方式。因此，各国的劳动立法都在对劳务派遣进行规范和限制。有研究表明，各国对劳务派遣机构的职能限定存在显著分歧，部分国家认为人才中介服务属于社会公共职能，不应由营利性企业来提供，并对劳务派遣等第三方雇佣模式在行业准入及合同期限等方面做出了不同程度的规制。① 由于实行劳务派遣的企业数量相当庞大，新法对劳务派遣这一雇佣方式给予法律地位的认可及相应的规范，使得企业难以继续通过这种方式来逃避对员工的责任，企业分散和规避风险的途径被限制，这将大大促进劳务派遣在国内企业的发展。

针对劳务派遣的不规范问题，我国《劳动合同法》用了整整一节（第五章第二节）对劳务派遣进行规范，共 11 条。劳动合同法要求在劳务派遣单位

---

① Arne L Kalleberg, Non-standard Employment Relations: Part-time, Temporary and Contract Work, Annual Review of Sociology, 2000 (26), pp. 341 -365.

违反法律规定给被派遣劳动者造成损害时，由劳务派遣单位与用工单位承担连带赔偿责任，这一总的原则能够最大限度地保护劳动者的权益。另外，该节还对劳务派遣的其他方面的问题做了详尽的规定，如劳务派遣单位应当与被派遣劳动者订立二年以上的固定期限劳动合同，按月支付劳动报酬；被派遣劳动者在无工作期间，劳务派遣单位应当按照所在地人民政府规定的最低工资标准，向其按月支付报酬；用工单位应当根据工作岗位的实际需要与劳务派遣单位确定派遣期限，不得将连续用工期限分割订立数个短期劳务派遣协议；劳务派遣单位应当将劳务派遣协议的内容告知被派遣劳动者，不得克扣劳动报酬，不得向被派遣劳动者收取费用，跨地区派遣的劳动者按照用工单位所在地的标准享有劳动报酬和条件；用工单位须履行提供国家劳动标准的劳动条件和劳动保护、告知被派遣劳动者的工作要求和劳动报酬、支付加班费、绩效奖金，提供与工作岗位相关的福利待遇、对在岗被派遣劳动者进行工作岗位所必需的培训及对连续用工实行正常的工资调整机制等义务。另外，《劳动合同法》还规定，被派遣劳动者享有与用工单位的劳动者同工同酬的权利。用工单位无同类岗位劳动者的，参照用工单位所在地相同或者相近岗位劳动者的劳动报酬确定。被派遣劳动者有权在劳务派遣单位或者用工单位依法参加或者组织工会，维护自身的合法权益，等等。

《劳动合同法》通过对违约金的特别规定来降低员工流动的门槛。新型雇用方式的典型特点之一是高流动性和低流动成本。流动是现代劳动力市场的突出特征，有利于人力资源的优化配置，对企业和员工都是效益优化的过程。但流动是需要成本的，高流动成本降低了流动性，也制约着新型雇用方式的发展。违约金就是雇员在离职时支付给企业的成本，国内企业经常通过与员工约定违约金来限制员工流动或赚取违约金。为适应新型雇佣方式发展的要求，保障员工流动的自由和利益，《劳动合同法》对违约金做了特别的规定。

《劳动合同法》第二十五条规定，除第二十二条和第二十三条规定的情形外，用人单位不得与劳动者约定由劳动者承担违约金，而原有的法规则允许用人单位与职工约定违约金。按照新的规定，除了特殊情况外，即使约定了赔偿金数额，员工的单方辞职也无须支付，特别是涉及户口方面的违约金，今后将不再受法律支持。此外，《劳动合同法》还对离职员工获得经济补偿金的范围和工作交接程序进行了增补和规范。这项规定的目的是防止公司滥用违约金条款，事先约定高额违约金来限制员工流动。《劳动合同法》要求企业弱化对员工的离职约束，实质上是在引导企业建立以人才为导向的人力资源柔性管理模式，而这正是新型雇佣方式的最大优点。尤其要尊重最具创新能力的知识型雇员和核心雇员的个性化要求和选择，这是提高企业自主创新能力的关键。①

① 中华人民共和国劳动合同法［M］. 北京：法律出版社，2017.

第八章　中国企业劳资合作机制的构建问题

第一节　通过劳资合作实现劳权与柔性的双重保护

对于大多数企业而言，即便是没有发生明显的劳资冲突，但组织内部劳动关系氛围及劳资合作水平都没有达到理想的状态，劳动关系的运行质量处于“亚健康”状态，这是当前国内企业劳动关系运行的常态，严重制约着企业的自主创新能力。中国亟须一套能够提供完整的劳权保障的、富有柔性的劳动关系创新体系，破解企业的自主创新难题。全球化的竞争已不再仅仅是资本、技术、人才等要素方面的竞争，更是劳动关系质量的竞争，如果能够通过优良的劳动关系制度设计率先获得劳动关系的比较优势，将大大提高产业优势和市场优势。

一、解决管理权过度控制问题的策略选择

从弗里曼的利益相关者视角看，[①] 劳动关系的运行质量应该取决于对各利益相关者利益要求的回应质量。提高劳动关系运行质量的核心问题是提高员工的权力与地位，劳动关系质量的高低主要取决于员工这一弱势群体权力与利益要求的回应质量。管理权对劳动关系的过度控制能够维持企业组织的柔性，使组织能够更灵活地适应全球市场的变化，但如果管理权抑制了员工的民主参权和参与技能，缺少制衡的管理控制难以实现企业劳动关系的稳定，产业民主的

---

① Freeman, E. R., Strategic Management: A Stakeholder Approach, Pitman, Press, Boston, MA. 1984, P. 46.

倒退还会制约企业的创新能力。

多数人认同劳资冲突产生于权利的非均衡或非对称问题，但解决该问题的主张却大不相同，西方有两种对立的理论观点。一是劳动关系学派（制度学派），该学派认为劳动者与资本所有者及管理者的权利是不对等的，雇佣劳动者总是处于弱势地位，需要外部力量的介入以形成一套新的制度或规则，劳动关系因此而产生。仲裁机制、集体谈判机制及法律法规等都是为了重新平衡权力关系，这些保护劳权的机制构成了一个国家或一个地区的劳动关系体系。二是自由主义学派的观点，认为劳动关系处理机制是多余的，甚至是有害的，认为工会和集体谈判人为地形成了垄断性的高工资，破坏了劳动力市场的自由竞争，降低了劳动力的流动性，也削弱了雇主的权力。员工如果认为在企业中的报酬过低或者权利受到了侵犯，就可以通过寻找另一个雇主来改变，即市场机制能够自动解决劳动关系学派所关注的权利不均衡问题。两个学派在政策主张上也截然不同，一个重视直接的保护，另一个主张通过自由的市场机制加以调节。但从西方的经验看，后者的主张是难以自动解决权利的非均衡问题的，欧美国家大多选择了前一种思路与制度安排。

从各国的经验看，平衡或制衡管理层权力的方式主要有两个：一个是集体谈判或协商；另一个就是劳资合作或员工的民主参与。对于劳动关系权利结构非均衡问题的解决，各国的经历与经验存在较大差别，美国、中国等国家都具有鲜明的特色，欧洲各国之间也存在很大的差异。二战后，美国通过独立工会强制推行集体谈判，政府不鼓励企业通过非独立工会实施员工参与计划，员工参与机制未能得到充分发展。20 世纪 80 年代后，虽然管理层控制权扩大了，但员工的民主参与机制尚未建立，员工的参与能力未能得到培养，这种非均衡状态持续至今。欧洲的大体情况是，政府不大推行强制的集体谈判，主张自愿的协商或谈判，但员工的民主参与机制相对完善，如德国的共决制等，在近些年政府干预减小、工会权力削弱及雇主控制权扩大的情况下，员工的民主参与机制仍然存在。员工通过在治理层面及工作场所层面的参与，能够不同程度地形成对管理层的制衡力量，劳动关系系统的非均衡问题并不十分明显。

二、劳资合作是同时保护劳权与柔性的最优选择

劳资合作能够通过员工及工会在企业组织内部分享权力，参与不同层次的决策，并承担更多的责任和义务来对劳权与柔性实施双重保护，从而提高劳动关系运行质量、企业组织绩效和个人绩效，是一种高等级的劳权与柔性保护与

实现机制。具有适度柔性的组织能够赋予员工更多的任务、职权和责任，不仅有助于提高绩效，也有利于改善员工的工作和生活的质量。根据全球劳动关系及中国劳动关系的特点，本书认为劳资合作是实现中国劳动关系创新的最终选择，也是最优选择，有利于同时建立劳权和柔性保护机制和实现机制。

未来的全球劳动关系再也不可能恢复西方二战后通过广泛的集体谈判及工会力量来制衡管理层权力的局面，大范围恢复强制性的集体谈判已不大可能。未来劳动关系内部权利结构非均衡问题的解决，只能在集体谈判之外寻求能够有效平衡管理层控制权的途径，唯一的选择就是通过劳资合作提高员工的民主参与水平，尤其是企业治理层面和工作场所层面的劳资合作。通常认为，治理层面的劳资合作及员工民主参与更接近于真正的产业民主，在这种较高水平的参与过程中，能够有效制衡管理者霸权。而工作场所层面的劳资合作及员工参与，难以形成强有力的制衡力量，很难改变劳动关系权利结构的非均衡状态，但员工对于与自身密切相关的事务有了更大的自由度，如工作方式、个人业绩、绩效工资与福利、人际关系等。

欧洲国家更重视员工在重大决策过程中的参与，如法国、德国、英国等，员工参与同政治民主的关系相对紧密，如德国的共决制侧重员工代表在企业重大决策中的参与权。自我管理则侧重于员工及其代表在管理程序中的参与，将部分管理权转移到员工手中，如通过员工代表计划将员工的纪律问题转交给同事和伙伴，等等。在现代企业组织中，员工参与越来越多地被纳入人力资源管理程序中，以提高绩效为目标的员工参与计划越来越多。这种与绩效紧密挂钩的参与常常缺少稳定性和长期性，与产业民主还有相当大的距离，而真正意义上的员工民主权利应该与绩效无关。

由于中国企业劳动关系未经过集体谈判机制及员工民主参与机制的充分发育就进入了全球化时代，激烈的全球市场竞争没能赋予中国充足的时间走一条循序渐进的道路。二战后西方国家的劳动关系发展路径不适用于当代中国，中国和谐劳动关系的构建要走一条与西方国家不同的道路，那就是能够同时实现劳权保障和柔性保障的机制与制度安排。中国现阶段的劳权保护机制，不能局限于基本劳权保护，而是对扩展的劳权的全面保障与实现机制，尤其是要完善劳动者的民主参与权及工会的参与功能。这实质上是一种直接建立最高级别劳动关系体系的策略，不仅需同时推进产业和平与产业民主，还要构建适应现代组织发展要求的柔性保护机制。

多样化的组织类型、多样化的雇佣方式及处于产业生命周期不同阶段的企业，对劳动关系处理机制有着多样化的需求。一方面，部分行业及企业类型对集体劳动关系处理机制的需求更大，对民主参与机制及劳资合作的需求较小，组织缺乏柔性，对柔性的需求也相对较小，很多传统产业及传统企业组织都是这种类型。这种类型的行业和企业员工数量多，以生产制造环节为主，在产品市场具有完全竞争性质。对这些行业和企业而言，集体谈判和集体协商机制的构建是最为紧迫的，普通员工的基本劳权保护对于减少劳资冲突并提高劳动关系运行质量最为有效。另一方面，大量的新兴产业及现代企业组织对民主参与机制和企业组织柔性有着更高的需求，对集体劳动关系处理机制需求不大，员工的个性化工作较为普遍。对于这些行业和企业而言，深度的民主参与及劳资合作机制对于培育新生代员工的民主意识与创新精神极其重要，单纯依赖集体劳动关系处理机制会制约创新型企业及组织的活力。在这类行业和企业组织中，创新型员工数量较大，对灵活性的工作安排需求更大，需要组织具有更高的柔性。

三、寻求产业生命周期优势为劳资合作提供利润支持

劳资合作及民主参与机制的设计需要充足的利润支持，优厚而稳定的劳资契约是同时推进产业和平与产业民主的基础，高额的垄断利润能够负担这种优厚而稳定的劳资契约。只有新兴产业能将产业生命周期的初始阶段留在本土，因此，有竞争力的新兴产业的培育是中国高质量和谐劳动关系发展的核心战略。在集体谈判机制缺失的背景下，高额的企业利润及高工资、高福利策略能够有效减少劳资冲突并自动提高劳动关系运行质量，降低员工对于工会及集体谈判机制的迫切需求，不仅能够节省大量的交易成本，也有助于企业更专注于开发工作场所层面和企业治理层面的劳资合作及员工参与机制，寻求更加民主的管理方式和劳动关系氛围。

西方劳动关系发展史证实了产业生命周期优势对于劳资契约的重要作用。19 世纪 70 年代，英国兰开夏纺织工人的斗争所最终形成的一套得到广泛认可的薪酬体系，稳定地应用了长达几十年之久。20 世纪 30 年代，美国产业工会联合会的罢工斗争之后，美国汽车制造商所获得的垄断性利润，使其能够签署稳定的劳资协议和大众消费的社会契约，而这一协议与社会契约持续存在了超过 40 年的时间。

以福特制为代表的科学管理方式为企业带来了巨额利润，这些巨额利润支持了高工资、高福利策略，并由此造就了一个庞大的中产阶级，其强劲的消费能力支持了美国主导产业的发展。卢瑟领导的汽车工人运动就是为了在工人和

消费者之间建立一个高价格——高工资的联盟。另外，高利润和高工资战略能够有效减少大量的劳资冲突及工人运动，延缓了工人组建工会的迫切要求，也延缓了对集体谈判的迫切需求。例如，福特公司就因为大幅度提高了工资而自动减少了罢工，工厂门口曾一度被求职者围得水泄不通，工人不再要求组建工会，福特因此成为组建独立工会最晚的企业。

无论是在纺织业还是汽车业，大型劳工运动的胜利，大多发生在产品创新阶段的所在地；而在创新即将终结或产品生命周期的末期，巨大的竞争压力使企业的利润逐渐下降，并最终进入微利时代，劳动契约难以维持，劳资冲突反复爆发，企业外迁的压力增大。另外，不仅创新最有可能发生在发达地区，发达地区也有可能在产品生命周期末期重新获得竞争优势，使资本和产业回流。高收入地区技术与组织结构的调整能力较强，企业创新能力强，企业能够支付得起高额工资，有能力保护员工基本劳权及参与权，重新恢复和谐劳动关系。那些失去优势的国家和地区，仍然会重新沿用低劳动成本策略，产业和平与产业民主水平会再次下降。当前，一些曾经在新兴经济体获得了竞争优势又迅速失去优势的产业已经开始了向发达国家的“回流”态势，其中就包含一些人们认为在发达国家和地区已经不可能重拾优势的制造业和服务业。

应该指出的是，产业和平与产业民主的同时推进，并不意味着可以越过基本劳权保护阶段来片面追求产业民主及人力资源管理的过度发育，集体劳动关系处理机制的构建与完善是不可忽略的。一方面，在基础性产业长期存在的背景下，仍然需要保护处于弱势地位的基本劳权，使劳动的回报稳定增长。另一方面，阻止管理者长期走低劳动成本路线，从劳动关系的制度设计上，强制推动企业创新，通过产业及产品升级遏制低端产业或低利润产业的恶性竞争及长期过度发展。

四、运用集体协商机制为劳资合作提供组织框架

组织特征对于劳动关系运行质量极其重要，组织行为学理论认为组织特征能够决定劳动关系运行的结果。① 从已有的劳动关系处理机制看，集体协商机制能够最大限度地包容产业和平与产业民主机制的设计和运行，能够同时容纳产业和平机制与产业民主机制，集体协商机制能够为扩展的劳权的实现提供合

① John E. Kelly and Nigel Nicholson, The Causation of Strikes: A Review of Theoretical Approaches and the Potential Contribution of Social Psychology, Human Relations, 1980, 33 (12), pp. 853 - 883.

理的组织框架。各国的集体劳动关系处理机制也具有不同的特色和模式，如美国和加拿大采用瓦格纳法案模式，英国和爱尔兰奉行自愿主义集体谈判和强大的工会模式，澳大利亚和新西兰的劳动关系则是高度集权的，并且更尊重法律程序的裁定。

西方的集体劳动关系处理机制通常有两种不同的模式和特色：一种是强制性的；另一种是非强制性的。二战后美国执行瓦格纳法案的集体谈判具有强制性质，法律强制要求企业必须接受工会，并与工会进行集体谈判，雇主无权拒绝。与美国不同，欧洲国家大都是非强制性的，协商多于谈判。例如，英国左翼和右翼都鼓励自愿的集体谈判，奉行自愿主义，企业可以选择接受谈判和拒绝谈判，政府没有正式命令集体谈判。如果企业预测拒绝谈判的成本要高于接受谈判的成本，就会接受谈判。当企业激烈地拒绝集体谈判时，政府官员会亲自出面干涉，或含蓄、或明确地对那些不妥协的企业进行约束，将已经仲裁过的雇佣条款和条件施加给不情愿的雇主，希望他们接受这些基本条件。在大多数欧洲国家，宪法给予员工参与工会的权力，承认工会的作用和地位，但没有强迫雇主必须认可工会及履行谈判的义务，没有强制性的集体谈判，具有自愿协商的基础，劳动法相对稳定。

非强制或自愿的另一个含义是，雇佣劳动者有加入工会的自由，也有保留非工会员工身份的自由。如果员工不愿意入会，任何员工都不应被强迫成为工会会员。西方的人权法案大多规定，每个人都有加入某个组织的自由，也有拒绝加入某个组织的自由，任何人任何组织都不得强迫，因此，无论是强制性的集体谈判还是自愿的集体协商，大体上都给予了雇佣劳动者入会的自由。

综观劳动关系的各种处理机制，只有集体协商机制能够同时容纳产业和平与产业民主机制。与美国强制性的集体谈判不同，集体协商更接近于一些欧洲国家非强制性的集体谈判或集体协商，更加尊重劳资双方的意愿，如英国自愿的集体谈判。从西方经验看，劳动关系的发展大体遵循的是自主和自愿的基本原则。无论是通过立法的方式还是非立法方式，都朝着这样的方向：鼓励建立和保持自主的规则和正义体系，自主和自愿程序都建立在法定程序的基础上，并因此得到尊重。①

自愿主义不仅具有保护基本劳权的功能，有利于保障企业组织的柔性，还能够为管理层设计员工参与计划留下空间，有利于管理层与员工之间直接沟通

---

① Dukes, R., The Statutory Recognition Procedure 1999: No Bias in Favour of Recognition? Industrial Law Journal, 2008, 37 (3), pp. 236 -267.

机制的建立，弱化劳动关系中的对立关系，较早地引入各种形式的员工参与机制。国际劳工组织的集体谈判原则也没有要求政府通过立法强制雇主与合法的工会进行谈判。一些研究也主张企业和工会应该对适宜的条款和条件自由地协商，建立没有过度政府干预和限制的谈判结构。①

强化协商关系并弱化谈判与对立关系是协商机制的核心特征，中国集体劳动关系的构建应该强化协商机制，弱化谈判与对立。中国大规模组建纯粹的独立工会缺少制度和组织基础，也不符合当代市场环境的需要。分析全球工会发展史，中国的很多产业可能要更多地借鉴欧洲的集体协商机制，学习欧洲的可能性更大一些，尤其是在当代全球范围内工会参与率大幅下降的情况下。美国的独立工会模式很难大范围推行，美国的集体谈判机制自 20 世纪 80 年代开始也走向了分散和衰落。但某些适合的行业和企业也可以赋予工会谈判权，或在某些问题的解决过程中强化谈判机制，维护员工的利益。谈判与协商只是用来描述强制与自愿孰重孰轻的范畴，不必规定严格的界限。突出协商氛围的意图在于给予工会、管理层、员工及政府等一个更为宽松灵活的框架，各方都能有更多的选择，以平衡企业竞争力与员工利益的关系。

以协商为主的集体劳动关系处理机制，不必担心西方工会主义的出现，过度的工会主义甚至会妨碍产业民主。用集体协商替代集体谈判是规避工会主义的最优选择。多元论劳动关系专家克莱格认为有效的协商是工会靠近产业民主的最好形式，过度的工会主义甚至会妨碍产业民主的推进。协商机制有利于解决工会参与的两难问题，即不承担责任就没有民主，过多地承担责任也会削弱甚至摧毁民主。另外，从中国工会的制度基础看，没有过多的敌对或对抗。当前全球市场环境使西方工会的谈判及对抗功能下降，难以出现克莱格所说的“工人控制”与工会的低效率、② 官僚与垄断行为等。

协商机制应分别设置在治理层面和工作场所层面。在治理层面，协商有利于使工会功能的塑造更加符合现代企业的需求。在工作场所层面，良好的沟通机制不仅是产业民主的体现，也是人力资源管理技术的应用，这反过来也有利于产业和平，在工资、工作条件等问题上的及时沟通，能够使员工理解和支持管理层的决策，有利于减少和化解对抗和冲突。

---

① Roy J. Adams, Collective Bargaining as a Minimum Employment Standard, The Economic and Labour Relations Review, 2011, 22 (2), pp. 153 – 164.

② Peter Acker, Collective Bargaining as Industrial Democracy: Hugh Clegg and the Political Foundations of British Industrial Relations Pluralism, British Journal of Industrial Relations, 2007, 45 (1), pp. 77 – 101.

第二节　三层面的集体协商机制及复合型工会模式

从当前全球劳动关系发展的趋势看，单一层面的集体劳动关系已经不能适应企业组织和市场的变化，应该建立多层面的、立体的集体劳动关系体系；同样，单一层面的协商机制也不能适应未来中国企业的需要。从集体协商机制的运行看，未来中国企业集体协商机制的构建应立足于以下三个层面：产业层面、企业治理层面和工作场所层面。

与上述三个层面的协商机制相适应，工会组织及其功能也应该是复合型的。工会的复合型模式应该体现在这三个层面，具有谈判或协商代表、民主参与者及管理者等多重身份。德鲁克认为，未来工会的任务是引导员工以合作者和公民的姿态融入工业体系和现代“社会”，并成为服务社会的机构。[①] 因此，中国的工会应具有综合功能。集体协商机制的核心是工会组织及其功能的设计，根据中国工会的发育情况和企业所处的全球市场环境，中国工会及相关的组织设计不可能采取单一的模式，而复合型的工会模式可能是现实的选择。

寇肯认为，劳动关系制度应该包容多元化的劳动力、非全日制工作和其他非正统的工作安排，工会和政策制定者都要面对这一挑战；应该设计新的工会结构，吸引和保持从事非全日制工作的男性和与支薪工作关系不紧密的妇女等。他关注未来工会成长中的一个日益重要的角色：妇女，他认为对妇女来讲既是挑战也是机会。妇女在劳动力中的地位上升及非全日制工作的增多，削弱了原有的工作标准。越来越多的妇女进入领薪水的劳动力大军并从事非全日制的工作，传统的工会的观点站不住脚了。因此，需要在政策上进行战略性的转移，从反对非全日制工作转向承认工作时间的柔性，使“员工主权”能够得到保护，非全日制工作标准能够通过立法与集体性代表的有效结合来恰当地进行规定。[②]

寇肯探讨了未来工会化的新模式，他认为，传统工会的组织与服务模式失灵了，21 世纪需要全新的、不同的模式，未来的工会应该更多地回应成员个人的需求，并进行整合，不应将工会看成是员工发言权和影响力的唯一来源。

---

① ［美］彼得·F. 德鲁克. 公司的概念［M］. 上海：上海人民出版社、上海社会科学院出版社，2005，123－124.

② Thomas A. Kochan, Collective Actors in Industrial Relations: What Future? Industrielle Beziehungen, 2004, pp. 6－13.

实际上，工会的机构和组织形式越来越多，这些新出现的机构和组织都致力于在劳动关系系统中的各个层面为员工提供发言权，未来工会的角色在于工会需要进入一个支持新战略的复兴过程。在招募和保留工会成员方面，工会应从年轻员工开始，跟随他们的整个职业生涯和家庭生命周期。工会的定义可能也需要变化，定义应该是动态的和变化的，不仅包括传统的工会和职业团体，还包括各种拥护劳工的团体。工会应该开发新的能力，去构建一种同盟，并且支持这些劳工拥护团体的出现及合法性，帮助他们在网络及动态经济中实现他们的目标。另外，工会还应开发和运用新的权利来源，如果工会能够在信息和人力资源驱动型经济中扮演关键的角色，就需要工会能够运用信息和员工技能作为权利来源，为此，工会应该尝试各种新方法。①

在我国企业劳动关系发展过程中，由于工会组织并未真正发挥维护员工利益的作用，新《劳动合同法》对工会的功能进行了明确的规定，规定工会的职能是能够有效地反映和争取员工的利益，工会作为代表员工利益的组织要成为改善劳动关系的重要组织形式。新《劳动合同法》规定，用人单位单方解除劳动合同，应当事先将理由通知工会。用人单位违反法律、行政法规规定或者劳动合同约定的，工会有权要求用人单位纠正。用人单位应当研究工会的意见，并将处理结果书面通知工会。从合同的开始制定、签订、执行、解除到劳动争议的发生和处理等，都要求工会介入和发挥作用。这不仅赋予了工会更大的权利，更指明了工会改革和劳资关系集体调整的方向。工会有责任和义务完成法律赋予的职责，否则就应视为违法。当然，我国对工会组织在劳动关系中的职能定位还难以达到发达国家的所谓“工会的新功能”，尤其是管理方的职责难以在短期内达到上述标准，但这确实是最重要的一步，有利于为实现“工会的新功能”奠定基础。

在重庆市，完善的线上线下服务职工新模式已初步形成，市、区县和产业工会委员、常委中一线人员比例分别达到 40%、20% 以上，在健全组织体系、加强基层基础、改进干部管理、创新方式方法 4 个方面实现了突破。一年中，新增基层工会组织 2300 家、会员 14.8 万人；在产业工人集中的园区等地牵头打造群团服务站市级示范点 14 个；市总工会拿出 2%、区县工会明确 5% 的留成工会经费作为乡镇（街道）工会工作经费；打造基层工会改革示范点 86 个，推动工会改革措施在基层落地。重庆市着力创新方式方法，重点打造工会

① Thomas A. Kochan, Collective Actors in Industrial Relations: What Future? Industrielle Beziehungen, 2004, pp. 6 – 13.

新闻发布、网上工会服务、技能素质提升、渝工创新服务、工会大数据分析等10大系统，实现10类“互联网+工会”专业化服务，基本形成“1网+1证+1卡”的服务职工新模式，构建起“职工提出—工会主导—社会力量承办—职工参与—职工评价”的运行机制。未来将着力研究与区县群团服务中心的工作衔接问题，对各级服务阵地运行模式、运作机制、服务内容、服务标准等进行梳理和固化，构建网上网下有机融合、引导社会组织有序参与的职工服务体系。①

一、赋予产业工会制定产业或行业一般标准的职能

在三层面协商机制的基础上，未来可尝试加强产业工会的培育。产业工会能够将基本劳权保护与员工参与有效分离，灵活地协调产业和平与产业民主。产业工会承担产业内的集体谈判或协商环节，为企业提供一般标准，而将参与职能交给专门的参与组织，企业更有能力扩大对产业民主的投入。德国的产业工会负责集体谈判，将员工参与交给工厂委员会。目前中国的基本思路是将参与职能交给职工代表大会。产业工会的另一优点是其强大的公共服务功能，能够实现更多的公共服务目标，中国各级工会具有这方面的基础。

产业工会能够为产业民主留下较为广阔的空间，适合采取工会与员工参与组织的分离模式来同时推进产业和平与产业民主。很多国家都曾设立产业工会，西方的产业工会通常形成于员工被组织起来与雇主进行集体谈判的地方，要么是工会组织，要么是与工会难以区分的团体，如职员协会、白领团体和职业团体等。这些团体通常会稳定地发展成为产业工会，以扩展其在产业、商业和公共服务中的作用。在西方，产业工会的这种形成与演变过程有着较长的历史。

从长期看，制造业将继续在中国经济中占据主导地位，尽管制造业的现代化程度会越来越高，但制造业的基本特征仍然存在。制造业是最适合设计产业工会的产业，中国已经具备了设计产业工会的条件，也有现实的需求，制造业之外的其他产业也通常需要产业工会。在全国总工会基础上，设立产业（或地区）工会及独立于工会的参与组织，下设若干产业工会（以产业划分）或地区工会（以行政区划分）等二级分会，二级分会制定产业或地区的劳动标准，供产业内或该行政区内的企业参照执行。产业工会制定产业或行业的最低

---

① 李国，黄仕．重庆工会改革试点实现4大突破［N］．工人日报，2017-2-22.

标准或一般标准，适合国内许多产业，如劳动密集型制造业和服务业。

对于产业工会或行业工会的发展，一些国内学者也提出了自己的看法。乔健主张应将加强劳动关系的立法与产业工会的构建同步推进。劳动关系协调的重点工作将从国家的劳动立法转向严格执法和劳资自治，而建立以地域为基础的产业和行业一级的劳动关系协调和社会对话机制是劳资自治的主要形式。为此，从现在开始，就必须着眼于产业和行业工会、行业雇主协会和政府背景的行业工会组织的发育、人员的配备，为未来劳动关系协调机制的建构积累经验、创造条件。[①] 冯同庆的研究指出，行业工会的代表性尤其重要，因为中国的工会体制是以企业工会为基础的。企业工会在企业内受到管理者很大的制约而比较难以体现代表性。行业工会的介入，可望帮助改变这种局面。2008 年施行的《劳动合同法》已经规定，在县级以下区域内，建筑业、采矿业、餐饮服务业等行业可以由工会与企业方面订立行业性集体合同，或者订立区域性集体合同，这也给建立行业性职代会制度提供了参考。[②]

产业工会能够在行业内提供统一的劳动标准，这一功能为劳资合作及员工民主参与奠定了基础。例如，德国共决制的突出特色在于能够将产业工会职能与集体协商谈判及民主参与功能有效协调。这是一种工会与员工参与组织的分离模式，工会并不是员工参与的组织形式。员工参与是通过另外两个组织形式实现的，即工厂委员会和监事会这两种组织，[③] 而不是工会组织。共决制不仅是一种产业民主机制，也是一种独特的产业和平机制。

工厂委员会削弱了集体谈判的冲突与对抗，增加了合作与协调功能，就工资与工作条件进行协商，有利于维持产业和平，同时也有利于给予员工工作场所的发言权和参与权。工厂委员会是一种实现公平的机制，而不是效率机制。但如果通过工厂委员会成功实现了管理层与员工之间的合作与直接沟通，是有利于提高绩效的，这与企业运用人力资源管理技术来提高绩效是不矛盾的。在集体谈判和员工民主参与双重缺失的经济中，模仿这种组织结构有助于同时推进产业和平与产业民主进程。

产业工会的职能超出企业范围，首要职能就是产业和平。在涉及基本劳权的具体事项上，产业工会要参与集体谈判或协商，所建立的产业或行业一般标

---

① 乔健. 发展和壮大工会组织的必要性与必然性分析：来自美国大萧条时代劳工政策的启示[J]. 劳动关系，2009（4）：28－33.

② ［德］鲁道夫·特劳普—梅茨，［美］岳经纶. 中国产业民主：兼论德国、韩国与越南［M］. 中国社会科学出版社，2012：169－170.

③ ［美］托马斯·K. 麦克劳. 现代资本主义：三次工业革命中的成功者[M]. 南京：江苏人民出版社，2006：191.

准能够为产业或行业内的诸多企业所参照执行，大大节省了企业内的集体谈判与协商程序。工会的外部效应被很多研究者所证实，一些不是工会成员的员工也因为工会化而获得了更高的工资和更好的工作条件。因为这些企业为了避免在本企业建立工会而努力构建“积极的劳动关系”。①

产业工会能够避免企业工会缺少代表权而使集体协商无法进行，或使集体协商虚置的问题。目前，国内大多数企业工会仍然缺乏独立的代表权，谈判功能和协商功能缺失，尚不能完成独立的工会角色，无法独立完成涉及本企业员工的工资集体协商程序。另外，产业工会能够避免某一区域行业种类多，无法运用统一工资标准的问题。不同的行业有不同的平均工资水平，相互间无法参照，仅仅依靠地区工会（如市总工会和区级工会），无法提供行业的工资集体协商标准、开展协商程序并形成持续稳定的行业工资增长机制。

产业工会适合国内的许多产业，尤其是劳动密集型制造业和服务业。目前，在全国总工会基础上，中国应构建和强化产业工会（以产业划分）或地区工会（以行政区划分）在制定产业或地区的劳动标准方面的职能。中国一些地区工会已经开始了企业工会的改组程序，开始了初步的尝试，如广东南海本田汽车零部件有限公司工会的改组就经过了广东省总工会的批准，广东省总工会还直接参与了工资的协商。工厂委员会制度适合很多类型的企业，现阶段，中国部分地区可设计类似的机构鼓励企业试点和推广，监事会制可在部分国内大企业中试点。

广州市在行业工会的组建和功能设置等方面也进行了长期的探索，目前已经成立70多家行业工会。广州市行业工会联合会的职责是：负责本行业内工会的组建和发展工会会员工作；推动建立行业平等协商、集体合同制度和职工代表大会制度，并承担相应的职责；推动建立劳动争议调解组织，并参与处理相关劳动争议，为企业工会和员工提供法律服务；对所涉及的企业的工会专职人员进行培训，等等。

广州市最早成立的行业工会是2007年成立的建筑业行业工会，也称工联会。最有影响的是2010年成立的环卫行业工会联合会，建立了环卫行业的工资集体协商机制，涵盖3万多环卫工人，涉及500多个环卫企业。集体协商机制的建立，使环卫行业的工资有了共同的参照标准，解决了诸多劳资纠纷，也避免了很多由于工资不合理所引发的劳资冲突。为了使行业工会更方便地掌握

① ［美］理查德·B. 弗里曼等. 工会是做什么的？美国的经验［M］. 北京：北京大学出版社，2011：14.

相关行业的平均工资水平，市总工会委托相关机构开展行业平均工资水平的调查，为行业工会提供准确的数据。有了这种及时有效的调查数据，行业工会制定的工资标准就会更加合理，有利于通过集体协商确定出适合该行业的稳定的工资增长机制。

二、在企业治理层面赋予工会组织独立完整的代表权和参与权

在某些较为成熟的行业，尝试建立独立工会，给予工会完整的代表权。工会与雇主的协商程序要完整规范，以利于其他适合的产业模仿和参考。现阶段，适合给予工会代表权的行业并不太多，但有些市场竞争力强、发展稳定、业内规则成熟、员工数量大、对集体协商有着较大需求的行业可以进行尝试。如广东南海本田汽车零部件有限公司已经对工会进行了重新选举，员工通过民主选举的方式选出了工会领导人，具有代表权的工会成功地实现了提高员工工资的集体目标。员工自发的集体协商谈判的成功，与工会的介入和组织有关。①

具有完整代表权的独立工会更有代表性，能够更加完整地代表员工的权利和利益，具有更为专业和成熟的参与技能。如果能够赋予这些独立工会在企业治理层面的参与权，就能够改变企业的治理结构和权利格局，提升劳资合作水平，并真正推进工会的民主参与进程。在中国，适合组建这种类型工会的企业数量有限，难以大面积普及，从中国工会的制度基础和功能特点看，在工会组织中不会形成过多的敌对或对抗机制，不必担心“工会主义”的出现。在当前全球市场环境下，西方工会的谈判及对抗功能也已下降，难以出现克莱格所说的“工人控制”与工会的低效率、官僚与垄断行为等。

一些资本密集型企业或创新型企业更适合率先尝试工会在治理层面的协商和参与。一方面，工会在治理层面的代表权具有维护产业和平的功能，主要运用集体协商机制，能够通过完整规范的协商程序解决与基本劳权相关的重大问题。另一方面，工会在治理层面的参与权具有实现产业民主的功能，该功能要通过给予工会及员工代表在企业重大事项和重大决策中的参与权来实现，依赖于企业的民主参与计划及相关的公共政策。

《中共中央国务院关于构建和谐劳动关系的意见》（以下简称《意见》）提

---

① 常凯．劳动关系的集体化转型与政府劳工政策的完善［J］．中国社会科学，2013（6）：91－108.

出的建立职工代表大会及职工董事和职工监事制度，将治理层面的参与扩大到了职工代表大会，而不仅仅限于工会组织的参与，明确企业要给予职工代表大会、职工董事和职工监事以充分的知情权、参与权、表达权、监督权。

《意见》第十一条提出健全企业民主管理制度，要完善以职工代表大会为基本形式的企业民主管理制度，丰富职工民主参与形式，畅通职工民主参与渠道，依法保障职工的知情权、参与权、表达权、监督权。推进企业普遍建立职工代表大会，认真落实职工代表大会职权，充分发挥职工代表大会在企业发展重大决策和涉及职工切身利益等重大事项上的重要作用。针对不同所有制企业，探索符合各自特点的职工代表大会形式、权限和职能。在中小企业集中的地方，可以建立区域性、行业性职工代表大会。《意见》第十二条提出推进厂务公开制度化、规范化。进一步提高厂务公开建制率，加强国有企业改制重组过程中的厂务公开，积极稳妥推进非公有制企业厂务公开制度建设。完善公开程序，充实公开内容，创新公开形式，探索和推行经理接待日、劳资恳谈会、总经理信箱等多种形式的公开。《意见》第十三条提出推行职工董事、职工监事制度。按照《公司法》规定，在公司制企业建立职工董事、职工监事制度，依法规范职工董事、职工监事履职规则。在董事会、监事会研究决定公司重大问题时，职工董事、职工监事应充分发表意见，反映职工合理诉求，维护职工和公司合法权益。①

《意见》对于不同类型的企业和行业，为发展多种形式的民主参与组织留下了宽广的空间，鼓励企业探索符合各自特点的职工代表大会形式、权限和职能。建议在中小企业集中的区域和产业，建立区域性及行业性的职工代表大会。另外，鉴于高新技术企业或创新型企业组织对于参与式管理的高度依赖，可在公共政策上给予资本密集型企业、创新型企业或成长型企业各种形式的鼓励措施，加快职工代表大会、职工董事和职工监事制度的构建。

三、在工作场所层面赋予工会参与权和管理权

20 世纪 80 年代后，西方工会在工作场所层面的功能越来越多，参与权和管理权扩大了。工作场所层面，工会的复合功能得到了最完整的体现，尤其是工会的管理功能得到了充分发展。在西方，工会早已被纳入管理控制体系之

① 中共中央国务院关于构建和谐劳动关系的意见［M］. 北京：人民出版社，2015.

中。[①] 对工会的参与能力进行有效区分并加以强化，以促进员工广泛的直接参与。

中国工会的管理经验较为丰富，参与组织决策及人力资源资源管理有着良好的基础。中国工会的这些传统的管理功能，对于西方来说，却是新功能。西方工会的传统功能是集体谈判功能，管理功能大多是20世纪80年代以后逐渐被开发出来的，是市场自由化和集体谈判机制衰落背景下工会功能和角色转型的结果。中国工会的管理技术和管理经验是西方工会较为缺乏的，也是当代工会最为稀缺的新功能，能够为劳资合作及参与机制的构建奠定良好的基础。

在工作场所层面，协商机制能够超越传统的集体工会行动的范围，如工资、工作条件、解雇等，并顺利地参与到更广泛的领域，如培训计划、工作场所绩效、团队建设、职位晋升、激励机制等。在现代企业中，工作场所层面的沟通机制不仅是产业民主的体现，也是人力资源管理技术的应用，这反过来也有利于产业和平，更方便地在工资、工作条件等问题上的直接沟通，能够使员工理解和支持管理层的决策，有利于减少和化解对抗和冲突。在工作场所层面，无工会企业更多地通过人力资源管理程序实现员工的直接参与。

20世纪80年代以来，西方国家的无工会企业快速增加，新企业几乎都是无工会企业。无工会企业在工作场所层面的直接参与、直接沟通与交流、岗位轮换、训练员工的多种技能等方面都具有优势。在工会功能转型与衰落的国际背景下，中国实现高工会化率难度较大，在较长时期内，中国仍将存在大量的无工会企业，在某些产业设计与无工会企业，相配套的组织框架至关重要。较小的劳动力市场中的工会能够以较低的成本达到高标准的工会化，而中国这样大的劳动力市场，工会化的成本较高，是难以实现高工会化率的。

无工会企业组织易于开发和构建工作场所层面的劳资合作程序，也是最善于运用现代人力资源管理技术的组织。如，在工作场所层面，管理层对员工实施岗位轮换计划最为方便，有利于训练员工的多种工作技能，包括参与技能、管理技能等。员工参与生产及管理流程需要赋予他们相应的权力和责任，有利于提高管理者与员工之间的相互投资与信任，提高了相互忠诚度，有利于长期稳定雇佣关系的建立，实现了更安全的雇佣关系。很多研究证实，新型雇佣方式具有准契约和低投资的特点，这些特点使员工的业绩不理想、工作低效率、较少参与帮助同事等工作职责之外的活动，有较高的离职倾向，对组织极少有

① Fox and A. Flanders, The Reform of Collective Bargaining: from Donovan to Durkheim, British Journal of Industrial Relations, 1969, pp. 151 - 180.

心理承诺等。研究证实，新型雇佣关系虽然获得了弹性，但却丧失了高绩效、承诺型的员工，这实质上是新型雇佣方式最主要的问题，未来发展的关键是建立长期的相互投资关系，相互投资所产生的相互承诺对企业发展至关重要。因此，雇佣双方不要太注重报酬与利润绝对量的提高，而是要传递一种更好的行为方式，建立长期稳定的雇佣关系。①

目前，企业和政府都认识到了新型雇佣方式的准契约和低投资特点不利于建立长期、稳定、合作的产业关系，而合作的产业关系能降低离职率，企业可以不必经常培训新员工，也愿意为员工进行人力资本投资。如果服务期更长的话，员工自己也愿意进行人力资本投资，尤其是针对企业特定需要的投资。另外，如果产业关系是合作的，员工更愿意为改进工作方法和生产技术提出建议。② 我国新劳动合同法有关无固定期限劳动合同的强制性规定，有利于提高雇佣关系的稳定性。

第三节　企业员工参与技能的培育与开发

一、产业民主需要的“理性”及人力资源上升假说

员工参与技能的培训实质上是人力资源开发（HRD）问题，指员工在工作期间，在企业组织内部或外部接受各种参与技能的学习和培训，这是一项非常重要的人力资源开发环节。如果员工能够通过培训掌握更多及更高水平的参与技能，企业的劳资合作就会更加容易开展，劳资合作成功的可能性就越大，稳定性越高。在现实的劳资合作程序中，由于员工缺乏参与技能而使劳资合作难以进行的例子屡见不鲜，公共部门和雇主对员工参与技能的培训与开发通常也缺乏动力。

科恩认为产业民主需要“理性”，即“参与共同事务所需要的基本能力”。在劳动关系中，员工的谈判能力和参与能力是以员工具备必要的知识、技能和素质为前提的，这些技能也是劳资合作所需要的“理性”。皮凯蒂的研究进一

① Anne S. Tsui and Joshua B. Wu, The New Employment Relationship Versus the Mutual Investment Approach: Implications for Human Resource Management, Human Resource Management, Summer, 2005, 44 (2), pp. 115 - 121.

② Horst Feldmann, The Quality of Industrial Relations and Labor Market Performance, Labor, 2006, 20 (3), pp. 559 - 579.

步支持了科恩的观点，他认为人力资本投资将有可能通过减小资本与劳动之间的不平等而自动实现民主理性。皮凯蒂认为，在资本与劳动的关系中，存在着趋同的力量和分化的力量这两种相反的力量，趋同的力量使得资本与劳动在权力与利益上的差距趋于缩小。他将知识、技能与人力资本投资看成是重要的趋同力量，使得资本与劳动在权力与利益上的差距趋于缩小，改变劳动者的地位。

皮凯蒂将知识、技能与人力资本投资对于改变劳动者权力和地位的贡献称为“人力资本上升假说”。他认为，可以假定生产技术往往随着时间的推移要求员工掌握更多的技能，因此，劳动收入占国民收入的比重将随着资本收入比重的下降而上升，他将这种关系称为“人力资本上升假说”。他认为，技术的进步理应导致人力资本较之于金融资本和房地产的胜利、有能力的管理者对股东大亨的胜利、技术实力对裙带关系的胜利。① 随着员工掌握的技能越来越多，劳动收入占国民收入的比重将上升，“人力资本上升假说”就有可能会成为现实。在具有“学习型文化”的组织中，员工应该参与决策制定过程。②

大量事实表明，熟练掌握行业内的关键技术或稀缺技术的劳动者，在与雇主及企业的关系中居于优势地位，尤其是在封闭的劳动力市场及竞争性的产品市场中，其优势地位更为明显。一些学者认为，掌握了关键技术和稀缺技术对于雇佣劳动者的重要性和作用甚至比集体谈判和劳动法还大，任何一种优良的劳动关系处理机制都不能为员工带来这种地位和优势。在一些制度缺失的情况下，那些掌握稀缺技术的员工可以与管理层进行谈判。那些在企业组织及生产程序中占据战略地位的员工可以选举代表或自己被选为代表就劳动标准及其他共同的问题与管理层进行谈判。对于非工会员工而言，核心员工本人与上司的直接谈判成为当前最普遍的解决方式，在谈判破裂的情况下，离职或用脚投票成为最终的解决方式。

对员工技能的培训与开发一直是劳动关系的重要问题，有研究对新型雇佣方式的主要特点和指标进行了归纳和排序，并对有关新型雇佣方式的研究成果进行了统计分析。统计结果显示，无论是从雇主的角度还是从员工的角度看，雇主为员工提供培训、教育及技能开发的机会，员工承担技能开发与维持的责任等都

---

① ［法］托马斯·皮凯蒂．21 世纪资本论［M］．北京：中信出版社，2015：22－23.

② Thompson, M. A., Kahnweiler, W. M., An Exploratory Investigation of Learning Culture Theory and Employee Participation in Decision Making, Human Resource Development Quarterly, 2002, 13 (3), pp. 271－288.

是新型雇佣方式最重要的特点。[①] 一些学者在探索劳资合作从授权的组织合作向个人合作行为转化的微观动力学机制时，发现劳资双方共享知识、信息、权力等关键的、象征性的、无形资源对这种转变具有重要意义。在传统的劳动关系中，这些资源是被管理者独占的。对这些资源的共享使得管理者与员工之间的界限变得模糊，实现了双方的换位，他们具有了能够成为合作伙伴关系的相同背景，这种角色的混合导致一种完全不同的交流方式，这种方式允许个人交流与信任发展下去。共享的信息提高了对他人行为的预测能力，使偏离信任的行为更容易被预测到。从员工这一微观主体看，合作的劳动关系中，员工应该成为核心工作、业务及管理知识的主动学习者；要具备这种学习能力，即使有一个组织决策结束了劳资双方的伙伴关系，个人的学习仍然能够持续地进行下去并对组织产生积极的作用。成功的劳资合作的结果是进行全面的人力资源开发，使组织成员成为解决问题的高手，在工作中成为渴求知识的学习者。[②]

二、劳资合作需要治理层面和工作场所层面的参与技能

劳资合作需要员工和工会具备必要的参与技能，包括治理层面、集体谈判层面及工作场所层面等三个层面的参与技能。工会的参与技能已经不仅仅体现在集体谈判层面，工会在治理层面和工作场所层面的参与也越来越多，工会的参与权不仅局限在集体谈判权或协商权，还应开发更多新的参与技能，以适应越来越多的治理层面和工作场所层面的参与程序。工会的参与技能通常由工会领导人员所掌握，是少数工会领导人和工作人员必备的专业技能或职业技能，他们通常是通过理论学习和实践经验的积累而获得这些技能，这里不多讨论。相比之下，企业员工的参与技能的开发却是我们关心的问题。

企业员工的参与技能通常集中在治理层面和工作场所层面。其中，治理层面的参与技能通常由员工代表所掌握，普通员工通常难以接触到治理层面的参与程序。员工代表在治理层面的参与，需要他们学习和研究更高水平的参与技能，这只是少部分人的工作，这一点与工会领导人的参与技能和管理技能有些类似。由于员工代表通常是企业的核心员工，在企业中具有很高的地位，对企

---

① Mark V. Roehling, Marcie A. Cavanaugh, Lisa M. Moynihan, and Wendy R. Boswell, The Nature of the New Employment Relationship：a Content Analysis of the Practitioner and Academic Literatures, Human Resource Management, 2000, 39 (4), pp. 305 – 320.

② Sonia Ospina, Allon Yaroni, Understanding Cooperative Behavior in Labor Management Cooperation：A Theory-Building Exercise, Public Administration Review, July / August, 2003, 63 (4), pp. 455 – 471.

业有很大的贡献和很高的价值，员工代表的参与技能也具有一定的专业性质，普通员工不具有这些技能。相比之下，普通员工的参与基本都发生在工作场所层面，与人力资源管理程序相融合，所有员工都须具备工作场所的参与技能。因此，普通员工在工作场所层面参与技能的开发应该成为我们关心的主要问题。

除特定的参与组织和参与程序外，现代企业员工的民主参与常常被纳入人力资源管理程序中，通过人力资源开发（培训）来提高员工的工作技能和参与技能是现代企业通行的做法。培训是与劳动关系最为密切的活动，其次是组织创新。① 培训是雇主与员工之间相互投资最多的领域，有助于构建投资型的雇佣关系。研究表明，投资型雇佣关系有助于提高绩效。② 员工参与技能的培训与开发有助于改善工作场所层面的劳动关系质量。

在工作场所层面，员工的自治或自规划越来越普遍，这需要员工具备越来越强的综合技能，这些技能需要更为完备的培训体系。专家自规划项目或领域（如装配、质量控制、包装等领域）很多监管工作，都与未规划的活动有关，如人事问题、装配故障、原材料短缺、为生病同事遮掩，等等。如果自规划被鼓励的话，监管者所学到的技能就是操作员所需要的技能，如操作员做计划，策划人成为指导如何做计划的老师和顾问。另外，操作员的自规划需要对组织程序和当前工作领域之外的政策进行充分的理解，因此，对操作员进行更广泛的培训是必要的，使他们更有可能迁移、晋升，对系统内的问题更警觉，并能够就一些新的发现与同事和老板进行交流。③

三、从宏观和微观两层面构建人力资源开发体系

从宏观上看，在产业与区域层面构建员工的培训与开发体系，能够以较快的速度大幅提高员工的基本素质、一般知识和通用技能，提高其在市场及企业组织内部的谈判能力和参与能力，走出“利润率危机”（企业难以盈利）与

---

① Davide Antonioli et al. , Productivity, Innovation Strategies and Industrial Relations in SMEs. Empirical Evidence for A Local Production System in Northern Italy, International Review of Applied Economics, 2010, 24 (4), pp. 453 – 482.

② Anne S. Tsui and Joshua B. Wu, The New Employment Relationship Versus the Mutual Investment Approach: Implications for Human Resource Management, Human Resource Management, 2005, 44 (2), pp. 115 – 121.

③ Bernard M. Bass and V. J. Shackleton, Industrial Democracy and Participative Management: A Case for a Synthesis, The Academy of Management Review, 1979, 4 (3), pp. 393 – 404.

“合法性危机”（难以维护劳权）的恶性循环。劳动者收入的提高将推高企业的劳动成本，自动淘汰某些低端产业，使资本“逃离”微利产业，并能够缓解产业升级过程中高技能、高素质员工的短缺问题，为资本向更高层次产业的流动提供动力。在自由的劳动力市场中，更容易形成完整的、通用技能的培训体系，如美国自由的劳动力市场。自由的劳动力市场中，公共力量对劳动力市场的干预较弱，劳动力市场的竞争性更充分，更重视发展企业的外部治理和融资问题，也更重视企业之间的市场交易关系。与这种自由的劳动力市场相一致的培训体系，通常重视对一般技能或通用技能的培训与开发，以适应劳动力的高流动性。相比较而言，在这种体制中，对专门技能或特殊技能的培训投资常常显得不足。

在产业与区域层面建立人力资源开发体系，能够解决完全竞争的市场中企业投资动力及投资能力的有限性问题，贝克尔早就看到了员工的流动性使企业承担了不能获得收益的风险。[①] 针对该问题，西方的一种成熟经验是建立产业和区域层面的人力资源开发体系，减少企业的负担和风险，其中尤以美国的产业培训基金为典型，产业培训基金有助于减少企业的负担和风险，提高培训水平。

从微观上看，企业组织内部员工参与技能的提高和积累，需要改变管理层对技术流程和管理流程的过度控制，给予员工更多的参与机会，以培养员工的多重技能。二战后，美国瓦格纳法案所推行的强制性集体谈判，在提高员工市场流动性的同时，也使雇主或管理层一直掌握着对技术流程和管理流程的控制权，以保证员工的可替代性，但结果就是员工的综合技能未能得到培养。由于美国企业员工长期缺少参与权和控制权，员工多重技能的培养较为困难。与美国相比，日本的精益模式则赋予员工更多的直接参与，不仅培养了员工的多重技能，降低了生产成本和管理成本，并形成了更为稳定的劳动关系运行模式。目前，中国企业中的管理控制问题仍然较为严重，员工参与的机会较少。

关于企业和员工个人在培训与开发方面的投资问题，目前，国内企业和个人在这方面的投资能力都明显不足。一方面，企业成本在快速上升，尤其是企业交易成本过高，挤占了劳动成本的上升空间，也挤占了企业对员工培训与开发方面的投入。虽然“减负”政策降低了非生产性成本，但人口红利结束后，

① Becker, G. S., Investment in Human Capital: A Theoretical Analysis, The Journal of Political Economy, 1962, 70 (5), pp. 9 - 49.

劳动成本在快速上升，企业对员工培训与开发方面的投入能力严重不足。另一方面，高通胀背景下，劳动者负担过重，以高房价为首的高生活成本严重削弱了劳动者对自身的人力资本投资能力。同时，教育、养老、医疗等诸多方面的预期使得劳动者个人在培训与开发方面的投资受到抑制。

2008 年 1 月 1 日起执行的《劳动合同法》对员工培训及培训费用等相关问题做了特别规定。《劳动合同法》规定，劳动者违反服务期约定的，应当按照约定向用人单位支付违约金。违约金的数额不得超过用人单位提供的培训费用。在公司支付培训费用并约定了服务期限后，员工在约定的服务期内主动离职，应当赔偿违约金；在违反竞业限制责任时，员工也应该承担违约金责任。这里的培训，不是普通的、必要的培训，而是专项技术培训。因培训产生的违约金数额，不得超过公司实际支出的培训费用。《劳动合同法》还特别规定，应该将普通、必要的职业培训与专项技术培训区分开来，且应以实际为员工专项技术培训所支出的费用来约定违约金数额。此外，用人单位要求劳动者支付的违约金不得超过服务期尚未履行部分所应分摊的培训费用。①

第四节　构建劳资合作机制需解决的主要问题

一、劳权保护仍然是构建劳资合作关系的基础

如果忽视基本劳权保护而片面追求民主参与权和劳资合作，极有可能滑向虚假的合作与民主，尤其是在集体劳动关系处理机制不完善的背景下，这种情况极易发生，西方的经验和教训值得我们借鉴。劳资合作是需要政府推动的，但政府的外部推动极有可能在企业组织内部形成空洞、虚假的劳资合作计划，员工与工会的参与权和参与程序是虚置的，缺少真正的参与。更为严重的情况是，员工与工会的参与被雇主及管理层所利用，成为拉拢部分核心员工和工会的策略，或者成为炫耀本企业的招牌和政绩，导致员工对合作没有兴趣，甚至有抵触情绪，这在欧美的企业中经常发生。因此，高质量的劳资合作机制的构建，需要以劳权保护机制的完善作为基础，在现阶段，中国劳权保护机制的完善仍然是第一要务。

---

① 中华人民共和国劳动合同法［M］. 北京：法律出版社，2017.

马克思的劳动价值论认为劳动创造了价值，却不能公平地分享价值，雇佣劳动者被资本所有者剥削。在当代，该问题已经演化成掌握权力的管理层与普通管理者及劳动者过于悬殊的权力与价值分配，由于管理者也是被雇佣者，因此，这是权力、财富与价值在被雇佣者内部不均衡的分配问题。高层管理者创新性劳动的高额回报并不一定要以对普通劳动者的低报酬或权利剥夺为代价，价值与财富的创造来源于所有劳动者的创新精神，创新不仅来源于治理层面，也来源于工作场所层面。

在基本劳权保护方面，中国在逐渐通过立法等各种形式，加强对雇佣关系的稳定性、劳动报酬、工作时间等方面的规范和监督。例如，为建立长期稳定的雇佣关系，《劳动合同法》出台了建立无固定期限劳动合同的规定。针对新型雇佣方式中短期或临时性劳动合同等问题，《劳动合同法》第十四条规定，无固定期限劳动合同，是指用人单位与劳动者约定无确定终止时间的劳动合同。用人单位与劳动者协商一致，可以订立无固定期限劳动合同。用人单位自用工之日起满一年不与劳动者订立书面劳动合同的，视为用人单位与劳动者已订立无固定期限劳动合同。有些专家预测在《劳动合同法》实施后的几年内，无固定期限劳动合同将成为企业主要用工形态。补偿金范围扩大导致解除合同的成本加大，有利于引导公司与员工订立长期或无固定期限劳动合同。另外，第八十二条规定，用人单位自用工之日起超过一个月不满一年未与劳动者订立书面劳动合同的，应当向劳动者每月支付二倍的工资。①

《劳动合同法》的形成过程，表达了中国的法律法规越来越加强对劳动者的保护。例如，该法的第一条就明确表明了其宗旨是为了保护劳动者的合法权益，构建和发展和谐稳定的劳动关系，但在送审稿中的表述是“保护劳动当事人双方的利益”。这一转变说明，《劳动合同法》对劳动者权益保护力度的加强，以及我国劳动关系在逐步走向规范。《劳动合同法》规定，用人单位应当依法建立和完善劳动规章制度，保障劳动者享有劳动权利、履行劳动义务。用人单位在制定、修改或者决定有关劳动报酬、工作时间、休息休假、劳动安全卫生、保险福利、职工培训、劳动纪律以及劳动定额管理等直接涉及劳动者切身利益的规章制度或者重大事项时，应当经职工代表大会或者全体职工讨论，提出方案和意见，与工会或者职工代表平等协商确定。另外，《劳动合同法》还规定，在规章制度和重大事项决定实施过程中，工会或者职工认为不适当的，有权向用人单位提出，通过协商予以修改完善。用人单位应当将直接

① 中华人民共和国劳动合同法［M］. 北京：法律出版社，2017.

涉及劳动者切身利益的规章制度和重大事项决定公示，或者告知劳动者。县级以上人民政府劳动行政部门会同工会和企业方面代表，建立健全协调劳动关系三方机制，共同研究解决有关劳动关系的重大问题。

《中共中央国务院关于构建和谐劳动关系的意见》第四条提出保障职工取得劳动报酬的权利。要完善并落实工资支付规定，健全工资支付监控、工资保证金和欠薪应急周转金制度，探索建立欠薪保障金制度，落实清偿欠薪的施工总承包企业负责制，依法惩处拒不支付劳动报酬等违法犯罪行为，保障职工特别是农民工按时足额领到工资报酬，努力实现农民工与城镇就业人员同工同酬。第五条提出保障职工休息休假的权利。完善并落实国家关于职工工作时间、全国年节及纪念日假期、带薪年休假等规定，规范企业实行特殊工时制度的审批管理，督促企业依法安排职工休息休假。企业因生产经营需要安排职工延长工作时间的，应与工会和职工协商，并依法足额支付加班加点工资。加强劳动定额定员标准化工作，推动劳动定额定员国家标准、行业标准的制定修订，指导企业制定实施科学合理的劳动定额定员标准，保障职工的休息权利。①

在基本劳权保障方面，一些地区做出了积极的探索。惠州市按照《国务院办公厅关于清理规范工程建设领域保证金的通知》的要求对工资保证金推行银行保函方式，并结合企业信用情况实施差别化管理，运用经济手段遏制企业拖欠行为，要从根源上消解、减少劳资纠纷群体性事件的发生，将劳资纠纷群体性事件的预防和处置纳入法制轨道。2014 年 12 月，惠州市印发《惠州市建设领域工人工资支付分账管理暂行办法》，规范建设领域的工人工资支付行为。建筑企业要开工，须先设工人工资支付专账，并按月制作工人工资发放明细表，每月通过专用账户将工人工资直接发放。此项规定的实施，规范了建设领域工资支付的组织和管理模式。在大亚湾经济技术开发区，公安、检察、法院、人社、住建、工商等部门组成了打击恶意欠薪的行政司法联动机制，相应成立了联合调处办公室，实现行政执法与司法的无缝衔接。对于未达到移送公安机关条件的重大劳资纠纷案件，公安机关提前介入，联合调处，有效化解了一批劳资纠纷问题。此外，出台《大亚湾区建设领域工程款和工资支付不良行为及“黑名单”管理暂行办法》，对企业不良行为进行明确规定，连续欠薪两个月的企业将被列入“黑名单”。对于被列入“黑名单”的企业，在申请政

① 中共中央国务院关于构建和谐劳动关系的意见［M］. 北京：人民出版社，2015.

府扶持资金、承揽工程、申请贷款、上市信用证明等方面予以一票否决。①

浙江省在劳动关系地方法规的构建和完善等方面走在了前列，相继出台《浙江省集体合同条例》《浙江省企业工资支付管理办法》《浙江省女职工劳动保护办法》；全国首部劳动人事争议处理地方性法规——《浙江省劳动人事争议调解仲裁条例》亦新鲜出炉。全省所有市、县（市、区）都构建了劳动关系协调三方机制，部分工业园区、乡镇（街道）和产业系统也创造条件建立了三方机制。区域性、行业性企业民主管理制度初步建立，截至目前，浙江省已有40多万家企业、1700多万职工实现工资集体协商，企业职工工资共决和正常增长机制基本形成。职工代表大会制度的作用日益凸显，职工知情权、参与权、表达权、平等协商权和监督权得以充分保障。②

二、将扩展的劳权保障作为企业第一社会责任

从责任、伦理与道德等层面鼓励企业主动、自愿地给予员工扩展的劳权保障，将扩展的劳权保障作为企业第一社会责任，并致力于在全社会树立这样的风尚与氛围，通过保护基本劳权来实现产业和平，通过保障员工参与权来实现产业民主。如果一个社会能够从舆论和导向上营造这种氛围，将大大推进产业和平与产业民主进程。

二战后，在劳动关系的规范性运行机制及制度性安排尚未形成的情况下，一些西方国家的政府鼓励企业自愿承担一些社会责任，以缓解劳资纠纷，通过社会舆论来鼓励和监督企业承担社会责任，如通过对榜样企业的宣传来带动和激发所有的企业自愿承担社会责任。欧盟委员会将企业社会责任定义为一种方案，企业借此在与其利益相关者的互动中，自愿地把社会和环境方面的关切纳入它们的经营活动中。欧盟委员会对企业社会责任的内部与外部维度进行了区分，企业社会责任的内部维度主要涉及如何对待本企业员工的相关问题，包括以下活动领域：人力资源管理、健康与安全、劳动与社会标准的遵守、人权、富有社会责任的重组、绿色生产、服务的提供和企业内环境管理，以及反腐的承诺与措施。企业社会责任的外部维度包括与地方社区相关的责任、对业务伙伴、顾客和供应商关系的处理、劳动与社会标准以及人权的遵守、全球环境保

① 龚妍．劳资纠纷强预防，矛盾化解在基层，我市多措并举化解劳资纠纷构建和谐稳定劳动关系［N］．惠州日报，2016－11－1.

② 抓共建共享机制 促劳动关系和谐［N］．浙江日报，2017－5－5.

护以及股东和信用评级代理机构的责任等。①

由此，我们可以看出，对本企业的员工负责一直是企业社会责任中首要的、也是最重要的责任，是企业社会责任的首要目标和标准，也是企业社会责任的最初目的。一个不能保障本企业员工基本劳权及民主参与权的企业，即使承担了较多其他维度的社会责任，也未能真正履行社会责任，难以获得良好的社会声誉。当前，企业越来越重视承担社会责任，以此树立良好的社会形象。企业的社会责任更多是采取各种公益活动的形式，对社会的捐献等越来越多，但其中一些外部信誉良好的企业，其劳动关系运行质量却不尽如人意，轻则员工缺少参与权、劳动关系缺少民主的氛围，重则出现劳资对抗或冲突、劳资纠纷不断。

事实上，企业应该承担的最重要的社会责任就是给予员工更大的民主权利及更自由的工作环境，本企业的员工能够在劳动关系优良的企业组织中工作，会把这种积极的感受和正面的信息传达给他们的家庭、亲人、朋友和客户，通过这些人员的再次传播，会形成巨大的放大效应和扩散效应，能够在全社会产生叠加的外部正效应。这种积极的和放大的外部正效应，是企业的公益、捐助等行为无法比拟的。一个企业最重要的职责不是捐多少钱、做多少公益，而是为员工提供一个民主的组织氛围，并能够为员工提供一个优厚的劳资协议。当然，这并不是说企业做公益不重要，对于已经实现和谐劳动关系及较高劳资合作水平的企业，更多的公益活动意味着该企业承担了更多的社会责任。

总体而言，营造合作型的劳动关系是企业最重要的社会责任，是第一位的责任，是企业其他社会责任的基础。在劳动关系及劳资合作的规制性安排缺失的情况下，可以通过积极鼓励和激发企业自愿承担社会责任来弥补制度性安排的缺失。例如，像英国这样一个劳动关系较少受到法律规制的国家，却在企业社会责任方面成为欧洲的先锋。在英国，甚至设立了一个企业社会责任部，其任务是为社会与环境方面的报告与标识设立一个统一的框架。②

对于扩展的劳权问题，除了从企业社会责任方面加以鼓励和监督之外，大量的激励与监督机制仍然属于责任、伦理及道德层面。涂尔干将劳动关系视为一个伦理问题，认为很多职业都有了自己的职业伦理，并认为劳动关系从来就不是一个清晰的概念，他认为劳动关系中的伦理意识大多不带有法律性质，通

①② ［德］鲁道夫·特劳普－梅茨，［美］岳经纶．中国产业民主：兼论德国、韩国与越南［M］．北京：中国社会科学出版社，2012：210－212，213.

常只是公众意见，而公众意见对相关的义务通常采取了宽容的态度。事实上，在现代劳动关系中，通过职业划分，员工已经被清晰地划分到了各类职业中。而雇主及管理者作为一种“特殊”的职业，各国在其行为规范、责任与义务等方面的规定千差万别，很难获得一个明确的标准去监管和评价其行为。

目前，低工资及工作中的贫困问题已经成为全球性的问题，在一些国家和地区，随着部分传统产业竞争优势的消失，由传统的集体谈判所形成的固定的工资增长机制难以维持，员工的劳动报酬权等基本劳权保护遇到了困难，工资节制成为企业维持竞争力和防止资本流向低工资地区的策略。工资节制是一种用不提高工资或降低工资来换取就业安全和保持就业率的策略，是劳资双方应对危机的一种妥协策略。欧洲较早地发起了工资节制策略，德国西门子公司承诺不将手机生产线转移到国外，并换取了劳方同意工资节制的让步，该做法后来被许多欧洲企业效仿。在原本就缺乏集体谈判机制基础的情况下，低工资策略自然成为部分中国企业的主导策略。在这种背景下，政府应该通过各种方式鼓励企业重视对基本劳权的保护，对于表现突出的企业给予各种形式的激励，选择一些创新型的、有足够实力不实行工资节制的企业为典型，树立正确的导向。

在员工参与权方面，应防止雇主或管理层过分夸大落实员工权益及员工参与管理的负效应和恐惧感。对于重视参与权的企业，可以通过各种方式进行褒奖和激励。由于民主的方式存在很大差别，民主的效果不易衡量和评价，可通过员工态度调查、访谈等方式感知员工对本企业民主参与状况的主观心理评价。普通员工通常对产业控制不感兴趣，或者缺乏信心，应该将参与过程与员工们的利益与工作条件直接挂钩。对于高层次员工而言，绩效工资及雇佣关系的不稳定性也会阻碍参与或导致参与过程中的短期行为，应鼓励企业建立长期稳定的雇佣关系。

产业民主能够逐渐增强劳动者在社会和政治事务中的参与能力，增进沟通与理解，不仅有利于实现劳动关系的长期稳定与和谐，也有利于社会及政治的稳定。很多学者主张建立一种合作关系，员工将成为企业管理层的伙伴，在对他们有影响的所有决策中拥有发言权，有权在一个企业内部选择工作，但这并非意味着工人有资格分享利润。在一些国家，如法国，政治斗争可能尤为重要，工会在工作场所的角色较弱。然而在另一些国家，工会的力量较强，如瑞典和挪威，但工会组织的集权化使工会不仅会考虑局部员工的利益，还会通盘考虑国家及区域经济的总体绩效，在危机与萧条时期，屡次成功地限制了员工工资上涨的要求，顺利帮助企业渡过难关。

通过工会和雇主协会的代表参与经济和社会政策的制定成为民主变迁与过渡进程中的突出特征。科恩认为民主的本质正是对人的信心，尤其是对普通大众的信心。劳动者以各种方式参与社会及政治事务既是产业民主的推进，也是社会民主及政治民主的推进。如果劳动者长期处于权力与利益的边缘地带，劳动关系质量及企业自主创新能力都难以提高，仅仅依靠政府和企业家的创新难以获得持久的创新。在劳动关系中推行民主能使普通劳动者感受到，产业民主不是一件奢侈品，与他们的距离并不遥远。

总的来说，从责任、伦理及道德层面鼓励企业加强对员工扩展的劳权的保护，是一种软约束机制，缺少强制性。例如，工会通常认为企业社会责任受到的约束太小，是有缺陷的。工会常常主张，对于那些不能给予员工完整的民主权利的企业，应该进行惩罚，而不仅仅是让其声誉受损。因为对于一些竞争性的小企业而言，声誉对其生产经营没有太大的影响，节约成本及提高利润是这些企业最为关心的。但如果对于不能给予员工完整的民主权利的企业以制约或惩罚，就需要法律法规等制度性安排的完善，这实质上已经超出了责任、伦理与道德的范围，说明劳动关系的制度化安排已经较为完善。

从责任、道德与义务层面来约束和激励企业，以加强对于员工扩展的劳权的保障，可以阶段性地填补劳资合作及产业民主机制的缺失，或作为劳资合作及产业民主机制从无到有的过渡性方案。从责任、道德与义务层面来激励和约束企业，通常难以持久，是非强制性的，企业通常可以在阻力较小的情况下撤销所承担的责任和义务，尤其是在企业经营困难的时期，政府部门、工会、员工及社会相关受益群体通常持宽容的态度。

三、完善职工代表大会等民主参与组织

《中共中央国务院关于构建和谐劳动关系的意见》① （以下简称《意见》）提出了构建高质量和谐劳动关系的目标：保障职工基本权益的产业和平目标，以及保障职工参与权的产业民主目标。《意见》为产业和平与产业民主提供了完整的组织框架。组织行为学认为组织特征能决定劳动关系的运行结果，②《意见》所提出的组织框架能够同时满足产业和平与产业民主的需要：由人力资源社会保障部门、工会和企业代表组织组成三方机制实现产业和平，通过职

① 中共中央国务院关于构建和谐劳动关系的意见［M］. 北京：人民出版社，2015.

② John E. Kelly and Nigel Nicholson，The Causation of Strikes：A Review of Theoretical Approaches and the Potential Contribution of Social Psychology，Human Relations，1980，33（12），pp. 853 – 883.

工代表大会（以下简称“职代会”）及职工董事会和职工监事会等组织实现产业民主。

职代会产生于改革开放前的国有企业，改革开放后，部分私营企业和民营企业也逐渐建立了职代会，是员工行使民主权利的机构，对与员工权力与利益相关的决策有不同程度的知情权、审议权、监督权、商议权及决策权等，在一些企业中，职代会还可能拥有对高管的推荐权或否决权。职代会的代表由职工直接选举产生，普通员工的代表要保持足够的比例，管理者代表要控制在一定比例之内。在一些无工会的中小企业中，员工无法通过工会来行使民主权利并形成集体力量，但通过组建职代会这一民主管理组织可以实现一定程度的民主管理。尽管职代会的机构设置和日常运用还不够规范和统一，职代会真正享有的权利较少，对各种层面的决策过程的干预较少，但毕竟是一种劳资合作及员工民主参与的尝试。

工会和职代会作为中国企业劳资合作和企业民主管理的两个最重要的组织，需要形成相互支持和相互协调的机制，缺少工会支持的职代会难以形成完备的组织构架和功能。从西方经验看，工会是劳资双方权力与利益分配的基础性组织，能够为其他形式的劳资合作和员工民主参与奠定基础，而中国的工会则尚不具有这种分权的功能。中国职代会的规范运作及功能的完善，应与工会功能的转变与完善相伴随，如赋予工会代表权和谈判权，能够切实维护雇佣劳动者的基本劳权，为职代会进一步维护员工的民主权利奠定基础，从而形成完备的扩展的劳权保护机制。

专家学者对于职代会制度的特点及未来发展有着深刻的理解，并分析了职代会转型的核心问题。职代会制度存在着转机，这种转机需要工会能够体现自己维护职工合法权益的代表性。因为，传统的自上而下的领导决定而群众复议的管理式民主，并没有什么实效；需要的是自下而上通过平等协商和集体合同制度构建的合同式民主，与管理式民主相互协调和平衡。这就需要发挥工会的作用，使工会真正体现出代表性。也就是说企业职代会的运作，不能停留在管理式民主的状态，要引入合同式民主，通过工会的作用使民主管理取得进步。在一般情况下，企业管理者的民主管理理念不是自发、自动、自然生成的。为了培育和发展民主，需要强化职工、工会在合同、协商、分利等方面的地位和作用。其制度性的措施，就是在职代会制度的基础上引入平等协商和集体合同制度。工会作为平等协商和集体合同中职工群众的代表，需要做出相应的调整和整合。例如，通过工会的选举改革、企业工会职能的转变、相关行业或地域工会的介入等，促使平等协商和集体合同制度能够有效实行，进而实现与职代会制度的协调。①

在职工代表大会的构建与运行过程中，各地也做出了积极的探索，积累了一些经验。例如，上海市进一步明确了职代会制度的三项核心职权，分别是知情建议权、审议通过权、监督检查权，职代会所做出的有关决定和决议具有法律效力，企业有责任将保障职代会职权落实到位，应该提交职代会审议而未提交的事项被视为无效决定。

上海市对非公企业职代会的基本职权进行了明确的规定：听取企业生产经营情况和发展规划，提出合理化建议；审议企业直接涉及职工切身利益的规章制度和重大事项，提出方案和意见，提交企业经营管理方与工会或者职工代表集体协商确定；审议通过集体合同草案和劳动安全卫生、女职工权益保护、工资调整机制等专项集体合同草案，以及工会与企业经营管理方协商形成的经济性裁员方案等重大事项；检查监督职代会决定和审议通过事项的执行情况，劳动合同和集体合同的签订与履行、社会保险金交缴、职工教育培训经费提取使用情况，以及企业贯彻执行劳动法律法规的情况等。当然，非公企业可以在此基础上，根据各企业的实际对职代会的职权做些增补，构建完善的职代会职权体系。多数省市为了推进企业民主管理制度，制定了许多地方性法规，然而在落实过程中，部分非公企业尤其是外资企业以法律效力低且各省市具体规定不一致等借口推辞建立职代会制度，因而需要在国家层面来统一部署。通过制定《企业民主管理法》或《职工代表大会法》等国家的基本法律，强烈要求包括非公企业在内的所有企业都必须建立健全职代会制度，并通过政府及其职能部门的行政主导、劳动关系三方机制的联手推进、社会舆论的监督落实，共同督促非公企业完善民主制度，切实落实好广大非公企业职工的民主权利。在国家立法中，需要特别明确企业是实施职代会制度的主体，应当为职代会制度的建立和规范运作提供必要的支持和保障，履行好相应职责，如将建立健全职代会制度纳入企业的管理制度，主动把每年召开职代会的工作摆上本单位重要工作的议事日程，积极支持职代会闭会期间职工代表和有关民主管理专门小组（委员会）开展的日常民主管理活动。②

为提高企事业单位职工代表大会制度及民主管理工作的管理质量，推动职工知情权、建议权、表达权和监督权的落实，大连市于2015年底出台了《大

① ［德］鲁道夫·特劳普－梅茨，［美］岳经纶．中国产业民主：兼论德国、韩国与越南［M］．北京：中国社会科学出版社，2012：169－170.

② 上海市总工会民主管理部．非公企业实行职代会制度诸要素分析［N］．工人日报，2014－9－16.

连市厂务公开民主管理工作质量评估办法（试行）》（以下简称《办法》）和两个配套细则，使管理质量评估有了具体明确可操作的标准。《办法》规定，评估工作采取单位自评、职工评价和上级评估认证相结合的方式进行，其中职工代表或职工的意见是评估认定结果的重要依据。两个细则是《大连市国有、国有控股企业（含城镇集体所有制企业、事业单位）厂务公开民主管理工作标准化建设评估细则》和《大连市非公企业（含外资企业）厂务公开民主管理工作标准化建设评估细则》。总分为 100 分。比如“职权落实”一项分数为 27 分，小项为 5 项，每个小项又有具体内容和得分点，如“审议通过集体合同草案，按照国家有关规定提取的职工福利使用方案、住房公积金和社会保险费缴费比例和时间的调整方案，劳动模范的推荐人选等重大事项”（2 分）；“审议通过企业合并、分立、改制、解散、破产实施方案中职工的裁减、分流和安置方案”（2 分）。为真正发挥职工代表或职工对厂务公开民主管理工作评价的主体作用，两个细则都专设“职工对厂务公开民主管理工作评价”测评表。测评内容包括职工代表通过选举产生；职工（代表）大会按照规定每年至少召开一次；职工（代表）大会审议、建议、选举等职权得到充分落实；职工代表提案得到认真落实，落实率达到 90% 以上等。评价分为“满意、基本满意、不满意”3 项。①

江苏省始终将加强职代会制度建设作为工会组织工作重点，省总工会注重加强宏观参与，积极提请省委将加强职代会制度建设纳入每年省委常委会年度工作要点进行统筹部署，列入省委办公厅重点工作任务分工负责。2012 年以来，坚持每隔一年召开一次全省职代会，先后制定完善《职代会操作办法》《职工大会操作办法》《职代会工作流程图》等操作指南，引导企业规范建设和有效运行职代会制度。近年来，连云港市总工会相继开展职代会规范化建设“推进年”“提升年”“攻坚年”活动；扬州市总工会指导企事业单位开展职代会制度规范化建设“对标提质”活动；南京市总工会联合市经信委共同部署和指导全市国防工业企业开展职代会质量和效果评估；苏州市总工会购买 200 套电子表决器，提供给企事业单位用于职代会无记名表决，提高职代会的表决质量和效率；南通、徐州、锡市总工会广泛开展“星级职代会创建活动”，仅无锡市惠山区总工会近 3 年便评选出五星级职代会 140 家、四星级职代会 171 家、三星级职代会 328 家，合计占独立建立职代会制度企业总数近 70%。为

---

① 顾威，刘旭．职代会不走形式，质量评估有标准．大连：厂务公开民主管理由职工打分，推动职工知情权、建议权、表达权和监督权的落实［N］．工人日报，2016－4－4.

了提高职工代表整体素质和参政议政能力，努力让职工代表真正成为职代会的“主角”，江苏省、市、县三级工会每年联动开展职工代表民主管理普训、轮训。省总工会专门编制“民主一分钟”普及读本，指导各企业在每天班前会上普及一个民主管理小常识；盐城市大丰区、高邮市总工会推行职工代表竞选、海选制度，使职工代表具有群众基础；扬州市总工会在全市规模以上企业100%建立职工代表述职、质询制度；南京、南通、徐州等市总工会每年开展评选表彰优秀职工代表、职代会提案活动，引导和激励职工为企业发展建言献策、建功立业。“职代会就是我的董事长!”连云港一家企业负责人说。职代会是企业集思广益的践行者，是修正企业管理的推动者，是造就优秀职工的培育者，是先进企业文化的铸就者，职代会制度规范化建设促进了企业的健康发展。①

职代会在构建和运行过程中，常常出现走过场和注重形式的问题，员工真实的参与程度较低。如，很多企业平时很少召开职代会，经常是在年底召开一次，认为召开职代会会影响企业正常的生产经营活动；在职代会召开过程中，通常也是领导发言，员工没有机会表达真实的诉求及建议；员工代表权力和职责虚置，基本不能履行职责，等等。

对于规模以上的非公企业，上海市做出了积极的探索，采用独立建制与小微企业由区域性、行业性职代会先行覆盖两种推进方式。职代会民主制度建设的重点工作领域应是有一定规模的非公企业，着力推进规模以上的非公企业单独建制，规范运作，落实职权，推动职代会制度作用发挥到位。但非公企业的主体是众多小微企业，在推进企业内部建制的同时，选择非公中小企业集聚的区域或行业建立职代会制度，通过区域性、行业性职代会教育引导中小企业业主、经营管理者和职工通过民主方式调处劳动关系，让企业业主和经营管理者了解和掌握劳动法律法规基本要求，督促企业依法规范用工，保障职工基本权益。②

四、法律规范及公共政策的适时“嵌入”

20 世纪 80 年代后，劳动关系的演变更多地是由企业自发地实践新型雇佣

① 王伟，田苓露．江苏工会持续推进职代会制度规范化建设，企业负责人感慨“职代会就是我的董事长”[N]．工人日报，2017 -2 -21.

② 上海市总工会民主管理部．非公企业实行职代会制度诸要素分析 [N]．工人日报，2014 -9 -16.

方式、创新人力资源管理技术及改变企业内部权利结构等来完成的，是市场压力的结果。也就是说，是企业的率先行动引发了劳动关系的转型。在发达国家，这种自发的行动是在公共力量逐渐撤出的背景下完成的，与 30 年代大危机之后公共力量的强制性介入形成鲜明的对比。企业获得太多的创新空间与公共政策的缺失是互为因果的。

新时期的劳动关系转型，企业已经自发地完成了部分过程，无须干预和引导。企业自发的创新行动在全球各个国家都是相似的，至多由于经济发展历史、企业成长过程及环境的差异会造成企业在创新速度、阶段等方面的差异，但总体而言，全球化、知识经济等会越来越弱化这些差异，各国企业在雇佣方式和劳动关系方面的创新动机与能力是相似的。各国企业都在尝试和发展多元化的雇佣方式，雇佣方式不再单一，雇佣方式及雇佣格局开始走向趋同。这使得全球企业能够超越国家或地区的界限自发地进行有效沟通、模仿、交易及竞争。这就意味着，劳动关系转型的成败实际上主要取决于宏观层面的公共政策是否有效，公共政策要完成劳动关系中企业不能完成的程序，对企业的行为和能力进行有效的约束、引导、鼓励甚至开发，因此，研究新一轮劳动关系转型不能离开对公共政策体系的研究。但这并不意味着，企业微观层面雇佣方式转型的研究可以被忽视，相反，这一研究更需理论上的创新与突破。

与 20 世纪 80 年代开始的转型路径不同的是，未来劳动关系的转型将不再是公共政策的撤出，而是要加强干预，但干预的重点将不再是大范围的集体谈判，而是要以员工的民主参与为重点领域。在劳动关系系统运行的关键环节，通过公共政策的强制力提高员工在各层面的参与权，使企业劳动关系内部的权利结构更加均衡，形成权力与利益的合理分享机制。用于减弱管理权过度控制的新法律、法规与政策等在执行初期，会受到管理层不同程度、不同方式的抵制，尤其是与企业绩效相矛盾的新法律法规与政策在执行初期难度较大，公共部门需付出更高的监督与执行成本。

劳动关系的实践与发展史表明，劳动关系问题的主要解决方式有两种：一是通过外力（包括法律法规、工会组织、行业协会、政府组织等）的干预机制来解决，即所谓的公共政策体系；二是通过管理层与雇员之间积极的、能动的合作机制来解决。前者更重视宏观层面的公共政策体的作用，后者则是一种自动的、企业微观层面的劳动关系解决机制，现代人力资源管理技术主要被应用于后者。发达国家的经验是两种方式必须同时使用，缺一不可，只不过是在不同国家、地区、产业及企业中的比重有所不同。由于后者主要由企业来完成，企业的自主性和能动性非常强，是市场压力和组织变革自动推动的过程，无须干预；而前者则需要公共力量的干预，这种力量难以自动出现，更难以有效地出现，因此，对理论研究的需求就显得尤为迫切。

公共政策在适当的时候“嵌入”到转型过程，同时保护柔性与扩展的劳权是关键问题。产业关系控制权的转移问题在产业民主过程中极其重要，涉及产业关系系统中各角色的权利变化，公共部门和管理层都曾经掌握着控制权，而劳动者几乎极少拥有控制权。公共部门通过法律与政策加以控制，如美国用法律禁止管理层控制员工参与计划，德国则用法律强制实行共决制。在法律与政策缺位的情况下，管理层掌握控制权。相比之下，工会的主动权与控制权相对较小，要么抵制员工参与，要么听从管理层的安排。

由于管理层既是劳动关系原有状态的强有力维护者，同时也是改变劳动关系运行状态的驱动者，管理层会维护有利于雇主和管理权的状态而不是有利于员工的状态，打破劳动关系的稳定性通常是基于改变不利于经济绩效及组织绩效的状态。管理层对员工参与的抵制由来已久，甚至过度夸大对参与的恐惧心理，认为参与计划成本高，其结果是常常形成流于形式的参与或被管理层控制的参与。当劳资合作计划不能激发员工参与的兴趣，员工对参与过程本身不感兴趣，仅对与变化了的报酬及工作条件等与自身利益相关的问题感兴趣，员工在拥有权力的同时通常难以承担相应的责任，参与计划很快就会失败。从经验看，一些国家通过法律等公共政策成功实现了高水平的劳资合作及民主参与，公共政策是解决参与难题的必然选择，过度的自由难以改变企业劳动关系权利结构的非均衡问题。

新自由主义及公共政策的逐渐弱化，使政府在产业关系系统中的控制权被削弱，工会更多地听从企业管理层的安排，在产业和平向产业民主转变的过程中，管理层的单方控制局面已经形成。过度依赖管理层及企业的自主力量难以实现高水平、持续的产业民主，必然会形成“以绩效为导向”的产业民主，尤其是在集体谈判机制缺失的国家。在这一背景下，恢复公共力量对产业关系的控制权是实现产业民主的关键。公共政策对产业关系系统适时、有效的“嵌入”将有力地促成这种转变和升级。

从经验来看，劳动关系的转型必然是由劳动关系系统中的某一主体率先发动的。20 世纪 80 年代发生的劳动关系转型是由企业自发完成的，更接近于诱致性制度变迁。下一步转型则需要采用另外的方式，转型的核心问题不再是公共政策的撤出或弱化，相反，要在转型进行到一定阶段后，将公共力量强制性注入转轨过程中去，即所谓的“嵌入式”转型，是一种强制性制度变迁，转型方式更接近于西方二战后以罗斯福新政为典型代表的第一次转型。也就是说，政府部门、工会组织、法律部门等各方面的公共力量开始干预和影响转轨的方向、目标及进程等。

新时期劳动关系转型不仅要实现传统的产业和平，即产业层面上的劳动关系和谐目标，更要提高企业层面的雇佣质量。一方面，公共政策的“嵌入”将通过保护基本劳权来削弱当前劳动关系系统中管理权的过度强势，从而缓解劳动关系系统中的权利非均衡问题，这一功能主要通过法律与法规等来完成。另一方面，在地区、产业之间形成差异化的公共政策，保护企业柔性及扩展的劳权，这一功能主要通过政策与措施来完成。由于公共政策天然地缺少保护企业柔性的功能，克服非必要的刚性是公共政策设计的难点。中国劳动关系经过三十几年的发展及演变，公共政策“嵌入”的条件与环境已经趋于成熟，嵌入过程的拖延将加剧下一步变革的成本，劳动关系民主化的过程将会变得更加复杂，各种难题会被进一步放大。

劳动关系转型涉及两种制度变迁方式的有效衔接问题，如何将诱致性制度变迁方式转换为强制性制度变迁方式是关键问题。转型是一个涉及所有方面的变革，要通盘考虑各方面的转变及影响力。人口统计学和政治学等内部因素及经济全球化等外部环境因素共同推动了劳动关系的渐进式和间断式转型。如果中国能够在公共政策的功能设计上占有优势，就能够在全球竞争中获得劳动关系比较优势。

第九章　劳资合作的趋势及中国企业的选择

第一节　合作与民主的劳动关系是未来的方向

公平与效率的实现将长期依赖于产业和平与产业民主，良好的产业和平与产业民主机制能够为企业及整个宏观经济注入活力，这是一个体制转变问题，涉及政治、经济、社会及文化等诸多领域的配套改革。产业和平是一个基本的权力保护和劳动报酬问题，与普通劳动者关系密切；而产业民主则是一个更高的参与权和决策权的分享问题，与创新型劳动及创新型人才的关系更密切。

从公平方面看，合理的收入分配机制将长期依赖于产业和平与产业民主，劳动关系是与收入分配关系最为密切的领域。在各种收入分配机制均失效的情况下，构建高质量的和谐劳动关系将成为最后的选择，也是最优选择。产业和平与产业民主不仅有利于缩小劳动与资本回报率之间的差距，也能够通过有效抑制管理权对劳动关系的过度控制来缩小高层管理者与普通员工之间的收入差距，从而有效平衡劳动报酬之间的关系。

从效率方面看，经济绩效及企业持续的创新动力将长期依赖于产业和平与产业民主，通过优良的劳动关系处理机制设计来提高经济绩效与创新能力已经成为必然选择。产业和平与产业民主能给予劳动关系各主体以创新的动力，包括雇主、各级管理者与员工，单纯依赖企业家的创新是不能持久的。无论对劳动者还是资本而言，价值创造需要的是他们对组织的忠诚，而不是市场流动性。① 产业和平与产业民主能使企业免于遭受劳资冲突所带来的经济与绩效损失，实现和维持产业和平与产业民主所需的较高成本还将加快僵尸企业的淘汰

① ［美］威廉·拉佐尼克．车间的竞争优势［M］．北京：中国人民大学出版社，2007：347．

速度，有利于战略性新兴产业的成长。

优良的劳动关系一定是合作的、民主的，这是获得劳动关系比较优势的关键。未来企业劳动关系的质量不仅取决于企业组织内是否具有合作关系及民主的氛围，也取决于组织内的合作水平及民主化水平。大量的研究已经证实，合作的或民主化的劳动关系对于组织和个人绩效、企业创新能力、员工的工作满意度都有正面意义。此外，企业组织内的合作关系及民主化的管理模式将会产生积极的外部正效应，将有力地推进社会民主化进程，尽管这种外部效应是无法测量的，但这种放大效应会被每一个公民所感知。我们信奉民主，无论它能否提高经济绩效。民主过程必须要公开对话和公民的广泛积极参与，个人应该对与己有关的决策享有发言权，包括经济决策，经济民主是社会民主的一个重要组成部分。①

财富和资源的可利用性与创新有关，一个富有创新能力的企业，其对资源的利用水平就高，包括物质资源和人力资源。反之，如果一个企业的资源利用率高，就意味着这个企业一定具有很强的创新能力。企业的创新能力和资源利用能力均取决于劳资合作及民主化水平，如组织中交流的数量与频率、交流的渠道是否畅通、组织内各角色的相互投资水平、各角色的组织承诺水平、各角色的责任感、参与的深度和广度、权力与利益的分配与共享是否公平、有效，等等。

寇肯对未来劳动关系发展趋势做出了这样的预测，集体谈判面临着严重的危机，未来的集体谈判在于开发更为合作的劳资关系。在非工会组织或富有成效的劳资合作伙伴关系的组织中，传统对抗性的谈判关系逐渐失败。危机的周期需要越来越多的员工与管理者之间的合作伙伴关系。历史告诉我们，这种合作伙伴关系是难以长久维持的，并且只是工会——管理者关系中的一小部分，所以，应该对当前劳资合作伙伴关系的波动进行检验，以判断这些波动是历史的重演还是例外。②

从全球劳动关系的发展趋势看，集体谈判对劳动关系将继续发挥重要作用，尤其在大规模制造业和服务业中，但集体谈判的形式与功能将持续演化。一些国家、地区和企业将继续探索劳资合作的形式，甚至能够在伙伴关系构建中做出突破性的探索。工会将在较长时期内存在，并继续承担谈判代表的角

---

① David Coats, No going back to the 1970s? The Case for A Revival of Industrial Democracy, Public Policy Research, 2006, 13 (4), pp. 262 - 271.

② Thomas A. Kochan, Collective Actors in Industrial Relations: What Future? Industrielle Beziehungen, 2004, pp. 6 - 13.

色，工会将会继续扩充谈判功能以外的各种参与功能和服务功能，工会的价值将在全社会范围内体现，而不仅仅体现在劳动关系中。在工会组织发育较晚的国家和地区，工会组织和集体谈判或协商机制的发育是不可逾越的阶段，但工会的功能从开始设计时就将会是综合性的，不会是单纯的代表功能和谈判功能，工会的参与功能和管理功能是工会功能的重点，包括在治理层面和工作场所层面的参与和管理。

对基本劳动标准加强立法，同时减少公共力量对劳动关系的直接干预已经是各国的通行做法，劳动力市场和劳动关系都变得更为自由。集体劳动关系中的协商关系将会越来越多，谈判关系将会越来越少。发生在工作场所层面的劳资合作及员工参与将越来越多，越来越充分，产业民主的差异将主要体现在治理层面的劳资合作及员工参与水平的差异。总的来看，未来全球劳动关系的运行模式将越来越趋同。

亚历山大（Alexander）的研究表明，20 世纪 80 年代以来，出现了一种劳动关系的新英美模式，各国之间劳动关系的运行模式开始了趋同趋势。有两种趋同趋势相当明显：一是重视劳动关系私人安排，过去用于监管集体代表制的法律与制度，现在转向用于支持和鼓励企业组织层面雇佣条件的分散化。劳动关系的私人安排强调私人企业在雇佣实践决策中的独立性，仅仅接受外部竞争性劳动力市场的影响。劳动关系规则私人安排方式的设计用于协助组织的管理柔性和促进企业间雇佣实践的分化。私人安排模式被有关解雇与工资的法定最低标准和基本标准所规范，这种通行的结构加强了私人安排模式，而不像在公共安排模式中，一揽子最低保护只能对少量特定问题提供保护。二是强调建立最低标准的立法，以便于雇主和员工能够以此为基础进行谈判。国家之间劳动关系的法律基础出现了真正的趋同，一些西方国家的自愿主义和裁定模式崩溃了，并被法律框架所替代。很多国家在劳动与雇佣关系方面的很多具体规则和特征都越来越趋同，工会的影响范围、最低标准、法律的很多具体特征越来越相似。相对例外的是美国对于工会代表范围的限制、日益弱化的工会权利以及更为有限的最低雇佣标准。①

为了适应未来更为趋同的劳动关系，寇肯建议，在社区层面，发展中国家的非政府组织和其他公民团体（妇女及其家庭，少数民族团体，宗教团体，劳动力市场中介等）将扮演越来越重要的角色；在国际层面，针对全球化所

① Alexander J. S., Convergence in Industrial Relations Institutions, ILR Review, 2013, 66 (5), pp. 1048 - 1077.

带来的冲突的大爆发，应致力于建立一些机构，使主要的国际组织从事制定政策并配置财务资源，这些应融入21世纪的劳动关系模型。在此基础上，他分析和预测了未来劳动关系发展的趋势和特点，提出了变化的环境中的劳动关系新观念。他认为，网络经济、知识经济是每个角色和机构必须面对的重大变化。知识、信息和人力资本作为经济增长和竞争优势的重要资源，掌控这些资源就能够使企业员工和他们的家庭在21世纪的经济中走向成功。① 有的学者认为，无论是非正式的友情关系网，还是正式的社团，如工会等，这些社会资本能够提高人们对工作困难的适应能力。有的学者主张，应该将劳动关系机构看成是网络，而不是具有清晰边界的僵化的结构，主张建立全球、地区及社会等各层面上的信任和网络关系。未来的劳动关系研究不能离开劳动关系所处的新环境，要致力于分析劳动关系运行的新特点，研究在这样一个全新的环境中，劳动关系的权利结构如何变化，各主体的理念、意识形态及价值取向如何变化，如何构建具有高度信任的劳资合作关系，等等。

第二节　短期内难以实现较为完整的产业民主

从当前企业劳动关系的内外部环境看，非均衡将成为未来企业劳动关系的主要特征和稳定特征，并将表现出持续的非均衡倾向。西方在20世纪50年代至70年代所形成的以强有力的工会力量为特征的、较为均衡的劳动关系难以普遍恢复，难以广泛运用集体劳权保护机制保持较为理想的均衡状态。

从企业劳动关系内部管理权所受到的制衡看，能够真正有效地制衡管理权的员工力量远未形成，员工及工会在企业管理程序中所获得的自主权通常难以触及组织层面和决策层面，难以改变管理层对企业劳动关系的绝对控制权。事实上，员工及工会在企业管理中所获得的权利掩盖了管理层对企业劳动关系的绝对权威与绝对的控制，员工及工会表面上有了一定的参与权和自由度，但他们所获得的权利却是通过与个人绩效和组织绩效相互绑定的方式实现的，员工及工会的参与过程更多地被视为是一种管理程序，而且是不稳定的参与程序，随时可能会因为项目与团队的改变而改变参与程序，并不具备真正的制衡力量。

---

① Thomas A. Kochan, Collective Actors in Industrial Relations: What Future? Industrielle Beziehungen, 2004, pp. 6 – 13.

随着雇主及管理层权力的扩大，企业的雇佣方式及员工类型也日趋多元化，从而进一步削弱了员工的组织能力和集体力量，并强化了劳动关系的非均衡结构。个性化的、灵活的、非正式的雇佣合同越来越多，劳动关系系统解决冲突的方式越来越多元化，除了法律法规的执行、集体协商或谈判、仲裁、罢工等传统方式外，还包括大量的个别协商或谈判。现代企业劳动关系系统中，临时员工、随传员工、派遣员工等非标准员工快速增加，他们极少依赖工会组织。在三角雇佣关系中及劳务派遣关系中，企业劳动关系系统的边界被放大，存在多系统的重叠、交叉和矛盾，员工对组织的归属感较低，基本劳权和员工参与权的实现缺乏保障。现代企业劳动关系中日益严重的非均衡问题改变了劳动关系的规则，并加剧了系统内的冲突与对抗，降低了企业劳动关系的运行质量。一些学者认为，雇主与员工之间权利的非均衡性损害员工的工作、生活质量和企业组织效益。①

20 世纪 80 年代以来，西方国家对劳动关系的直接干预减少，使管理层获得了更大的自主权，并运用人力资源管理技术和灵活的雇佣方式主动适应了全球市场的快速变化，企业劳动成本降低了，灵活调节能力增强了，经济绩效和组织绩效提高了，劳动力市场的竞争性和流动性也提高了。但企业的灵活性及缺少制衡的管理特权直接造成了普通员工的低工资及管理层的过高收入，管理层与员工之间的收入差距越来越大，并直接导致全社会收入分配差距的扩大，各种显性和隐性的劳资冲突不断累积，传统劳动关系中的贫困与劳资冲突问题重现，并以各种方式频繁爆发。

一方面，现代劳动关系日益突出的非均衡问题改变了员工的收入增长机制，直接造成了全球范围内的低工资、低保障及恶劣工作条件问题。普通员工的收入增长率不仅低于资本收益的增长率，也普遍低于经济增长率及通货膨胀率。20 世纪 80 年代以来，一些欧洲国家为了吸引投资，允许企业采取工资节制（wage moderation）策略，工资的集体谈判从保护员工利益转向保护企业的国际竞争力。② 工会和员工用接受工资节制的方案换取企业的裁员计划或海外转移投资计划，形成当前所特有的工作贫困现象。为了延缓普通劳动者收入的下滑，各国政府通行的做法是加强最低工资等最低标准的立法。

另一方面，管理层所投入的人力资本作为一种特殊的专用性资产已经被劳

① Ritchie, L., Negotiating Power through Communication, Using an Employee Participation Intervention to Construct a Discursive Space for Debate, Journal of Communication Management, 2012, 16 (1), pp. 95 - 107.

② ［荷］马腾·科伊内等．欧洲：工资和工资集体协商［M］．北京：中国工人出版社，2013：3.

动关系系统充分识别并过度强化。缺少制衡的管理特权能够决定管理层的高薪酬，管理层的高薪酬计划大多得到了成功的实施。管理权在劳动关系系统中的控制权缺少制衡，政府对企业创新及灵活性给予了充分的支持，员工与工会的制衡力量大幅削弱。另外，资本向不发达国家和地区的流动能够在短期内提高利润及管理层的薪酬，也能成功规避本国政府与工会的制衡力量。

在非均衡结构长期存在的情况下，仍然需要外力来维护劳权并一定程度地改变雇佣劳动者的弱势地位，该问题在自由化及公共力量干预减少的背景下显得尤为重要，劳动关系公共政策需要重构及更精良的设计。有研究表明，保护劳动者利益的公共力量的撤出，会加剧劳动关系的动荡，引发劳资冲突。阿莱曼（Alemán）运用面板数据分析发现，劳资冲突可能与劳动力市场管制的解除有关。工资管制的解除可能降低工资成本，雇佣关系管制的解除可能削弱雇佣劳动者集体行动的能力，但这都会引发劳资冲突。静态的劳动力市场与相对温和的收入增长密切相关，自由主义政策下，温和的工资增长会普遍地带来更多的劳动力市场动荡；而提高工资和对雇佣关系进行管制阻止了工资的下滑，减少了罢工。工资管制对工资总水平有显著影响，继而对罢工和停工率有显著影响。第三次自由化浪潮下，工资增长有助于劳动力市场的稳定。降低政府对劳动力市场制度的干预，将减弱政府、工会及雇主等的集体行动，其结果是对员工的补偿降低了。阿莱曼系统研究了协商与谈判对员工与雇主之间劳资冲突的影响，及政府是如何从中调解的。工资管制过程与雇佣关系管制过程同时进行，降低政府对工资的管制相当于降低了对员工补贴，但增加了产业冲突，当双方的力量对比有利于雇主时，员工就更加富有敌意。①

20 世纪 80 年代以来，企业所开发和运用的劳资合作程序，大多不是为了真正提高员工的参与权及劳动关系的民主化水平，改变非均衡的劳动关系结构，主要目的是提高绩效与企业竞争力，这与二战后到 80 年代之间欧洲企业的劳资合作有着明显的不同。与一些西方国家传统的社团主义模式相比，当前的劳资合作及劳资伙伴关系在范围上受到了很大的限制，不仅在企业层面上没有制度化，在法律及公共政策层面也没有制度化。事实上，劳资合作及劳资伙伴关系在企业各个层面及外部制度层面均未获得完整的开发，更没有形成完整的、稳定的运行机制，一些学者将这些不完整的劳资合作及伙伴关系称为“被删减的劳资合作关系”或“被删减的劳资伙伴关系”。相比较而言，二战

---

① José Alemán, Labor Market Deregulation and Industrial Conflict in New Democracies: A Cross-National Analysis, Political Studies, 2008 (56), pp. 830 – 856.

后形成的以德国共决制为代表的欧洲企业的劳资合作更接近于完整的劳资合作，更多地体现了民主的原则，主要是基于政治民主目标而设计的劳资合作及员工参与模式，而不仅仅是为了提高绩效。

当前企业所实践的劳资合作程序产生于激烈的全球市场竞争环境，在设计、生产、技术、销售、融资、布局等全方位全球化的背景下，企业更自由，管理者权力更大，企业的劳资合作计划及员工参与程序主要是由管理层发动的，其根本目标不是提高员工的民主权利或实现产业民主，而是提高绩效和企业竞争力。日益激烈的全球市场竞争和企业经营风险的提高，使得部分企业竞争优势削弱，管理层越发关注经济绩效，在外部法律与制度对管理权范围限制弱化的情况下，在企业组织中提高员工真正的民主权利是难以实现的。然而，在提高企业绩效的前提之下，员工参与能够以各种方式快速落实。

当代企业管理层所设计的劳资合作计划及员工参与程序是为了分散风险和责任，员工扩大了的权利和自由度是以承担风险和责任为前提的，通常与政治民主无关。当代企业的劳资合作与人力资源管理程序同步发展，相互融合，注重工作场所层面的权力、责任与利益的分摊与共享，以提高企业经济绩效、组织绩效和员工个人绩效为目标，组织更加灵活，富有柔性，抗风险能力增强。事实上，很多学者和观察家认为，从当前全球的政治和经济环境来看，将在相当长一段时间内难以实现人们所希望的、理想的产业民主模式，雇佣劳动者及其代表难以获得与绩效无关的、纯粹的、相对完整的参与权，尤其是难以获得企业治理层面重大决策的参与权。

在劳动关系的民主化过程中，通常的情况是，很多企业采纳了一些创新性的工作实践，目的是提高员工参与权，或者是为了提高绩效，但所设计和采纳的员工参与计划大多不够完整，参与范围小、参与水平低、治理层面的参与较少、稳定性不够等，仅有少数企业采纳了充分而又完整的工作场所创新实践。20 世纪 90 年代以来，以提高绩效为目的所形成的劳资合作及员工参与计划迅速增长，尤其是与人力资源管理相融合发展的劳资合作活动在数量和范围上都有了实质的扩张。但据一些学者的估计，参与计划仍然没能覆盖全部工作场所的一半，高参与型的企业组织至多能够占到 5%。很多调查和访谈发现，多数员工愿意参与工作决策，但他们缺少参与的机会。科茨的研究发现，今天的经济似乎不需要工会，私人部门只有不到 1/5 的员工是工会会员。劳资冲突降到了历史最低，工作满意度标准相对较高。工作场所雇佣关系调查表明，只有 1/3 的员工对参与决策感到满意，1/6 的人担忧他们的雇佣保障问题，他们感到紧张和压力。①

劳动关系公共政策的弱化与缺失已经成为全球性的问题，这就决定了大多数国家难以在短期内建立完整的产业民主，过多地依赖企业的自主行动是不可能建立完整的、真正的产业民主体系的。发达国家劳动关系公共政策的重点也从员工福利转移到消除歧视、保障员工知情权等方面，新兴市场经济国家劳动关系公共政策的缺失问题更为严重，大都处于逐步构建阶段。公共部门假定劳动关系、人力资源管理及工作场所等微观层面的创新对宏观经济增长贡献不大，干预动力不足。长期奉行的经济自由主义使政府对产业关系的干预能力降低，大幅度改善劳动关系质量的能力非常有限。② 政府对工作场所的创新支持不足，并成为劳动关系转型的被动观察者。未来政府在劳动关系中的作用将主要取决于政府的选择，经济的成功需要新的政策和高绩效的体制。③ 互联网的到来使政府变得沉默，低调地解决高端争议。④员工参与需要可靠的、确切的、充足的信息，员工只有通过对这些信息的选择，才有可能有效地参与，加强信息公开方面的立法是公共政策设计的一个重点。

在邓洛普的系统论模型中，将政府视为劳动关系系统中的一个重要角色，认为该系统是由政府、工人及其组织、雇主及其组织等各个角色及其相互关系构成的，这三个角色及其相互关系中的任何变化都会导致某种程度的转型。⑤ 人口统计学和政治学等内部因素及经济全球化等外部环境因素共同推动了劳动关系的渐进式和间断式转型。雇主、工会及政府战略与结构的本质变化也象征着深层次的结构变化。⑥ 在当前的劳动关系转型过程中，政府应该关注产业和平与产业民主的制度安排与氛围的营造，降低企业经营成本，具体解决以下问题：所有者和管理层在利润分享中的过高份额；企业和劳动者的高额税费，如高额税率、高额道路交通费用等；由政府过多干预而形成的过重的隐形负担及交易费用，如企业对官员和管理部门的贿

---

①④ David Coats, No Going Back to the 1970s? The Case for A Revival of Industrial Democracy, Public Policy Research, 2006, 13 (4), pp. 262 - 271.

② Feldmann, H., The Quality of Industrial Relations and Labor Market Performance, Labor, 2006 (3), pp. 559 - 579.

③ Marshall, R., The Future Role of Government in Industrial Relations, Industrial Relations, 1992, 31 (1), pp. 31 - 49.

⑤ Dunlop, J. T., Industrial Relations Systems, New York: Henry Holt and Co. 1949, P. 7.

⑥ Erickson, C. L., and Kuruvilla, S., Industrial Relations System Transformation, Industrial and Labor Relations Review, 1998, 52 (1), pp. 3 - 21.

赂、多头管理、名目繁多的报表、混乱复杂的管理程序等。在催生民主参与机制方面，政府通过政策与法规规定基本参与机制与框架，设计有特色的参与制度或模式，并增加各种灵活的激励措施，对不同的产业给予不同的激励。参与式管理在资本密集型企业比在劳动密集型企业中更富有效率，[①] 中国可尝试在资本密集型产业中率先推行参与制，给予各种形式的补贴或优惠。

在劳动关系内部，通过有效控制资本优先权和管理优先权能够保护雇佣劳动者的劳权。在劳动关系外部，完善的公共保障体系则能够同时保护雇佣劳动者和非雇佣劳动者的劳权。在新一轮技术革命中，越来越多的岗位将被智能技术所替代，雇佣劳动者的比重将迅速降低，自由职业者、家庭劳动人员及失业人员等非雇佣劳动者比重将迅速扩大，劳权保护对劳动关系外部的公共保障体系将形成更多的依赖。这就意味着，劳动关系所覆盖的范围在迅速缩小，越来越多的劳动人口和非劳动人口将处在劳动关系外部，在劳动关系外部构建更为完善的公共保障体系将成为未来经济战略的重点。企业组织、工会组织、雇主组织、行业协会等各类组织，将越来越多地涉足公共事务，实现更多的公共目标。

第三节　产业民主是终极解决方案吗

马克思和当代西方劳动关系专家都承认劳动关系将永久地与冲突相伴随，贫困、过劳、失业、频发的劳资冲突及工人运动等问题是不能自动解决和消失的，自由市场机制不具备这个功能，企业制度也不具备这个功能。当代西方劳动关系专家则认为冲突来源于规则制定及管理过程，认为通过劳动关系处理机制的改变就能够缓解或消除冲突，而马克思对这些问题看得比当代西方任何一位劳动关系专家都更为严重和深刻。

马克思认为集体劳动关系和劳资合作都不可能从根本上解决问题，并从理论上推论出劳动关系的终极解决方案，即通过劳动者的联合实现对财产的共同占有，劳资关系不复存在，雇佣劳动和劳动力市场也不复存在。马克思和恩格斯在《中央委员会告共产主义者同盟书》中明确表明，应该消灭阶级并建立新社

---

① Park, R., Appelbaum, E. and Kruse, D., Employee involvement and group incentives in manufacturing companies: a multi-level analysis, Human Resource Management Journal, 2010, 20 (3), pp. 227 - 243.

会，而不是改良社会。1881 年 5 月，恩格斯在“劳动旗帜报”（伦敦）撰文，认为只有赋予工联政治地位与功能，才有可能触及雇佣劳动制度。他认为争取高工资和工作时间短的斗争只是一种必要和有效的手段，更高的目的则是完全废除雇佣劳动制度。恩格斯主张工人在议会里必须有充分的代表权，为此应建立整个工人阶级的组织。①

当代西方劳动关系理论对《资本论》的宏大叙事方式普遍持批评态度，质疑其在解决现实劳动关系问题时的实用性，但却忽视了马克思对劳动关系的历史分析和辩证分析。马克思从来不认为雇佣工人的集体力量是线性增长的，② 理想劳动关系的构建更不会一蹴而就，而是必将经历一个极其艰难而又漫长的过程。马克思在《共产党宣言》中谈到，一次次周期性的经济危机越来越危及整个资产阶级，这种趋势不可逆转。人们也纷纷预测哪一次大的危机会彻底摧毁资本主义社会生产，使之不能恢复，从而颠覆私有财产制度，但马克思从来没有在其著作中预测过将发生一次毁灭性的最后危机。③

在当代企业劳动关系中，雇佣劳动者作为重要的角色，其维护自身权力和利益的渠道应该是顺畅的，不要压抑雇佣劳动者的集体力量，无论是自发的还是有组织的集体力量，都有助于推动劳动关系的民主化进程，并进而推动产业升级。寇肯认为，一个国家的经济竞争力，往往取决于这个国家是否有强大的工人运动。如果工人运动缺失，高质量的劳动关系是无法建立的。他认为，当前的美国政府有能力坚持目前的劳动关系惯例，因为当前没有支持美国员工的强有力的声音。多年以来，学者和产业关系专家就主张，如果缺少独立的、强大和富有远见的劳工运动，没有一个民主国家能够长期繁荣或真正顺利地生存。他认为，就这方面看，美国并不孤独，很多国家的劳工运动都已衰落，在大多数国家，工会会员数量及在社会中的影响力都正在下降，但美国劳工运动的衰落要比其他国家更为严重。④ 很多劳动关系专家也认为，全球正处于一个历史的关键点，要重建能够适应全球化、知识经济及民主化的劳动关系制度，就应该重建自由的、民主的和现代的劳工运动。

---

① 马克思恩格斯全集［M］. 第十九卷，北京：人民出版社，第一版，1963：286.

② ［美］贝弗里·J. 西尔弗. 劳工的力量——1870 年以来的工人运动与全球化［M］. 北京：社会科学文献出版社，2012：24.

③ ［英］安东尼·吉登斯. 资本主义与现代社会理论：对马克思、涂尔干和韦伯著作的分析［M］. 上海：上海译文出版社，2013：72.

④ Thomas A. Kochan, Collective Actors in Industrial Relations: What Future? Industrielle Beziehungen, 2004, pp. 6 – 13.

虽然马克思认为雇佣劳动者的集体力量不能彻底解决劳动关系中的矛盾与冲突，并提出了劳动关系的理想模型，但他对劳动关系问题所做的分析仍是动态的，当代全球劳动关系的演变过程没能超出马克思的动态分析与理性判断。马克思劳动关系理论的贡献不仅仅在于分析劳动关系内部的权利结构、利益关系与运行机制，更重要的是通过追踪劳动关系的动态发展轨迹来预测发展趋势，马克思劳动关系理论的价值和生命力便在于此。

马克思关于资本与劳动关系的理论与思想得到了许多经济学家和社会活动家的支持，他们主张通过改变财产关系来彻底改变劳动关系的本质和规则，实质上就意味着雇佣劳动和劳动关系不复存在了。他们认为当雇佣劳动者宣布独立于资本及其代理人并建立产业民主的时候，劳动者将有权力控制生产和分配，劳动关系及人类社会的所有问题就都解决了。马克思主义的追随者所理解的产业民主与劳动关系理论中所谈到的产业民主完全不同，不是在原有的制度框架中修正劳动关系，或通过提高劳资合作水平和员工参与力度来完善原有的劳动关系系统，而是打破该框架并建立劳动关系新秩序。这一过程已不再仅仅是劳动关系的变革过程，而是经济、社会及政治的巨大变革，所以，劳动关系问题从来都不仅仅是经济问题和管理问题。

产业民主更为广泛的意义在于，产业民主有助于推动社会民主和政治民主。产业民主能够逐渐增强劳动者在社会和政治事务中的参与能力，增进沟通与理解，不仅有利于实现劳动关系的长期稳定与和谐，也有利于社会及政治的稳定。产业民主是政治民主的基础，除非以产业民主为基础，否则，政治民主只是一种幻想。① 劳动关系的新变化被“嵌入”更广泛的政治和经济变革之中。②

有的研究认为人更适合于参与产业民主，而不是政治民主。当产业民主缓慢发展下去，工人们就能体会他的投票与即将发生的事情的关系，并成为政治民主的初级阶段。③ 科尔（Cole）认为，除非能够将产业民主的方法也应用于政治事务中去，否则任何社会都不可能建立在真正的民主基础之上。工人作为“被雇佣人员”的低级经济地位与民主国家的公民权不协调。他主张建立一种合作关系，工人将成为企业管理层的伙伴，在对他们有影响的所有决策中拥有

---

① Clyde W. Summers, From Industrial Democracy to Union Democracy, Journal of Labor Research, Volume XXI, 2000 (1), pp. 3 – 14.

② Michael Poole et al., A Comparative Analysis of Developments in Industrial Democracy, Industrial Relations, 2001, 40 (3), pp. 490 – 525.

③ Walter Gordon Merritt, Employee Representation as a Step toward Industrial Democracy, Annals of the American Academy of Political and Social Science, Industrial Stability, 1920 (90), pp. 39 – 44.

发言权，有权在一个企业内部选择工作，但这并非意味着工人有资格分享利润。[①] 如果将产业民主与政治民主进程协调统一，会大大促进民主进程。在一些国家，如法国，政治斗争可能尤为重要，工会在工作场所的角色较弱。然而在另外一些国家，工会的力量较强，如瑞典和挪威，但工会组织的集权化使工会不仅仅考虑局部员工的利益，还会通盘考虑国家及区域经济的总体绩效，在危机与萧条时期，屡次成功地限制了员工工资上涨的要求，顺利帮助企业渡过难关。过去二十年，通过工会和雇主协会的代表参与到经济和社会政策的制定成为民主变迁与过渡进程中的突出特征。[②]

民主瓦解了社会关系并以另一种方式重建了它，[③] 产业民主的构建应该与社会民主及政治民主进程相互协调，这也是制度创新及深化改革的过程。发达国家实现民主的不同方式值得借鉴，美国将经济民主与社会及政治民主分开，欧洲一些国家则将二者紧密联系在一起。很多人认为美国的经济民主远远落后于政治民主，是因为美国人是以公民身份参与社会及政治事务，而以劳动者身份的民主参与较少，较少参与企业内部决策，工会组织也较少参与社会及政治事务，仅限于代表权和集体谈判权。欧洲国家则通过公民和劳动者的双重身份使普通大众参与到社会与政治事务中。两种方式的共同特点就是都赋予了普通劳动者以参与权，只是参与的组织与方式不同。

科恩认为民主的本质正是对人尤其是普通大众的信心，劳动者以各种方式参与社会及政治事务既是产业民主的推进，也是社会民主及政治民主的推进。如果劳动者长期处于权力与利益的边缘地带，劳动关系质量及企业自主创新能力都难以提高，仅仅依靠政府和企业家的创新难以获得持久的创新。在劳动关系中推行民主能使普通劳动者感受到，产业民主不是一件奢侈品，与他们的距离并不遥远。

第四节　企业家精神与中国企业的劳资合作

创新是企业家精神的精髓，追求企业劳动关系的创新是企业家创新的重要

① G. D. H. Cole, The Case For Industrial Partnership, London: MacMillan & Co., Ltd., 1957, P. 10.

② Ishikawa. J., Key Features of National Social Dialogue: A Social Dialogue, Available from: http://www.ilo.org/public/english/dialogue/ifpdial/downloads/papers/key.pdf. 2003, P. 3.

③ ［法］马南．民主的本性：托克维尔的政治哲学［M］．北京：华夏出版社，2011：38.

组成部分，构建合作型的劳动关系或者民主型的劳动关系是当前中国企业劳动关系创新的目标，因此，如果把能否在本企业组织中建立合作型或民主型劳动关系作为检验和评价企业家精神的标准，将有力地推动中国企业的劳资合作及劳动关系创新进程。通常来讲，企业家就是劳动关系体系中的雇主及高级管理者，是企业组织中劳动关系的设计者和控制者，对于构建什么样的劳动关系起决定作用。

扩展的劳权保护与实现机制的设计与实行，并不一定意味着对雇主及管理者权力的剥夺与损害，此消彼长只是劳资双方权力与利益关系的一个方面，我们应该致力于寻找权力与利益共享及互利共赢的劳资合作策略。当代劳动关系所处的发展阶段尚不能摆脱资本权力与劳动权之间、管理权与劳权之间的矛盾与冲突。在企业竞争能力一定的前提下，实现劳权保护的根本途径仍然是减弱资本优先权和管理优先权对劳动关系的过度控制，寻求更为平衡的权力与利益关系。当前，通过倡导和宣扬企业家精神来寻求中国企业劳资合作是个好时机，也是关键的时机，主要表现在以下几个方面。

第一，很多企业已经走向成熟，甚至已经走向国际，在国内外市场具有越来越高的知名度，一些企业家个人的声誉也已经名扬海内外，并成为企业最重要的标签。对资本优先权和管理优先权的有效控制，与企业创新及企业家精神并不矛盾，不会减弱企业的创新能力，更不会束缚企业家手脚，企业家精神将越来越多地体现在高质量的、更为合作的劳动关系中。在企业走向成熟的关键期，技术创新已经成为企业自发的行为，公共部门及社会舆论可以把重点放在企业管理理念的创新方面，尤其是劳资合作及民主型劳动关系的构建方面，并将其视为是企业家精神或企业家创新的重点，在全社会形成这样的理念：合作的或民主的劳动关系氛围有利于提高企业竞争能力并最终取得成功；国内外知名的企业及企业家大都致力于构建合作型或民主型的劳动关系；能够给予员工民主参与权并能够与员工成功开展劳资合作的企业家是民主型的企业领导者，民主型的企业及企业家是值得信任的，能够吸引优秀的人才，等等。

第二，当前中国企业大规模的劳动力市场难以实现高工会化率，不会出现西方极端的工会主义。工会化率与劳动力市场规模关系密切，大型劳动力市场中的工会要接受更低水平的工会化。[①] 相对较低的工会化率能够包容员工的民主参与机制及劳资合作机制，为企业家设计和实施劳资合作程序留出空间，从

① Michael Wallerstein, Union Organization in Advanced Industrial Democracies, American Political Science Review, 1989, 83 (2), pp. 481 - 501.

而有力地推进产业民主进程。在低工会化率和工会弱代表权的情况下，不仅有利于扩大员工的直接参与权，增加劳资双方的相互投资与合作机会，也有利于开发工会组织更为多元化的功能，尤其是工会在工作场所层面及治理层面的管理功能和参与功能等。多元化的工会功能，实质上意味着雇主及管理层较少受到工会的制衡，工会也许会不同程度地成为员工参与组织或劳资合作组织，不仅不会限制员工参与，甚至可能会成为促进员工参与的力量。在这种情况下，企业家就有更大的自主权和自由度来设计和开发员工参与及劳资合作程序，企业组织中的员工参与及劳资合作程序也可能带有更为鲜明的企业家个人特质和特色。

第三，中国劳动关系的转型与创新过程，实质是集体劳权、民主参与权及工会多元化职能从无到有的过程，政策与法规的修订与劳动者的权力及利益的增长相一致，这一过程与劳动者的目标与愿望是一致的，能够得到广大劳动者的拥护和支持。另外，这一过程有利于社会的安定团结，与公共目标相一致，能够得到各级政府及公共部门的支持。因此，应该从劳动关系创新之初就重视劳资合作及民主型劳动关系的构建。这样，劳动关系的创新会得到公众及公共力量的支持。总体来看，尽管中国劳动关系的转型与创新过程较为复杂，但会相对平稳。中国劳动关系没有对抗的基础，超出企业组织范围的大型产业冲突的发生概率较低，不会出现剧烈的震荡，甚至会在利益与目标基本一致的前提下，大幅度提高劳资合作及民主管理水平。相比之下，一些西方国家的劳资合作及劳动关系的民主化进程遭遇了很大的挑战，很多国家采纳新自由主义政策，劳动者及工会权力被削弱，企业更普遍地实施工资节制及解雇员工的策略，并与其他各种经济及社会问题相互叠加，不仅难以建立劳资合作机制，甚至还会使产业冲突升级。

第四，在和谐劳动关系构建的过程中发挥企业家的作用，已经获得中央的重视和支持，《中共中央国务院关于营造企业家健康成长环境弘扬优秀企业家精神更好发挥企业家作用的意见》[①] 指出，企业家应该在构建和谐劳动关系、促进就业及关爱员工等方面发挥重要作用，并处理好国家利益、企业利益、员工利益及个人利益的关系。现代企业的创新能力对员工的依赖越来越大，尤其是掌握关键技能的核心员工。高质量的劳动关系能够对人才形成有效的激励，企业创新越来越依赖于完善的劳权保障机制及优良的民主参与机制。劳动关系

---

① 中共中央国务院关于营造企业家健康成长环境弘扬优秀企业家精神更好发挥企业家作用的意见[N]. 人民日报，2017-9-26.

质量低下的企业，难以获得持久的创新能力。低工资策略能够暂时降低企业成本，但也只能维持短暂的竞争能力。真正的企业家精神恰恰体现在，在企业经营困难及难以支付较高薪水的时期，优秀的企业家能够通过构建良好的沟通机制和民主参与机制，有效减少劳资冲突，并获得较高的员工忠诚度，在逆境中推动企业的创新。另外，营造民主的劳动关系氛围不仅是企业家精神的重要体现，也是企业家社会责任的重要体现。缺少合作机制及民主氛围的企业，其所承担的社会责任常常是短暂的，难以持久，甚至是虚假的、功利的，难以承担真正的社会责任，更难以寻找到真正的企业家精神。同样，在缺少和谐与民主氛围的企业组织中，也难以顺利地培育企业家精神。

参考文献

1. ［美］爱德华·弗里曼等．利益相关者理论：现状与展望［M］．北京：知识产权出版社，2013.

2. ［法］埃米尔·涂尔干．社会分工论［M］．北京：生活·读书·新知三联书店，2000.

3. ［德］埃瑞克·G. 菲吕博顿等．新制度经济学［M］．上海：上海财经大学出版社，1998.

4. ［美］路易斯·普特曼，兰德尔·克罗茨纳．企业的经济性质［M］．上海：上海财经大学出版社，2009.

5. ［英］安东尼·吉登斯．资本主义与现代社会理论：对马克思、涂尔干和韦伯著作的分析［M］．上海：上海译文出版社，2013.

6. ［美］贝弗里·J. 西尔弗．劳工的力量：1870 年以来的工人运动与全球化［M］．北京：社会科学文献出版社，2012.

7. ［美］彼得·F. 德鲁克．公司的概念［M］．上海：上海人民出版社，上海社会科学院出版社，2005.

8. 陈浩，许宏坤，张立富．基于交换理论的企业劳资伙伴关系的动态均衡与演化研究［M］．北京：经济科学出版社，2018.

9. ［美］戴维·加尔森．神话与现实：西欧国家工人参与管理概况［M］．北京：中国工人出版社，1985.

10. ［美］哈里·C. 卡茨等．集体谈判与产业关系概论［M］．大连：东北财经大学出版社，2010.

11. ［荷］亨克·傅博达．创建柔性企业：如何保持竞争优势［M］．北京：人民邮电出版社，2005.

12. 基思·怀特菲尔德等．产业关系研究方法［M］．北京：中国劳动和社会保障出版社，2005.

13. ［德］库尔特·勒温．拓扑心理学原理［M］．北京：北京大学出版社，2011.

14. ［美］理查德·巴雷特．解放企业的心灵：企业文化评估及价值转换工具［M］．北京：新华出版社，2005.

15. ［美］理查德·B. 弗里曼等．工会是做什么的？美国的经验［M］．北京：北京大学出版社，2011.

16. ［美］理查德·海曼．劳资关系：一种马克思主义的分析框架［M］．北京：中国劳动社会保障出版社，2008.

17. ［美］理查德·海曼．解析欧洲工会运动：在市场、阶级和社会之间［M］．北京：中国工人出版社，2015.

18. ［英］琳达·狄更斯等．英国劳资关系调整机构的变迁［M］．北京：北京大学出版社，2007.

19. ［德］鲁道夫·特劳普—梅茨，［美］岳经纶．中国产业民主：兼论德国、韩国与越南［M］．中国社会科学出版社，2012.

20. ［美］迈克尔·布若威．制造同意：垄断资本主义劳动过程的变迁［M］．北京：商务印书馆．

21. ［法］马南．民主的本性：托克维尔的政治哲学［M］．北京：华夏出版社，2011.

22. 马克思恩格斯全集，第六卷，第十九卷，第二十三卷［M］．北京：人民出版社，第一版．

23. ［美］玛丽·E. 加拉格尔．全球化与中国劳工政治［M］．杭州：浙江人民出版社，2010.

24. ［德］曼弗雷德·魏斯，马琳·施密特．德国劳动法与劳资关系［M］．北京：商务印书馆，2012.

25. ［荷］马腾·科伊内等．欧洲：工资和工资集体协商：自二十世纪九十年代以来的发展［M］．北京：中国工人出版社，2013.

26. ［法］托克维尔．论美国的民主［M］．北京：商务印书馆，1991.

27. ［美］托马斯·K. 麦克劳．现代资本主义：三次工业革命中的成功者［M］．南京：江苏人民出版社，2006.

28. ［美］托马斯·寇肯等．美国产业关系的转型［M］．北京：中国劳动社会保障出版社，2008.

29. ［法］托马斯·皮凯蒂．21世纪资本论［M］．北京：中信出版社，2015.

30. ［英］韦伯夫妇著．英国工会史［M］．北京：商务印书馆，1959.

31. ［美］威廉·拉佐尼克．车间的竞争优势［M］．北京：中国人民大学出版社，2007.

32. ［英］约翰·勃雷．对劳动的迫害及其救治方案［M］．北京：商务印书馆，1983.

33. ［美］约翰·R. 康芒斯．集体行动的经济学［M］．北京：中国劳动社会保障出版社，2010.

34. ［美］约翰·W. 巴德．人性化的雇佣关系：效率、公平与发言权之间的平衡［M］．北京：北京大学出版社，2004.

35. ［美］约翰·W. 巴德．劳动关系：寻求平衡［M］．北京：机械工业出版社，2013.

36. 中共中央国务院关于构建和谐劳动关系的意见［M］．北京：人民出版社，2015.

37. 中华人民共和国劳动合同法［M］．北京：法律出版社，2017.

38. 常凯．劳动关系的集体化转型与政府劳工政策的完善［J］．中国社会科学，2013（6）．

39. 乔健．发展和壮大工会组织的必要性与必然性分析：来自美国大萧条时代劳工政策的启示［J］．劳动关系，2009（4）．

40. 龚妍．劳资纠纷强预防，矛盾化解在基层，我市多措并举化解劳资纠纷构建和谐稳定劳动关系［N］．惠州日报，2016-11-1.

41. 顾威，刘旭．职代会不走形式，质量评估有标准，大连：厂务公开民主管理由职工打分，推动职工知情权、建议权、表达权和监督权的落实［N］．工人日报，2016-4-4.

42. 上海市总工会民主管理部．非公企业实行职代会制度诸要素分析［N］．工人日报，2014-9-16.

43. 李国，黄仕．重庆工会改革试点实现4大突破［N］．工人日报，2017-2-22.

44. 上海市总工会民主管理部．非公企业实行职代会制度诸要素分析［N］．工人日报，2014-9-16.

45. 中共中央国务院关于营造企业家健康成长环境弘扬优秀企业家精神更好发挥企业家作用的意见［N］．人民日报，2017-9-26.

46. Acker, P., Collective Bargaining as Industrial Democracy: Hugh Clegg and the Political Foundations of British Industrial Relations Pluralism, British Journal of Industrial Relations, 2007, 45 (1), pp. 77-101.

47. Adams, R. J., Collective Bargaining as a Minimum Employment Standard, The Economic and Labour Relations Review, 2011, 22 (2), pp. 153 – 164.

48. Adler, Paul; Heckscher, Charles, The Collaborative, Ambidextrous Enterprise, Universia Business Review, 2013 (40), pp. 34 – 51.

49. Adshead, M., Multi – level Governance and Social Partnership: Two Sides of the Same Coin? Journal of Beijing Administrative College, 2007 (4), pp. 108 – 112.

50. Akintayo, D. I., Job Security, Labour – Management Relations And Perceived Workers'Productivity In Industrial Organizations: Impact of Technological Innovation, International Business & Economics Research Journal, 2010, 9 (9), pp. 29 – 37.

51. Alemán, J., Labor Market Deregulation and Industrial Conflict in New Democracies: A Cross – National Analysis, Political Studies, 2008 (56), pp. 830 – 856 .

52. Alexander J. S., Convergence in Industrial Relations Institutions, ILR Review, 2013, 66 (5), pp. 1048 – 1077.

53. Allan, G., The Hidden Organizational Costs of Using Non – standard Employment, Personnel Review, 2000, 29 (2), pp. 188 – 206.

54. Angle, H. L. and Perry J. L., Dual Commitment and Labor – Management Relationship Climates, Academy of Management Journal, 1986, 29 (1), pp. 31 – 50.

55. Antonioli, D., et al., Productivity, Innovation Strategies and Industrial Relations in SMEs. Empirical Evidence for A Local Production System in Northern Italy, International Review of Applied Economics, 2010, 24 (4), pp. 453 – 482.

56. Anuradha, M. V., Unionism as Collective Action: Revisiting Klandermans Theory, The Indian Journal of Industrial Relations, 2011, 46 (3), pp. 412 – 422.

57. Appelbaum, Eileen, Manufacturing Advantage: Why High – Performance Work Systems Pay Off, Ithaca and London: Cornell University Press, ILR Press, 2000.

58. Badigannavar, V. and Kelly, J., Labour – management Partnership in the Non-union Retail Sector, Int. J. of Human Resource Management, 2005, 16 (8), pp. 1529 – 1544.

59. Balser D. B., Worker Behavior on the Job: A Multi – Methods Study of

Labor Cooperation with Management, Journal of Labor Research, 2012, 33 (3), pp. 388 –413.

60. Bass, B. M. and. Shackleton, V. J., Industrial Democracy and Participative Management: A Case for a Synthesis, The Academy of Management Review, 1979, 4 (3), pp. 393 –404.

61. Becker, G. S., Investment in Human Capital: A Theoretical Analysis, The Journal of Political Economy, 1962, 70 (5), pp. 9 –49.

62. Bendersky, C., Organizational Dispute Resolution Systems: A Complementarities Model, Academy of Management Review, 2003, 28 (4), pp. 643 –656.

63. Bohlander, G. W., Campbell M H. Forging a Labor – management Partnership: the Magma Copper Experience, Labor Studies Journal, 1994, 18 (4), pp. 3 –20.

64. Budd, J. W. Labor Relations: Striking a Balance 5th Edition, Columbus, US: McGraw – Hill Education, 2017.

65. Burgess, J. et al., Protecting Employee Entitlements: Corporate Governance and Industrial Democracy in Australia, Australian Bulletin of Labour, 2006, 32 (4), pp. 365 –380.

66. Cole, G. D. H., The Case For Industrial Partnership, London: MacMillan & Co., Ltd., 1957.

67. Evans, C., Harvey G, and Turnbull P., When Partnerships Don't match – up: An Evaluation of Labor – Management Partnerships in the Automotive Components and Civil Aviation Industries, Human Resource Management Journal, 2012, 22 (1), pp. 60 –75.

68. Feldmann, H., The Quality of Industrial Relations and Labor Market Performance, Labor, 2006, 20 (3), pp. 559 –579.

69. Freund, K. Labour and the Law, London: Stevens and Sons, 1983.

70. Casey, I. et al., What Works at Work: Overview and Assessment, Industrial Relations, 1996 (35), pp. 299 –333.

71. Coats, D., No Going Back to the 1970s? The Case for A Revival of Industrial democracy, Public Policy Research, 2006, 13 (4), pp. 262 –271.

72. Colin, G. and Krieger, H., Direct and Representative Participation in Europe: Recent Survey Evidence, International Journal of Human Resource Manage-

ment, 1999, 10 (1), pp. 572 – 591.

73. Cole, D. L., Is industrial Peace Achievable? Collective bargaining, Delivered at the Key Issues Lecture Aeries, New York, 1974 (14), pp. 438 – 444.

74. Coleman, J. R., Public Policy, Collective Bargaining and Technological Change in the United States and Canada, Labor Law Journal, 1964 (11), pp. 802 – 814.

75. Colvin, A. J. S., and Darbishre, C. O., Convergence in Industrial Relations Institutions: The Emerging Anglo – American Model? ILRReview, 2013, 66 (5), pp. 1048 – 1077.

76. Connelly, C. E., and Kelloway, E. K., Predictors of Employees' Perceptions of Knowledge Sharing Cultures, Leadership and Organization Development Journal, 2003 (24), pp. 294 – 301.

77. Cook, M. L., Toward Flexible Industrial Relations? Neo – Liberalism, Democracy, and Labor Reform in Latin America, Industrial Relations, 1998, 37 (3), pp. 311 – 336.

78. Cooke, W. N., Labor – Management Cooperation – New Partnerships or Going in Circles? 1990, W. E. Upjohn Institute For Employment Research Kalamazoo, Michigan, 1990.

79. Cooke W. N., Factors Influencing the Effect of Joint Union – management Programs on Employee – Supervisor relations, Industrial and Labor Relations Review, 1990, 43 (5), pp. 587 – 603.

80. Cooke W. N., Employee Participation Programs, Group – Based Incentives, and Company Performance: A Union – Nonunion Comparison, Industrial and Labor Relations Review, 1994, 47 (4), pp. 594 – 609.

81. Crane. D. P., Patterns of Labor – management Cooperation, Employee Responsibilities & Rights Journal, 1992, 5 (4), pp. 357 – 367.

82. Cressey, P., Totterdill, P. and Exton, R., Workplace Social Dialogue as a Form of "Productive Reflection", International Journal of Action Research, 2013, 9 (2), pp. 209 – 245.

83. Danford, Andy et al., Workplace Partnership and Employee Voice in the UK: Comparative Case Studies of Union Strategy and Worker Experience, Economic and Industrial Democracy, 2005, 26 (4), pp. 593 – 620.

84. Dastmalchian, A. and Blyton, P., Adamson, R., Industrial Relations

Climate: Testing a Construt, Joural of Occupational Psychology, 1989 (62), pp. 21 -32.

85. Deakin, S., and Koukiadaki A., Governance Processes, labor - management Partnership and Employee Voice in the Construction of Heathrow Terminal 5, Industrial Law Journal, 2009, 38 (4), pp. 365 -389.

86. Deery, S. J. and Iverson, R. D., Labor - Management Cooperation: Antecedents and Impact on Organizational Performance, Industrial and Labor Relations Review, 2005, 58 (4), pp. 588 -609.

87. Deery, S. J., Erwin P. J. And Iverson, R. D., Industrial Relations Climate, Attendance Behaviour and the Role of Trade Unions, British Journal of Industrial Relations, 1999, 37 (4), pp. 533 -558.

88. Delaney, J. T., Workplace Cooperation: Current Problems, New Approaches, Journal of Labor Research, 1996, 17 (1), pp. 45 -61.

89. Derber, M., Collective Bargaining: The American Approach to Industrial Democracy, American Academy of Political and Social Science, 1977 (431), pp. 83 -94.

90. Deyo, F. C. and Agartan, K., Markets, Workers and Economic Reforms: Reconstructing East Asian Labor Systems, Journal of International Affairs, 2003, 57 (1), pp. 55 -79.

91. Dickson, J. W., The Adoption of Industrial Democracy, Personnel Review, 1977, 6 (4), pp. 15 -19.

92. Dilts, D. A., Labor - Management Cooperation: Real or Nominal Changes in Collective Bargaining? Labor Law Journal, 1993 (3), pp. 124 -128.

93. Dobbins, T. and Dundon, T., The Chimera of Sustainable Labour—Management Partnership, British Journal of Management, 2017, 28 (3), pp. 519 -533.

94. Dubin, R., Industrial conflict, New York: McGraw—Hill., 1954.

95. Dukes, R., The Statutory Recognition Procedure 1999: No bias in favour of recognition? Industrial Law Journal, 2008, 37 (3), pp. 236 -267.

96. Dunlop, J. T., Industrial Relations Systems, New York: Henry Holt and Co., 1949.

97. Dunlop, J. T., Industrial Relations Systems, Boston: Harvard Business School Press, 1993.

98. Eaton, A. E., The Survival of Employee Participation Programs in Union-

ized Settings, Industrial and Labor Relations Review, 1994, 47 (3), pp. 371 – 389.

99. Eaton, A. E., Rubinstein S A, Kochan T A., Balancing Acts: Dynamics of A Union Coalition in A Labor Management Partnership, Industrial Relations, 2008, 47 (1), pp. 10 – 35.

100. Eccles, A. J., Industrial Democracy and Organizational Change, Personnel Review, 1977, 6 (1), pp. 43 – 49.

101. Ejaz, R. and Khalid, F., Employees' Participation in Decision Making (Actual vs Perceived): A Study of the Telecom Sector of Pakistan, Interdisciplinary Journal of Contemporary Research in Business, 2011, 3 (3), pp. 1551 – 1558.

102. Eliel, P., Industrial Peace and Conflict: A Study of two Pacific Coast Industrial, Industrial & Labor Relation Review, 1948 – 1949, (2), pp. 477 – 501.

103. Erickson, C. L., and Kuruvilla, S., Industrial Relations System Transformation, Industrial and Labor Relations Review, 1998, 52 (1), pp. 3 – 21.

104. Feldmann, H., The Quality of Industrial Relations and Labor Market Performance, Labor, 2006 (3), pp. 559 – 579.

105. Flanders, A., Industrial Relations: What is Wrong with the System? Faber, 1965.

106. Fox and Flanders, A., The Reform of Collective Bargaining: from Donovan to Durkheim, British Journal of Industrial Relations, 1969, pp. 151 – 180.

107. Freeman, E. R., Strategic Management: A Stakeholder Approach, pitman, Boston, MA. 1984.

108. Godard J., Unions, Work Practices, and Wages Under Different Institutional Environments: the case of Canada and England, Industrial and Labor Relations Review, 2007, 60 (4), pp. 457 – 476.

109. Godard, J. and Delaney, J. T., Reflections on the "High Performance" Paradigm's Implications for Industrial Relations as a Field, Industrial and Labor Relations Review, 2000, 53 (3), pp. 482 – 502.

110. Gollan, P. J., High Involvement Management and Human Resource Sustainability: The Challenges and Opportunities, Asia Pacific Journal of Human Resources, 2005, 43 (1), pp. 18 – 33.

111. Green, F., Employee Involvement, Technology and Evolution in Job skills: A Task – based Analysis, Industrial and Labor Relations Review, 2012, 65 (1), pp. 36 – 67.

112. Guest D. E., and Peccei R., Partnership at Work: Mutuality and the Balance of Advantage, British Journal of Industrial Relations, 2001, 39 (2), pp. 207 – 236.

113. Hammer, The Handbook of Human Resource Management, London: International Thomson Business Press, 1998.

114. Hayek, F. A. V., 1980s Unemployment and the Unions (Hobart Paper No. 76), London: Institute of Economic Affairs, 1980.

115. Hayter, S., International Comparative Trends in Collective Bargaining, The Indian Journal of Industrial Relations, 2010, 45 (4), pp. 596 – 608.

116. Heckscher, E. C., and Carre F., Strength in Networks: Employment Rights Organizations and the Problem of Co – ordination, British Journal of Industrial Relations, 2006, 44 (4), pp. 605 – 628.

117. Hill, Charles W. L.; Matusik, Sharon F, The Utilization of Contingent Work, Knowledge Creation, and Competitive advantage, Academy of Management Review, 1998, 23 (4), pp. 680 – 697.

118. Huang, T. C., The Effect of Participative Management on Organizational Performance: the Case of Taiwan, The International Journal of Human Resource Management, 1997, 8 (5), pp. 677 – 689.

119. Idowu S. O., Encyclopedia of Corporate Social Responsibility, Berlin, Germany: Springer – Verlag Berlin Heidelberg, 2013.

120. International Labour Organization (ILO), World Labour Report: Industrial Relations, Democracy and Social Stability, Geneva: International Labour Office, 1997.

121. Ishikawa, J., Key Features of National Social Dialogue: A Social Dialogue Resource Book, [online]. Available from: http: //www. ilo. org/public/english/dialogue/ifpdial/downloads/papers/key. pdf [Accessed 25 May 2005]. 2003.

122. Johnstone, S., Ackers P., and Wilkinson A., The British Partnership Phenomenon: A Ten Year Review, Human Resource Management Journal, 2009, 19 (3), pp. 260 – 279.

123. Joensson, T. A., Multidimensional Approach to Employee Participation and the Association with Social Identification in Organizations, Employee Relations, 2008, 30 (6), pp. 594 – 607.

124. Kalleberg, A. L., Non – standard Employment Relations: Part – time,

Temporary and Contract Work. Annual Review of Sociology, 2000 (26), pp. 341 – 365.

125. Katz, H. C., Thomas A. Kochan, and Kenneth R., Gobeille, Industrial Relations Performance, Economic Performance, and QWL Programs: an Interplant Analysis, Industrial and Labor Review, 1983, 37 (1), pp. 3 – 17.

126. Kaufman, B. E., The Early Institutionalists on Industrial Democracy and Union Democracy, Journal of Labor Research, 2000, 21 (2), pp. 189 – 209.

127. Kaufman, B. E., The Early Institutionalists on Industrial Democracy and Union Democracy, Journal of Labor, Volume XXI, 2000 (2), pp. 190 – 209.

128. Kaufman, B. E., Paradigms in Industrial Relations: Original, Modern and Version in – between. British Journal of Industrial Relations, 2008, 46 (2), pp. 314 – 339.

129. Kelly, J., Social Partnership Agreements in Britain: Labor Cooperation and Compliance, Industrial Relations A Journal of Economy & Society, 2010, 43 (1), pp. 267 – 292.

130. Kelly, J. E., and Nicholson, N., The Causation of Strikes: A Review of Theoretical Approaches and the Potential Contribution of Social Psychology, Human Relations, 1980, 33 (12), pp. 853 – 883.

131. King, C. D. et al., Models of Industrial Democracy, Consultation, Co – determination and Workers' Management, New York: The Hague, 1978.

132. Kirste, W., Batt, R. and Rubenstein, S., Innovation in Isolation: Labour – Management Partnerships in the United States, Economic and Labor Relations Review, 1996 (7), pp. 67 – 87.

133. Kochan, T. A., Reconstructing America's Social Contract in Employment: The Role of Social Policy, Institutions and Practices, Chicago – Kent Law Review, 1999 (75), pp. 137 – 150.

134. Kochan, T. A., Collective Actors in Industrial Relations: What Future? Industrielle Beziehungen, 11. Jg., Heft 1 + 2, 2004, pp. 6 – 13.

135. Kochan, T. A., Dilemma of A Downturn: To Force Pay Cuts or Slash Jobs? Financial Times, Published: November, 2008 (5), 02: 00.

136. Kochan T. A., Adler P. S., and Mckersie R. B., The Potential and Precariousness of Partnership: the Case of the Kaiser Permanente Labor Management partnership, Industrial Relations, 2008, 47 (1), pp. 36 – 65.

137. Kochan T. A., Introduction to A Symposium on the Kaiser Permanente Labor Management Partnership, Industrial Relations, 2008, 47 (1), pp. 1 - 9.

138. Kornhauser, et al., Industrial Conflict, New York: McGraw Hill, 1954.

139. Kurtz, M. J., The Dilemmas of Democracy in the Open Economy: Lessons from Latin America, World Politics, 2004, 56 (2), pp. 262 - 302.

140. Kuruvilla, S. and Erickson, C. L., Change and Transformation in Asian Industrial Relations, Industrial Relations, 2002, 41 (2), pp. 171 - 227.

141. Lamare, J. R., et al., Union Status and Double - Breasting at Multinational Companies in Three Liberal Market Economies, ILR Review, 2013, 66 (3), pp. 697 - 722.

142. Langlois, R. N., Transaction - cost Economics in Real Time, Industrial and Corporate Change, 1992, 1 (1), pp. 99 - 127.

143. Lansbury, R. D., Work and Industrial Relations: Towards a New Agenda, Industrial Relations, 2009, 64 (2), pp. 326 - 339.

144. Levinthal, D. and March J., The Myopia of Learning, Strategic Management Journal, Winter Special Issue, 1993 (14), pp. 95 - 112.

145. Lucas, R., On the Mechanics of Economic Development, Journal of Monetary Economics, 1988, 22 (1), pp. 3 - 42.

146. Marshall, R., The Future Role of Government in Industrial Relations, Industrial Relations, 1992, 31 (1), pp. 31 - 49.

147. Masters, M. F., Albright R. R., and Eplion D., What Did Partnerships do? Evidence from the Federal Sector, Industrial and Labor Relations Review, 2006, 59 (3), pp. 367 - 385.

148. Merritt, W. G., Employee Representation as A Step toward Industrial Democracy, Annals of the American Academy of Political and Social Science, Industrial Stability, 1920 (90), pp. 39 - 44.

149. Mintzberg, H., Covert leadership: Notes on Management Professionals, Harvard Business Review, 1998, pp. 140 - 147.

150. Nigam, A. K., The Impact of Strategic Human Resource Management on the Performance of Firms in India: A Study of Service Sector Firms, Journal of Indian Business Research, 2011, 1 (3), pp. 3 - 18.

151. Ospina, S. and Yaroni, A., Understanding Cooperative Behavior in Labor Management Cooperation: A Theory - Building Exercise, Public Administration

Review, July / August, 2003, 63 (4), pp. 455 -471.

152. Park, R., Appelbaum, E., and Kruse, D., Employee Involvement and Group Incentives in Manufacturing Companies: A Multi-level Analysis, Human Resource Management Journal, 2010, 20 (3), pp. 227 -243.

153. Parnell, J. A. and Crandall, W. R., Rethinking Participative Decision Making: A refinement of the propensity for participative decision making scale, Personnel Review, 2001, 30 (5), pp. 523 -535.

154. Pashiardis, P., Teacher Participation in Decision Making, International Journal of Educational Management, 1994, 8 (5), pp. 14 -17.

155. Petit, T. A., Industrial Democracy, Worker Status, and Economic Efficiency, Can Industrial Democracy Work in the United States? California Management Review, 1950, pp. 66 -75.

156. Piore, M. J. and Safford, S., Changing Regimes of Workplace Governance, Shifting Axes of Social Mobilization, and the Challenge to Industrial Relations Theory, Industrial Relations, 2006, 45 (3), pp. 299 -325.

157. Plovnick, M. S. and Chaison G. N. Relationships between Concession Bargaining and Labor - Management Cooperation, Academy of Management Journal, 1985, 28 (3), pp. 697 -704.

158. Podsakoff, Philip M.; MacKenzie, Scott B., Organizational Citizenship Behaviors: A Critical Review of the Theoretical and Empirical Literature and Suggestions for Future Research, Journal of Management, 2000, 26 (3), pp. 513 -563.

159. Poole, M., et al., A Comparative Analysis of Developments in Industrial Democracy, Industrial Relations, 2001, 40 (3), pp. 490 -525.

160. Prasad, P. A., Labour Management Relation: A Radical Deal for Industrial peace, MPRA Paper No. 6085, posted 04. December, 2007 / 11: 27.

161. Ritchie, L., Negotiating Power through Communication, Using an Employee Participation Intervention to Construct a Discursive Space for Debate, Journal of Communication Management, 2012, 16 (1), pp. 95 -107.

162. Roche, W. K. and Geary J. F., "Collaborative Production" and the Irish Boom: Work Organization, Partnership and Direct Involvement in Irish Workplaces, General Information, 2000, 31 (1), pp. 1 -36.

163. Rodrik, D., Democracies Pay Higher Wages, The Quarterly Journal of Economics, 1999, 114 (3), pp. 707 -738.

164. Roehling, M. V., Cavanaugh, M. A., Moynihan, L. M. and Boswell, W. R., The Nature of the New Employment Relationship: a Content Analysis of the Practitioner and Academic Literatures, Human Resource Management, 2000, 39 (4), pp. 305 – 320.

165. Rubin B. and Rubin R., Municipal Service Delivery, Collective Bargaining, and Labor – management Partnerships, Journal of Collective Negotiations in the Public Sector, 2003, 30 (2), pp. 91 – 112.

166. Rubinstein, S. A., The Impact of Co – management on Quality Performance: the Case of the Saturn Corporation, Industrial and labor Relation Review, 2000, 53 (2), pp. 197 – 218.

167. Russ, T. L., Theory X/Y Assumptions as Predictors of Managers' Propensity for Participative Decision Making, Management Decision, 2011, 49 (5), pp. 823 – 836.

168. Schloss, D. F., State Promotion of Industrial Peace, The Economic Journal, 1893, 3 (10), pp. 218 – 225.

169. Sheth, N. R., Hazards of Industrial Democracy, Economic and Political Weekly, 1972, 7 (35), pp. 119 – 122.

170. Shreve, E. O., Objective: Industrial Peace, Industrial and Labor Relations Review, 1948, 1 (3), pp. 431 – 442.

171. Stone, J., et al, The British Partnership Phenomenon: A Ten Year Review, Human Resource Management Journal, 2009, 19 (3), pp. 260 – 279.

172. Sukirno, D. S. and Siengthai, S., Does Participative Decision Making Affect Lecturer Performance in Higher Education? International Journal of Educational Management, 2011, 25 (5), pp. 494 – 508.

173. Summers, C. W., From Industrial Democracy to Union Democracy, Journal of Labor Research, Volume XXI, 2000 (1), pp. 3 – 14.

174. Teece, D. J., A Tribute to Oliver Williamson – Williamson's Impact on the Theory and Practice of Management, California Management Review, 2010, 52 (2), pp. 167 – 176.

175. Teulings, Ad W. M., The Comparative Analysis of Systems of Industrial Democracy in Europe, International Journal of Sociology and Social Policy, 1987, pp. 32 – 52.

176. Thomas, Robyn; Dunkerley, David, Careering Downwards? Middle Man-

agers' Experiences in the Downsized Organization, British Journal of Management, 1999, 10 (2), pp. 157 –169.

177. Thompson, M. A. and Kahnweiler, W. M., An Exploratory Investigation of Learning Culture Theory and Employee Participation in Decision Making, Human Resource Development Quarterly, 2002, 13 (3), pp. 271 –288.

178. Tsui, A. S. and Wu, J. B., The New Employment Relationship Versus the Mutual Investment Approach: Implications for Human Resource Management, Human Resource Management, Summer, 2005, 44 (2), pp. 115 –121.

179. Turnbull, Peter; Wass, Victoria, Job Insecurity and Labour Market Lemons: the (mis) Management of Redundancey in Steel Making, Coal Mining and Port Rransport, Journal of Management Studies, 1997, 34 (1), pp. 27 –51.

180. Tzu –Shian Han et al., Employee Participation in Decision Making, Psychological Ownership and Knowledge Sharing: Mediating Role of Organizational Commitment in Taiwanese High –tech Organizations, International Journal of Human Resource Management, 2010, 21 (12), pp. 2218 –2233.

181. Und, Roger, The British Merger Movement: The Importance of the "Aggressive" Unions, Industrial Relations Journal, 1999, 30 (5), pp. 464 –481.

182. United Nations Development Programme, Human Development Report, 1999. New York: Oxford University Press.

183. Wagner, J. A., Participation's Effects on Performance and Satisfaction: A Reconsideration of Research Evidence, Academy of Management Review, 1994, 19 (2), pp. 312 –330.

184. Wallerstein, M., Union Organization in Advanced Industrial Democracies, American Political Science Review, 1989, 83 (2), pp. 481 –501.

185. Watling, D., and Snook J., Works Council and Trade Unions: Complementary or Competitive? The Case of SAG Co, Industrial Relations Journal, 2003, 34 (3), pp. 260 –270.

186. Webb, S. and Webb, B., Industrial Democracy, London: Longman, Green and Co, 1897.

187. Wever, Kirsten S, Learning from Works Councils: Five Unspectacular Cases from Germany, Industrial Relations, 1994, 33 (4), P. 467.

188. Whitfield, Keith, and Michael, Poole, Organizing Employment for High Performance: Theories, Evidence and Policy, Organization Studies, 1997, 18

(5), pp. 745 -764.

189. Williamson, O. E., Strategy Research: Governance and Competence Perspectives, Strategic Management Journal, 1999 (20), pp. 1087 -1108.

190. Williamson, O. E., The Theory of The Firm Theory as Governance Structure: from Choice to Contract, Journal of Economic Perspective, 2002, 16 (3), pp. 171 -195.

191. Williamson, O. E., Transaction Cost Economics: the Precursors Institute of Economic Affairs, Published by Blackwell Publishing, Oxford, 2008.

192. Windmuller, J. P., Industrial Democracy and Industrial Relations, The Annals of the Academy, 1977 (431), pp. 22 -31.

193. Young, H. A., The Causes of Industrial Peace Re-revisted: the Case for BRO, Human Resources Management, Summer, 1982, pp. 50 -57.

后　记

本书系张立富主持的国家自然基金面上项目“中国企业劳资合作机制、模式和应用研究”（项目编号 71472095）的最终研究成果，这一研究体现了课题组成员近几年在劳动关系领域的研究进展。在课题的研究及本书的写作过程中，得到了南开大学商学院人力资源管理系同事的鼎力支持。天津财经大学经济学院经济系王兴化教授长期从事劳动关系研究，对本课题有浓厚的兴趣，参与了课题的研究及本书的写作。经济科学出版社的崔新艳女士对本书的出版给予了极大的帮助，在此表示诚挚的感谢！

作者

2019 年 5 月